全国统计教材编审委员会“十二五”规划教材

统计学

经济管理类专业适用

本科

◎主编 / 单薇
◎副主编 / 方茂中 陶爱元

中国统计出版社
China Statistics Press

(京)新登字 041 号

图书在版编目(CIP)数据

统计学 / 单薇主编. 方茂中. 陶爱元副主编. — 北京 ：中国统计出版社，2012.6(2024.7 重印)

全国统计教材编审委员会“十二五”规划教材

ISBN 978－7－5037－6559－9

Ⅰ. ①统… Ⅱ. ①单… Ⅲ. ①统计学－高等学校－教材 Ⅳ. ①C8

中国版本图书馆 CIP 数据核字(2012)第 127014 号

统 计 学

作　　者/单　薇　方茂中　陶爱元
责任编辑/徐　颖
封面设计/上智博文
出版发行/中国统计出版社有限公司
通信地址/北京市西城区月坛南街 57 号　邮政编码/100826
办公地址/北京市丰台区西三环南路甲 6 号
网　　址/http://www.zgtjcbs.com/
电　　话/邮购(010)63376907　书店(010)68783172
印　　刷/三河市双峰印刷装订有限公司
经　　销/新华书店
开　　本/710×1000mm　1/16
字　　数/280 千字
印　　张/18.5
印　　数/17601－19600 册
版　　别/2012 年 8 月第 1 版
版　　次/2024 年 7 月第 9 次印刷
定　　价/36.00 元

全国统计教材编审委员会

出版说明

“十二五”时期，是我国全面实施素质教育，全面提高高等教育质量，深化教育体制改革，推动教育事业科学发展，提高教育现代化水平的时期。“十二五”伊始，统计学迎来了历史性的重大变革和飞跃。2011年2月，在国务院学位委员会第28次会议通过的新的《学位授予和人才培养学科目录(2011)》(以下简称“学科目录”)中，统计学从数学和经济学中独立出来，成为一级学科。这一变革和飞跃将对中国统计教育事业产生巨大而深远的影响，中国统计教育事业将在“十二五”时期发生积极变化。

正是在这一背景下，全国统计教材编审委员会制定了《“十二五”全国统计教材建设规划》(以下简称“规划”)。根据“学科目录”在统计学下设有数理统计学，社会经济统计学，生物卫生统计学，金融统计、风险管理与精算学，应用统计5个二级学科的构架，“规划”对“十二五”全国统计规划教材建设作了全面部署，具有以下特点：

第一，打破以往统计规划教材出版学科单一的格局。全面发展数理统计学，社会经济统计学，生物卫生统计学，金融统计、风险管理与精算学，应用统计5个二级学科规划教材的出版，使“十二五”全国统计规划教材涵盖5个二级学科，形成学科全面并平衡发展的出版局面。

第二，打破以往统计规划教材出版层次单一的格局。在编写出版好各学科本科生教材的基础上，对研究生教材出版进行深入研究，出版一批高水平高层次的研究生教材，为我国研究生教育、尤其是应用统计研究生教育提供教学服务。同时，积极重视统计专科教材出版，联合各专科院校，组织编写和出版适应统计专科教学和学习的优秀教材。

第三，打破以往统计规划教材出版品种单一的格局。鼓励内容创新，联系统计实践，具有教学内容和教学方法特色的、各高校自编的相同内容选题的精品教材出版，促进统计教学向创新性、创造性和多样性发展。

第四，重视非统计专业的统计教材出版。探讨对非统计专业学生的统计教学问题，为非统计专业学生组织编写和出版概念准确、叙述简练、深入浅出、表达方式活泼、练习题贴近社会生活的统计教材，使统计思想和统计理念深入非统计专业学生，以达到统计教学的最大效果。

第五，重视配合教师教学使用的电子课件和辅助学生学习使用的电子产品的配套出版，促进高校统计教学电子化建设，以期最后能形成系统，提高统计教育现代化水平。

第六，重视对已经出版的统计规划教材的培育和提高，本着去粗存精、去旧加新、与时俱进的原则，继续优化已经出版的统计教材的内容和写作，强化配套课件和习题解答，使它们成为精品，最后锤炼成为经典。

“十二五”期间，编审委员会将本着“重质量，求创新，出精品，育经典”的宗旨，组织我国统计教育界专家学者，编写和编辑出版好本轮教材。本轮教材出版后，将能够形成学科齐全、层次分明、品种多样、配套系统的高质量立体式结构，使我国统计规划教材建设再上新台阶，这将对推动我国统计教育和统计教材改革，推动我国统计教育事业科学发展，提高我国统计教育现代化水平产生积极意义。

让教师的教学和学生的学习事半功倍，并使学生在毕业之后能够学以致用的统计教材，是本轮教材的追求。编审委员会将努力使本轮教材好教、好学、好用，尽力使它们在内容上和形式上都向国外先进统计教材看齐。限于水平和经验，在教材的编写和编辑出版过程中仍会有不足，恳请广大师生和社会读者提出批评和建议，我们将虚心接受，并诚挚感谢！

全国统计教材编审委员会

2012 年 7 月

前　言

在市场经济活动中，统计方法在金融、证券、保险、投资、理财等领域应用广泛。无论在宏观的经济调控领域还是在微观的企业管理领域中，人们要进行高效的监控和科学的管理，就必须准确及时地获得经济运行中的各类信息。统计学是一门提供数据信息的搜集、处理、归纳和分析的理论与方法的科学。

统计学是教育部规定的高等院校经济管理类专业的一门专业基础课，在我国高等院校的经济学、管理学、社会学等专业中普遍开设。在国内统计方法的运用越来越广泛，不仅在经济管理领域，还是在军事、医学、生物、物理、化学等领域的研究中，人们对数量分析与统计分析都提出更高的要求。目前人们对新知识的需求与日俱增，为适应市场经济对人才的需求，把握统计学为认识社会规律服务的方向，统计教育必须与社会时代发展相适应，统计教材的改革是关键。本书正是为适应新形势发展的需要而编著的，它可作为高等院校经济类、管理类专业统计学基础课的教材，也可作为从事统计工作人员的参考书。

统计学是经济类、管理类的核心课程，本书的编写是根据统计教学大纲的要求，在总结多年来的教学经验并参阅大量的国内外相关资料的基础上完成的。参与本教材编著的全体成员，长期致力于统计教学与统计研究工作，总结出对经济类、管理类的学生进行统计基础教育的比较成熟的经验。全书共分 10 章，具体章节安排如下：

- 第 1 章绪论，介绍统计学的基本思想；
- 第 2 章数据搜集和整理和第 3 章数据特征的度量，介绍的是如何搜集、整理数据并描述其数字特征，这属于描述性统计范畴；

● 第 4 章统计指数，介绍的是综合指标两期变化分析，它属于社会经济统计特有的方法；

● 第 5 章抽样与抽样分布，第 6 章参数估计，第 7 章假设检验和第 8 章方差分析，这属于数理统计理论与方法范畴；

● 第 9 章相关分析与回归分析和第 10 章时间序列分析，介绍了三种常见的统计具体方法与模型。该体系的设计强调了统计为认识社会现象的特征与规律服务，使统计的目标更加明确。

通过学习，学生将能较好地掌握基本统计思想和各种定量分析方法，帮助提高分析问题的能力。本教材的特色是：内容全面、完整、有新意；自成体系，逻辑严谨；深入浅出，通俗易懂；注重思想，注重应用；每章前附有学习目的与要求，章后附有小结、思考与练习；每章均配有与章节内容一致的大量实例，并结合 SPSS 统计软件的运用，从实例分析入手，阐明统计分析的方法，增加了教材的可读性。这有利于教学手段的现代化，增强学生学习的兴趣和提高学习效率。本教材适合高等院校财经类本科各专业使用。

本教材是上海市精品课程——统计学课程建设的成果之一。由上海立信会计学院单薇教授担任主编，负责全书的设计、审订、总纂和定稿工作。全书编写的具体分工如下：第 1 章、第 7 章由单薇编写；第 2 章、第 3 章由徐静编写；第 4 章、第 8 章由方茂中编写；第 5 章、第 10 章由卢桂林编写；第 6 章、第 9 章由陶爱元编写；章后思考题与练习题由俞昊东和胡凤霞编写。在教材的编写过程中，我们参考和吸收了一些同类教材的成果，在此，我们一并表示衷心的感谢！同时我们要感谢全国统计教材编审委员会、中国统计出版社对本书编写的大力支持，使本书顺利和读者见面。由于编著者水平有限，加之时间仓促，书中难免有疏漏或错误之处，恳请同行专家和读者不吝赐教，以便我们修改与完善。

编著者

2012 年 2 月

目　录

第1章 绪　论

随着经济的发展，人们越来越认识到应用定量分析方法研究经济管理问题的重要意义。统计学是重要的定量分析方法之一。本章是全书的基础，介绍统计和统计学的含义、统计学的发展简史，讨论统计学的研究对象和研究方法，还将重点介绍有关统计学的一系列基本概念。同时教会大家如何使用 SPSS 统计软件。

学习目的与要求

- 理解统计和统计学的含义；
- 了解统计学的发展及主要学派；
- 掌握总体、样本、变量等统计学的基本概念；
- 了解统计学和其他学科的关系；
- 学会 SPSS 统计软件的基本输入方式。

1.1 统计与统计学

1.1.1 统计的含义

“统计”一词是由英语 statistics 翻译过来的。在今天“统计”已被赋予多种含义。在不同场合，对“统计”一词可以有不同的定义。它可以指对社会、经济以及自然现象总体数量方面的资料进行搜集、整理和分析的活动过程，即统计实践活动；也可以指统计实践活动的成果，它是统计实践活动过程中所取得的各项数字和有关情况的资料，它反映现象的规模、水平、速度和比例关系，以表明现象发展的特征，即统计数据；还可以指分析研究如何搜集资料、整理资料和进行数量分析、推断的科学方法和技术，即统计学。因此，统计一般包含三层含义：统计活动、统计数据和统计学。

统计实践活动直接影响统计资料的数量和质量。统计学是统计实践活动的理论概括，反过来，它又用理论和方法研究分析统计实践活动。统计学和统计实践是理论与实践的关系。由于以上三者之间具有如此紧密的联系，所以习惯上把这三者统称为统计。例如在证券交易所要统计交易额、在生产车间要统计产品生产量就是统计实践活动，上证指数、价格指数就是统计数据，而研究统计指数的方法就是统计学。

1.1.2 统计学的概念

随着社会管理的日趋复杂，仅用数字计量客观现象已不能满足社会的需要，人们试图对客观现象进行定量分析，与此相适应，研究统计计量和分析方法的统计学诞生了。所以统计学是随着人类社会的发展和社会管理的需要而发展起来的。目前，随着统计方法在社会科学、自然科学和工程技术各个领域的广泛应用，统计学已发展为具有众多分支的一级学科，因而人们也从不同的角度对统计学的概念给出许多大同小异的解释，略举如下：

- 统计学是关于如何搜集、整理和分析客观现象数量方面的一门方法论科学。
- 统计学是关于数据资料的搜集、整理、显示、分析和推测的科学，目的在于帮助人们做出更有效的决策。
- 统计学是对被观察数据进行整理、描述和分析，进而探索数据内在规律的学科。
- 统计学是面对不确定、不充分的信息，为人们提供避免做出错误决策的科学方法。
- 统计学是对令人困惑费解的问题做出数字设想的艺术。

……

面对众多的解释，要给统计学下一个能被普遍接受的定义是十分困难的。综合各种解释，我们认为：统计学是一门关于客观现象数据的搜集、整理、归纳、分析的方法论学科，其目的是探索数据的内在数量规律性，以达到对客观事物的科学认识。统计学研究的是如何进行数据的搜集、加工和整理，如何从复杂纷繁的数据中得出结论，并科学地解释这个结论，以达到对客观现象正确的、深刻的认识。统计学与统计实践活动的关系是理论与实践的关系，理论源于实践，理论又高于实践，反过来又指导实践。

1.1.3 统计学的发展

从统计学的产生和发展过程来看，大致可以划分为三个阶段：

第一阶段是统计学的产生和形成阶段。统计学初创于 17 世纪中叶至 18 世纪，当时主要有国势学和政治算术学。国势学主要采用文字记述的方法，政治算术学则采用数量分析的方法。因此，从严格意义上来说，政治算术学派作为统计学的开端更为合适。17 世纪的英国学者威廉·配第(W. Petty)在他所著的《政治算术》一书中,对当时的英国、荷兰、法国之间的“国富和力量”进行数量上的计算和比较,做了前人没有做过的从数量方面来研究社会经济现象的工作。正是在这个意义上,配第在某种程度上也可以说是统计学的创始人。

第二阶段是统计推断方法和理论体系确立的阶段。是指 18 世纪末至 20 世纪中叶,这时期的统计学主要有数理统计学和社会统计学。随着资本主义经济的发展,统计被应用于社会经济的各个方面,统计学逐步走向昌盛。比利时统计学家、数学家、天文学家凯特勒(A. Quetelet)完成了统计学和概率论的结合。从此,统计学开始进入更为丰富发展的新阶段。国际统计学界有人称凯特勒为“统计学之父”,就在于他发现了大量现象的统计规律性和开创性地应用了许多统计方法。凯特勒把统计学发展中的三个主要学派,即德国的国势学派、英国的政治算术学派和意大利、法国的古典概率学派加以统一、改造并融合成具有近代意义的统计学,促使统计学向新的境界发展。可以说,凯特勒是古典统计学的完成者,又是近代统计学的先驱者,在统计发展史上具有承上启下、继往开来的地位。

第三阶段是从 20 世纪 50 年代起,统计理论、方法和应用进入了一个全面发展的阶段。在本阶段统计学受计算机、信息技术等现代科学技术的影响,新的研究领域不断出现,例如多元统计分析、现代时间序列分析、贝叶斯统计、非参数统计、线性统计模型等。据美国学者统计,现代统计学以指数式加速发展,新的研究分支不断增加,统计应用的领域不断扩展,几乎所有的科学研究都要用到统计学。统计学在各学科领域的应用又进一步促进了统计方法研究的深入和发展。可以说,在现代的科学研究中,统计学已成为一门基础性的方法论学科。

统计发展史表明:随着社会的发展与实践的需要,统计学家对统计方法的不断丰富和完善,统计学也在不断发展和演变;从当前世界各国统计研究状况来看,统计学不仅为研究社会经济现象,也为研究自然技术现象提供各种统计方法,它既研究确定现象,又研究随机现象;从统计学的发展趋势来看,它的作用与功能已从描述事物现状、反映事物规律,向抽样推断、预测未来变化方向发展。这些表明,统计学的发展前景十分宽广,统计学科除了自身的独立性发展外,也将越来越具有交叉学科的性质。

1.1.4 统计学的研究对象和研究方法

(一)统计学的研究对象

统计学的研究对象一般说来,是指客观事物的数量特征和数量关系。统计学的研究对象具有如下特点:

1. 数量性。数据是统计的基础,离开了数字,统计工作就无法开展。数量性是统计学研究对象的基本特点。统计数据是客观事物量的反映，通过数据以测度事物的类型、量的顺序、量的大小和量的关系。

2. 总体性。统计研究虽然是从个别单位的具体事实进行观察研究入手，但其目的是为了达到认识总体数量特征。例如，进行居民家庭调查，虽然是对具体的每户居民进行调查，但其目的并非研究个别居民户的家庭基本状况，而是要反映一个地区以至一个国家居民的收入、消费、就业等状况。

3. 具体性。统计是社会自然现象在一定时间、地点、条件下研究具体事物的量，而不是抽象的数量，这是统计学不同于数学的重要特点。但是，由于统计是从量的方面研究总体现象，因此，在许多方面要使用数学方法进行统计分析等等。统计研究的这一特点要求统计工作者必须按照具体事物的本来面目进行调查，才能保持调查资料对具体事物的准确反映。

4. 变异性。统计研究的是同质总体的数量特征，其前提是总体各单位的特征表现存在着差异，而这些差异不是由某些特定的原因事先给定的。统计上把总体各单位由于随机因素引起标志表现的差异称为变异。统计学研究的是各个体之间在数量上存在差异的群体现象。如果一批物体中的每件重量都一样，一群人中的每个人身高都相同，是用不着进行统计研究的。

【例 1.1】 在新生婴儿的性别问题上，如果就单独的一个家庭来观察，每个家庭的新生婴儿的性别可能是男性，也可能是女性。从个别看，新生婴儿的性别比例似乎没有什么规律可循。但是，如果对大量家庭的新生婴儿进行观察，就会发现新生婴儿中男孩略多于女孩，大致比例为 107：100。也就是说，每出生 100 个女婴，相应就有 107 个男婴出生。男、女婴的这个性别比例就是新生婴儿性别比的数量规律。古今中外这一比例大致相同，这是由人类自然发展的内在规律所决定的。对人口性别比例的研究是统计学的起源之一，也是统计方法探索的数量规律性之一。如一地区几年来新生儿性别的统计资料，如表 1.1 所示。

表 1.1 新生儿性别的统计表

观察年份	新生儿数(个)	男婴数(个)	男婴比例(%)
2006	1624	827	0.509
2007	1205	622	0.516
2008	1512	774	0.512
2009	1407	715	0.508
2010	1317	681	0.517

【例 1.2】 这是一个大多数人都知道的投掷硬币的游戏。随机地投掷一次硬币，出现正面、反面是不确定的，完全是偶然的。但当进行多次重复投掷，就会发现

投掷一枚质量均匀的硬币出现正面和反面的次数大体相同，其比值接近于0.5，投掷的次数越多，就越接近于0.5这一稳定的数值。历史上有很多人都曾经做过抛硬币试验(见表1.2)。这里的0.5就是投掷硬币出现某一特定结果的概率，即数量规律。

表1.2 抛硬币试验结果表

试验者	试验次数	正面出现的频率
蒲丰	4040	0.5069
K. 皮尔逊	12000	0.5016
K. 皮尔逊	24000	0.5005
罗曼诺夫斯基	80640	0.4979

【例1.3】 对某种农作物进行施肥和产量关系的试验。在其它条件不变的情形下，该作物的产量会随着某种化学肥料施肥量的增加而增加。并且还会发现，在最初增加施肥量时，产量增加较快；随着继续增加施肥量，产量增加的速度会逐渐减少；当施肥量增加到一定程度时，产量不再增加，这时如果再继续增加施肥量，产量反而会减少。农作物产量与施肥量之间的这种数量关系，就是人们所要探索的数量规律性。如果从大量的试验数据中用统计方法找出产量与施肥量的数量关系，就可以确定最佳的施肥量，以求得最大的产量，从而获得经济上的最大效益。

以上不同方面的例子说明了同一个问题，即对存在数量差异的群体现象，只要通过多次观察或试验得到大量统计数据，就可利用统计方法探索出其内在的数量规律性。

(二)统计学的研究方法

描述统计和推断统计是统计方法的两个组成部分，统计研究过程的起点是数据的搜集，终点是利用已处理过的数据去认识总体的数量特征，把握现象的变动规律。在统计研究过程中，如果能直接搜集到总体数据，利用统计描述的方法就可以达到认识总体数量特征的目的；如果无法直接搜集到总体数据，而只是获得部分数据(样本数据)，就必须采用统计推断的方法，利用样本数据推断总体特征，从而达到认识总体的目的。因此，统计学研究的是对总体现象数量特征进行计量描述和统计推断的方法。

1. 描述统计是指搜集由试验或调查所获得的资料，进行整理、归类，计算出各种用于说明总体数量特征的数据，并运用图形或表格的形式将它们显示出来。统计描述的主要内容包括：数据资料的搜集、数据的加工处理、数据的显示、数据分布特征的概括与分析。

2. 推断统计是指利用概率论的理论，根据试验或调查获得的样本数据信息科学地推断总体的数量特征。统计推断可以用于对总体数量特征的估计，也可以用于对总体某些假设的检验，所以，推断统计方法包括了参数估计方法和假设检验方法。这两类方法，有关总体的某个样本的数据信息已经取得，所要作的是对总体做出判断。如果所作的推断是对整个总体的某个数值做出估计，这样的问题属于估计这一类型，例如，推断总体平均数或总体方差等。如果所作的推断是在几个可供选择的行动方案中进行选择，这样的问题属于检验这一类型。例如，在工业生产管理中检验两种不同的工艺方法所生产的产品在质量上有无显著的差别，从而判断一种新的工艺方法是否优于原有的工艺方法。又如，在药品生产试用阶段，可以通过大量观察检验新药与旧药之间是否存在显著性的差异，从而判定新药较旧药的疗效是否更好、更安全，并确定其临床推广的应用价值。在对客观现象的研究中，所能获得的数据大部分为样本数据，因此，统计推断法的运用越来越广泛，它在现代统计中的作用越来越重要。

显然，描述统计和推断统计是统计方法的两个组成部分。前者是统计学的基础，后者则是现代统计学的主要内容。在研究现实问题中，要获得总体数据存在着相当的难度，能够获得的数据多为样本数据。因此，推断统计在现代统计学中的地位和作用越来越重要，它已成为统计学的核心内容。当然，这并不等于说描述统计不重要，如果没有描述统计得出可靠的统计数据并为后面的推断统计提供有效的样本信息，即使再科学的统计推断方法也难以得出符合实际情况的结论。统计学从描述统计学发展到推断统计学，既反映了统计学发展的巨大成就，也是统计学发展成熟的重要标志。

1.1.5 统计学和其他学科的关系

(一)统计学与会计学的关系

统计学和会计学各自都是一门独立的、完整的学科，它们各有自己的理论体系，自己的研究对象、研究方法。统计学与会计学这两门学科不能互相替代，但两门学科又相互联系，相互渗透。

统计学和会计学都是随着社会的发展和管理的需要而产生并不断完善起来的方法论科学，两者都是用数据为语言，对其研究对象的特征进行揭示，以达到对研究对象的认识，并实行有效的监控或管理。

从两门学科的理论体系分析，由于两门学科的目标、职能不尽相同，两门学科围绕各自的目标建立自己的理论体系。会计学的理论体系是以会计目标为起点，会计的目标主要是对会计主体的活动进行核算，提供会计主体活动的信息。围绕这一目标，确定会计核算范围、核算内容，搜集会计信息的途径、会计信息处理与加工的程序和方法，即它是在会计原则的指导下对某一经济业务或会计事项进行确认、计量与报告的会计技术方法,并明确会计信息的提供对象。统计学的理论体系是在明确统计学研究对象的基础上,建立搜集统计数据的调查体系,阐明数据整理、推断和显示的理论与方法,提供统计分析的理论与方法。

从两门学科的研究对象分析,两者虽然都是研究事物的数量特征,但两者的具体研究对象存在着差异。会计学研究的对象是会计主体的资本运动的数量方面,具体表现在会计主体的资产、负债、所有者权益、收入、费用和利润六大会计要素。统计学研究的对象是社会经济现象的数量特征和数量关系。在企业核算体系中,会计核算占据比较重要的位置。而在国民经济核算中,统计核算却占据比较重要的位置。

从会计与统计的活动过程看,两者都经过数据的搜集、处理和分析诸阶段。会计核算的依据是各类原始凭证,其核算的最终成果是以表格(会计报表)形式体现的。实质上,企业会计核算搜集的资料是该会计主体的全面资料,对每一笔业务的处理必须以原始记录或凭证为依据,一般不能采用推算或估计的方法,并以表格的形式描述企业生产经营、投资理财等活动状况。从这一活动过程看,会计的处理技术与统计描述有着非常相似之处。

从会计与统计的研究方法看,会计的研究方法是:对核算对象的分类是按会计要素来划分的,采用复式记账法,以会计等式为基础,研究会计主体数量的平衡关系。统计的研究方法是:对研究对象的分类是依据研究目的而定的,主要研究方法包括实验设计、大量观察、统计描述和统计推断等。随着社会的发展,会计与统计两种计算方法互相渗透,在财务分析中大量地运用了统计的分析方法,而在国民经济核算体系中也运用了会计复式记账原理和账户体系进行核算。

会计与统计两者之间相互利用对方的信息,统计是会计信息的主要使用者。传统的会计是不涉及宏观领域的,随着社会的不断发展,会计服务领域的不断拓宽,会计作为一个信息系统,也逐步为国民经济管理提供财务信息。

(二)统计学与计量经济学的关系

计量经济学是经济学、数学和统计学的综合,但又是独立于这三门学科的一门科学。在计量经济学中,大量地运用统计方法去研究经济及其相关领域的问题。

统计学和计量经济学是相互独立的两门学科。统计学侧重于数据的搜集、整理、归纳和分析,而计量经济学则侧重于经济理论的验证、经济政策的评议、经济结构的分析和经济发展未来的预测。

从研究过程看,统计学的研究过程包括:统计设计、统计调查、统计整理和统计分析等阶段。计量经济学的研究过程包括:经济理论模型的设计和建立,收集统计样本数据,模型的参数估计,模型的检验,对模型预测的有效性进行评价。

从研究目的看,统计学对变量的描述,其目的是为了从统计数据中认识所要研究的现象,解释现象,寻找现象的规律,并在不同的事物间、不同的时间上、不同的空间中进行评判、比较、推算。计量经济学利用统计模型,目的是研究经济变量之间的相互作用关系。

(三)统计学与数学的关系

统计学与数学有密切的关系。在现代统计学理论和方法的研究中用到了比较多的数学方法,从事统计理论研究和统计应用的人也需具备相应的数学知识,但不能因此认为统计学就是数学的一个分支。实际上,数学只是为统计理论和统计方法的发展提供了数学基础,统计学的主要特征是研究表现客观现象的数据,而不是数学。

另一方面,统计方法与数学方法一样,并不能独立地直接研究和探索客观现象的规律,而是给其他学科提供一种研究和探索客观规律的数量方法。但统计学与数学是有本质区别的。尽管从表面上看两学科都是研究数量规律,都在与数字打交道,但实际上有差别。一是,数学研究的是抽象的数量规律,而统计学则是研究具体的实际现象的数量规律;二是,数学研究的是无量纲和单位的抽象的数,而统计学研究的是有具体实物或计量单位的数据;三是,两者在研究中所使用的逻辑方法也不相同,数学研究使用纯粹的演绎,而统计学研究则是演绎与归纳相结合;四是,数学研究可以与实际无关,而统计研究则需要深入实际搜集数据,并与具体问题相结合,经过科学的演绎和归纳后才可能得出有益的结论。

总之,统计学是一门应用性很强的基础学科,必然与其他学科有密切的联系。由于其他学科在研究中都要研究和分析数据,而统计方法可以帮助各学科探索揭示其内在的数量规律,对数量规律性的解释则由各学科的研究来完成。由此可以看出,统计学不能替代其他学科,只能为其他学科提供一种有用的定量分析工具。尽管各学科所需要的统计知识不同,所使用的统计方法的复杂程度不同,但统计方法在其他学科的研究中将会发挥越来越重要的作用。

1.2 统计学的基本概念

1.2.1 总体和样本

(一)总体

就任何一个统计问题而言,总体是最基本的要素。总体就是根据一定的目的确定的所要研究对象的全体。构成总体的各个个体事物,成为总体单位,简称单位(或单元)。总体是由客观存在的、具有某种共同性质的许多个别单位所构成的整体。总体有两大特点,即同质性和大量性。

同质性是指构成总体的各个单位具有共同的性质。它是构成统计总体的基础。例如，我们要研究全国中小企业的发展情况，就可以将全国的中小企业作为一个总体。这是因为中小企业各单位具有共同的性质，称为同质性，即它们都是按国家工商管理规定登记注册的，向社会提供产品，并且市场竞争力都较弱小的企业。有了这个总体，可以研究我国中小企业的各种数量特征，如中小企业的从业人员数，资产规模，技术力量，资源获取、利用和开发的能力，经济效益情况，等等。而同质性是相对的，它是根据统计的研究目的而定的，研究目的不同，则所确定的总体就不同，其同质性的意义也就改变了。例如，研究城镇居民户的生活状况，所有城镇居民户构成了统计总体，凡是城镇居民户都是同质的。如果研究的是城镇居民贫困户的生活状况，那么，贫困线下的城镇居民户则构成了统计总体，若根据国际上每人每月支出不足1美元即为贫困人口的标准，贫困线下的城镇居民户都是同质的，而贫困线上的城镇居民户就是非同质的了。

大量性是指总体应由足够数量的单位构成，而不是只有个别或少数单位。研究总体数量特征的目的是揭示现象的规律性。而事物的规律性，特别是社会和经济现象的规律性，只有在大量现象的汇总综合中才能显示出来，个别单位的现象有很大的偶然性，而大量现象的总体则相对稳定，表现出共同性的倾向。根据总体大量性的特点，总体可分为有限总体和无限总体。有限总体是指由有限个单位构成的总体；无限总体是指包括的单位多至无限的总体。例如，在某一时间条件下进行人口普查、库存物资普查，我们面对的是有限总体；而要检测自然环境大气中的粉尘悬浮颗粒，我们面对的是无限总体。时间序列总体也是无限总体，例如，生产线上大量连续不断生产出某种零件时，由于时间不断延续，其总产量构成一个无限总体。

统计对总体数量特征的研究，其目的是为了探索、揭示现象的规律，而现象的规律只有在大量现象的综合汇总中才能显示出来。

（二）样本

样本是统计问题的第二要素。所谓样本，就是从总体中随机抽取的若干单位构成的集合。例如，从某地区有投票资格的选民中抽出100人的选民样本；从质量检验的商品中，取出该商品5%的样本进行质检，这些都是从总体中抽取样本的例子。

样本具有以下四个显著的特点：(1)样本单位必须取自总体内部，不许总体外部单位参加；(2)样本具有不唯一性。从一个总体中可以抽取许多个样本，样本各单位的取值是可变的，不同的取值就有不同的样本。(3)样本必须具有代表性。样本的代表性直接影响到对总体推断的准确性；(4)样本必须具有客观性，从总体中抽取样本，必须排除主观因素的影响。

1.2.2 标志和变量

(一)标志

标志是反映总体各单位的属性或特征。例如,单位是外资企业,每个外资企业都具有所属的行业、资本金数额、固定资产原值、职工人数等属性或特征,这些就是单位的标志。进行统计研究就是从观察、登记标志的表现入手的,并对标志的表现进行综合以揭示总体的数量特征,由此可见,标志是统计研究的基础。

按照标志所反映的单位的特征不同,标志可分为品质标志和数量标志。凡是表明单位属性方面特征的标志,都属于品质标志,如企业的经济类型、学生的性别等。凡是表明单位数量方面特征的标志,均属于数量标志,如学生的考试成绩、职工的工龄、收入等。

品质标志的表现一般用文字或语言描述,例如,企业的经济类型是品质标志,其标志表现具体有国有经济、集体经济、外资经济和其他经济类型;学生性别是品质标志,其标志具体表现为男、女。数量标志的表现可用数值表示,例如,学生的考试成绩是数量标志,其标志表现为多少分,职工的工龄是数量标志,其标志表现为多少年。

按照标志在总体中各单位的具体表现是否相同,标志可分为不变标志和可变标志。不变标志是指在同一个总体中的各单位具体表现完全相同的标志。例如,在高校学生总体中,身份是不变标志,因为都是高校学生。一个总体中,至少要有一个不变标志,才能把各单位结合成为一个总体,如果没有不变标志,那么,总体也就不存在,由此可见,不变标志是总体同质性的基础。可变标志是指在同一个总体中的各单位具体表现不完全相同的标志。例如,在高校学生总体中,年龄这一标志在各单位的表现可能不同,在此,年龄就是可变标志。这种单位的标志表现不相同的现象,统计上称之为变异,因此,可变标志也称为变异标志。总体的差异性也正体现在至少要有一个可变标志。

(二)变量

变量是统计学中经常涉及的一个概念。一般来讲把可变的数量称为变量。变量的具体表现,就是可变数量的不同取值,称其为变量值。例如,工资是一个可变数量,也是一个变量,某企业职工的月工资分别为1600元、1700元、1800元、1900元、2000元等,这些都是工资这一变量的不同取值,即变量值。在实际统计调查中离不开对总体数量进行观察和计量。汇集得来的某一个数量的一系列数值在统计上又称为数据。这些数据在一定的时间和空间范围内不断变化,具有变异性的特点,所以称其为变量值。就足够多个变量值来说,其变化并非无序,通常在一定范围内具有一定的规律性。因此,针对不同类型的变量值,应采用不同的统计方法进行加工处理，探讨其数量特征及其规律性。

在统计实践中，按研究的目的，需要采用合适的变量将具有同质性的总体划分为若干类型或组别，然后分门别类地将其中的变量值加以综合计算和分析。因此，变量是统计分组和统计计算分析的基础，而变量值的加工处理则是统计的一项具体工作。

变量按其变量值是否具有连续性，可以分为连续变量和离散变量。连续变量是指它的数值是连续不断的，即在任意两个相邻数值之间还可以取无限多个不同的数值。例如，人体的身长、体重，企业的总产值、利润率等都是连续变量。连续变量的数值通过测量或计算取得。实际测量或计算所得的数据，其精确度只能要求达到一定的限度，是一种近似的结果。离散变量是不连续的变量，其数值是通过逐个计数的方法得出的，所取的可能数值只能按整数计数。例如，职工人数、企业数等都是离散变量，其可能数值的个数通常是有限的，构成有限总体。

变量按其性质可以分为确定性变量和随机性变量。在一个系统中，如果某一变量的值能够由另一个变量或若干个变量的值按一定的规律唯一确定，则该变量称为确定性变量。例如，某商品在销售价格为一定的条件下，销售额的变动完全由销售量所确定，销售额就成为确定性变量。随机性变量是指受随机因素影响的变量，即影响变量值变化的因素是不确定的，变量受随机因素影响的大小和方向是不确定的。例如农作物产量的高低，受土壤、水分、气温、光照、施肥、管理等多种因素影响，而水分、气温、光照等的变化是不确定，所以农作物产量是随机性变量。随机变量具有随机性或偶然性，但它的数值变动却有一定的规律性。通过大量的观察，应用统计技术方法，可以揭示和描述其数量特征及变动的规律性。例如通过大量的观测发现，随着施肥量的适当增加和管理水平的提高，农作物产量会呈上升趋势。

1.3 SPSS 软件概述

1.3.1 SPSS 软件的特点

SPSS 是 Statistical Package for the Social Science 的缩写，即社会科学统计软件包。它是世界上最著名的统计分析软件之一。它和 SAS(Statistical Analysis System，统计分析系统）都是国际上最有影响的统计软件。SPSS 17.0 for Windows 是目前 SPSS Inc. 公司推出的最新版本之一，在经历了多次升级之后，SPSS 17.0 for Windows 具有了更为强大的统计功能。SPSS 具有以下特点：

第一，工作界面友好完善、布局合理、操作简便，大部分统计分析过程可以借助鼠标，通过菜单命令的选择、对话框参数设置、点击功能按钮来完成，不需要用户记

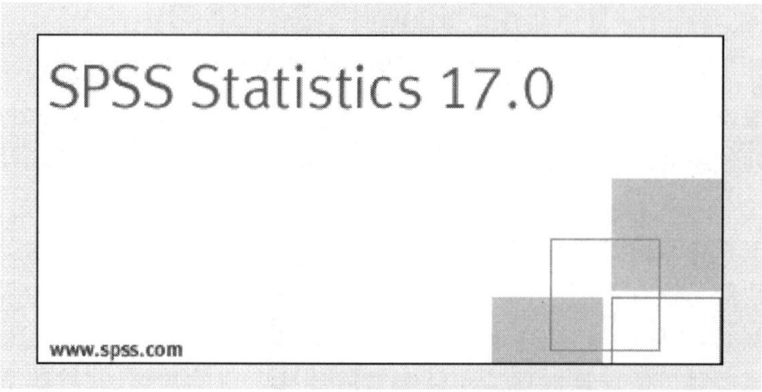

图 1.1 进入 SPSS 界面

忆大量的操作命令。菜单分类合理，并且可以灵活编辑菜单以及设置工具栏。

第二，具有完善的数据转换接口，可以方便地和 Windows 其他应用程序进行数据共享和交换。可以读取 Excel、FoxPro、Lotus 等电子表格和数据库软件产生的数据文件，可以读取 ASCII 数据文件。

第三，提供强大的程序编辑能力和二次开发能力，方便高级用户完成更为复杂的统计分析任务的需要，具有丰富的内部函数和统计功能。

第四，附带丰富的数据资料实例和完善的使用指南，为用户学习掌握软件的使用方法提供更多的方便。软件启动后，用户可直接上网访问 SPSS 公司主页获得更多的帮助和信息。

1.3.2 SPSS 的运行

正确安装了 SPSS 17.0 后，每次运行 SPSS 17.0(以下简称 SPSS)，弹出如图 1.2 所示的“SPSS Statistics 17.0”对话框。该对话框提供了选择进入 SPSS 的各种方式。

1. “Run the tutorial”：运行指南。
2. “Type in data”：数据录入。
3. “Run an existing query”：运行现有的查询。
4. “Create new query using Database Wizard”：用数据库向导建立新的查询。
5. “Open the exiting file”：打开现有的数据文件。
6. “Open an other type of file”：打开其他类型的文件。

注意：“SPSS Statistics 17.0”对话框底有一个复选框“Don’t show this dialog in the future”。如若选择该项，以后再启动 SPSS 时将不显示 SPSS 对话框，直接进入“SPSS Data Edit”(数据编辑)窗口，如图 1.2 所示。

退出“SPSS Statistics 17.0”时，可采用下列方法之一。

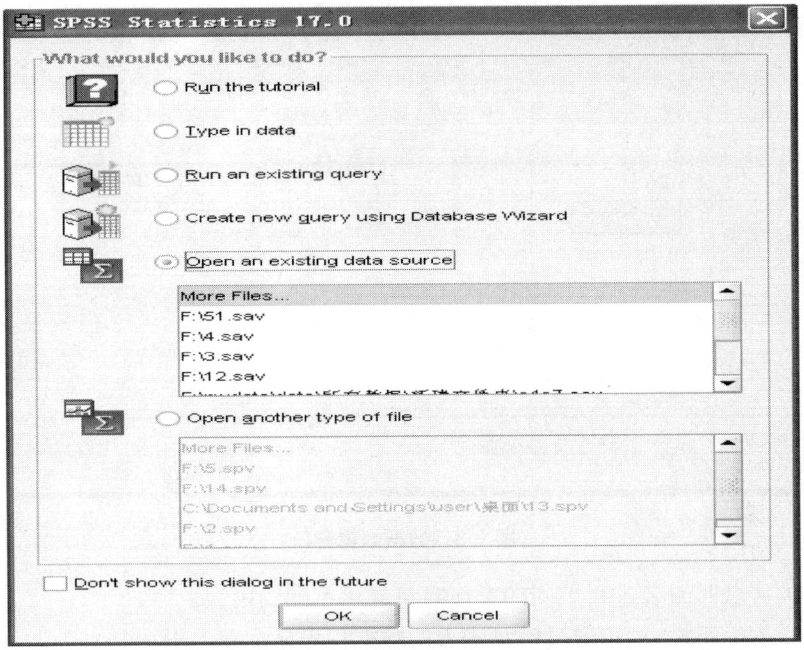

图 1.2　启动对话框

1. 打开“File”菜单，单击[Exit]选项退出 SPSS。

2. 单击数据编辑器右上角的关闭按钮。

3. 右击数据编辑器标题栏的任何位置，从弹出的快捷菜单中选择关闭，也可以双击编辑器左上角的编辑器图标。

4. 使用快捷键 Alt＋F4。

1.3.3　SPSS 的数据编辑

在图 1.2 的 SPSS Statistics 17.0 对话框中选择“Type in data”复选框，单击[OK]按钮，将进入“SPSS Statistics Data Editor”(数据编辑)窗口(如图 1.3 所示)。

数据编辑窗口也是 SPSS 默认的启动用户界面，它是 SPSS 的工作台面，用户可以在这里建立、读取、编辑数据文件，开展预想的统计分析工作。数据编辑器中包括：

1. 标题栏，显示当前工作文件名称。

2. 主菜单栏，排列 SPSS 的所有菜单命令。

3. 工具栏，排列系统默认的标准工具图标按钮，此栏图标按钮可以通过单击“View”菜单的[Toolbars]命令选择隐藏、显示或更改。

4. 状态栏，状态栏位于 SPSS 窗口底部，它反映了工作状态。当用户将光标置

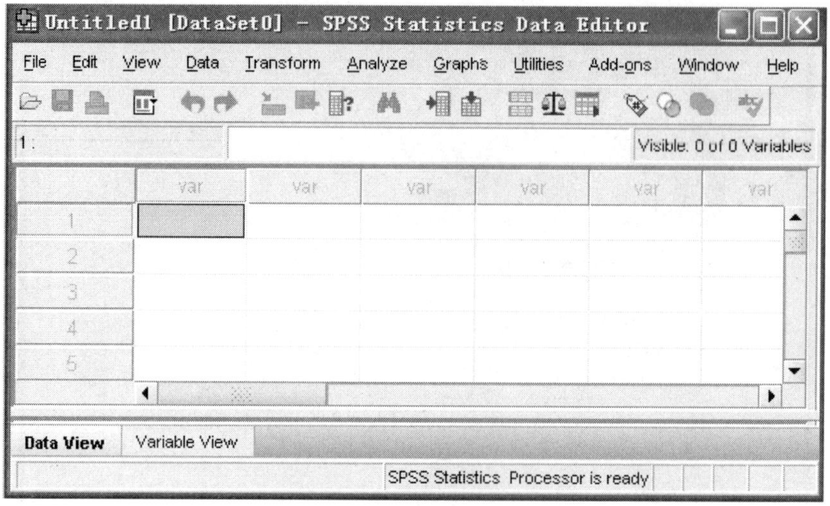

图 1.3 数据编辑窗口

于不同的区域时或者进行不同的操作时将显示不同的内容。

5. 数据编辑栏，用户通过键盘输入的数据首先显示在这里。

6. 数据显示区域。它是一个二维的表格，编辑确认的数据都将在这里显示，其中每一个矩形格为单元格(Cell)，其中边框加黑的单元格称为选定单元格。数据显示区域的左边缘排列观测量序号，上边缘排列要定义的各变量名。

因为任何统计分析都离不开数据，数据质量的优劣以及数据的可靠性都将直接影响到统计分析的结果，因此数据编辑窗口中的工作将成为统计分析的基础。

注意：在 SPSS 运行期间，不能同时打开一个以上的数据窗口。SPSS 数据窗口的主菜单集中了大量的命令和功能，下面对所有菜单项作简要介绍。

①File(文件)菜单

文件菜单提供了数据库文件的新建(New)、打开(Open)、保存(Save)、打印(Print)、退出(Exit)等命令。

②Edit(编辑)菜单

编辑菜单提供了取消上次编辑操作(Undo)、恢复上次编辑操作(Redo)、插入变量(Insert Variable)、插入观测量(Insert Case)、定位到观测量(Go to Case)、剪贴(Cut)、复制(Copy)、粘贴(Paste)、删除(Clear)、查找(Find)等命令。

③View(视图)菜单

视图菜单提供了状态栏(Status Bar)、工具栏(Toolbars)、字体(Fonts)、显示/隐藏格线(Grid Lines)、显示/隐藏变量值标签(Value Labels)等命令。

④Data(数据)菜单

数据菜单提供了定义日期(Define Dates)、观测量排序分类(Sort Case)、转置

(Transpose)等命令。这些命令类似于数据库的编辑与管理。此外还有合并文件(Merge Files)、汇总(Aggregate)、拆分文件(Split File)、选择观测量(Select Cases)、观测量加权(Weight Cases)等命令。

⑤Transform(转换)菜单

数据转换菜单主要用于度量转换,包括计算(Computer)、设置随机数种子(Random Number Seed)、计数(Count)、连续变量分类(Categorize Variables)、观测量求秩(Rank Cases)、自动赋值(Automatic Recode)、产生时间序列(Create Time Series)、缺失值替换(Replace Miss Values)等子菜单。

⑥Analyze(分析)菜单

SPSS的所有统计分析功能都集中在这个菜单下,其中包括统计报告(Reports)、描述性统计报告(Descriptive Statistics)、均值比较(Compare Means)、一般线性模型(General Linear Model)、相关分析(Correlate)、回归分析(Regression)、聚类和判别分析(Classify)、数据简化(Data Reduction)等子菜单。

⑦Graphs(图形)菜单

SPSS中所具有的几十种不同类型的表现统计资料的图形格式的图形都是借此菜单下的命令生成的,它包括了交互式统计图形(Interactive)、条形图(Bar)、线形图(Line)、面积图(Area)、饼图(Pie)、高一低图(High－Low)、误差条形图(Error Bar)、散点图(Scatter)、直方图(Histogram)、序列图(Sequence)、时间序列相关图(Time Series)等子菜单。

⑧Utilities(实用程序)菜单

实用程序菜单包括数据文件中的变量信息(Variables)、文件信息(File Info)、定义变量集合(Define Sets)、运行脚本语言(Run Script)、菜单编辑器(Menu Editor)等命令项。

⑨Windows(窗口控制)菜单

窗口控制菜单提供了数据菜单最小化、数据编辑窗口和SPSS输出窗口等的切换功能。

⑩Help(帮助)菜单

帮助菜单提供了帮助主题(Topics)、用户指南(Tutorial)、SPSS主页(SPSS Home Page)、统计训练指导(Statistics Coach)等功能。

1.3.4 数据文件的建立

统计工作中,统计调查或试验收集来的数据资料要借助计算机进行分析,首先必须将这些数据资料输入计算机,产生相应的数据文件。建立数据文件是进行统计分析的基础工作。实际中调查得来的数据资料往往是零乱的,为便于统计分析,需要对这些数据进行科学的归纳与整理，文件质量的优劣将对统计分析结果产生直接的影响。

SPSS 数据文件的建立、编辑及整理主要由主菜单里 Data 菜单和 Edit 菜单里的功能项来实现的。这里介绍这些功能的使用方法，为利用 SPSS 进行统计分析作必要的准备。

（一）打开数据文件

1. 打开 SPSS 格式的数据文件。

①在启动 SPSS 时，会弹出一个有 6 个选项的小菜单(见图 1.2)。这个菜单中显示的 SPSS 的数据文件，是机器不久前使用过的文件。

在显示的菜单中，选择第五个选项“Open an exiting Date source”。在该选项下面的框中，打开一个所需的数据文件(如“ *. sav 文件”)。如果在这个框中，没有所需要的文件，就关闭这个窗口，按照下一个方法，读入 SPSS 格式的数据文件。

②在数据编辑器(Data Editor)状态下的“Data View”窗口中，点击屏幕左上角的“打开文件”的图标(与 Word 文件的“打开文件”的图标相同)，或者从主菜单开始，点击[File]→[Open]→[Data]。完成上述选择后，机器弹出一个“Open Data”窗口，通过调节“查找范围”，选择所要读入的“ *. sav”的数据。

2. 读入 EXCEL 格式的数据。可直接用 SPSS 去读。在数据编辑器(Data Editor)状态下的“Data View”窗口中，点击屏幕左上角“打开文件”图标(或点击[File]→[Open]→[Data])，系统弹出“Open Data”对话框。

在“Open Data”的对话框的下方，选“ *. xls”的文件类型。在“查找范围(I)”路径下的有关 EXCEL 的文件，就会在框中显示，找到所需要的 EXCEL 文件所在的位置，点击“打开”，系统弹出一个“Opening Excel Data Source”窗口，选择所需数据所在的“工作表(work sheet)”，点击[OK]，相应数据就转化为 SPSS 数据，读入在 SPSS 的数据窗口中。

（二）变量、观测量的概念

建立数据文件的目的是对数据文件中反映的研究对象的数量方面进行分析，进而揭示其内在的数量变化规律。掌握准确、全面的数据资料是统计分析的基础，直接关系到统计分析的结果。因此，组织建立一个科学、合理、精炼的数据文件是非常重要的。

SPSS 的数据文件里包括变量、观测量等，下面介绍这些基本概念。

1. SPSS 变量。SPSS 中的变量与统计学中的变量概念一致，对总体单位而言，它表示统计标志；对总体而言，它表示统计指标。

SPSS 变量具有以下属性：变量名、变量类型、变量长度、变量标签、缺失值、单元格宽度、对齐格式、测度水平等。

①Name(变量名)。变量名,即变量名称,定义一个变量首先应当为它命名。SPSS 中变量命名的规则如下:

- 变量名由不多于 8 个的字符组成,如果定义的变量名中字符个数大于 8,系统将会自动截去尾部作不完全显示。
- 首字必须为字母,其后可以是字母,也可以使用汉字作为变量名,如“N_score”、“产值”。但是有几个特殊字符,如“?”、“!”、“*”以及算术运算符都是不允许使用的。此外点“.”不能作为变量名的最后一个字符。
- 变量名中不能使用 SPSS 的保留字,它们是:ALL、AND、BY、EQ、GE、GT、LE、LT、NE、NOT、OR、TO、WITH。
- 系统不区分大小写字母,例如 SCORE、Score 视为同一个变量名。

②Type(变量类型)。SPSS 变量有 3 种类型:Numeric(数值型)、String(字符型)和 Data(日期型)。系统默认的变量宽度(width)为 8(即数字,包括小数点或者字母,总数为 8),小数点位数为 2,如 12345.56、Student、1.25E－08 皆为符合要求的变量值。如果要改变系统默认的变量宽度,可以在 Option(选项)对话框中重新设置。

数值型变量可以分为 8 种不同类型:标准数值型、带逗点型、带圆点型、科学计数法、带美元符号型、自定义型、日期型、字符型,其中标准数型变量为系统默认的基本类型。

标准型数值变量就是平常的书写格式:带逗点型的数值变量,其变量值的总数部分自右向左每 3 位加一个逗点作为分隔符,用圆点作为小数点;带圆点型的数值变量,其变量值的整数部分自右向左每 3 位加一个圆点作为分隔符,而用逗点作小数点;科学记数法中表示指数的字母用 E,如 2.35E2、2.35E＋2 都表示 235,均显示为 2.35E＋002。

带美元符号($)型,输入时可以不必键入字符“$”,根据指定的变量长度,譬如,定义变量宽度为 11 位,则显示时均为“$ * * * , * * * . * *”。

SPSS 中,日期型变量值的显示格式非常多,无论选中哪一种具体的格式,输入时都可以使用“/”和“－”作为分隔符,显示时系统会按定义的格式输出。

字符型变量的值是一串字符,使用时需特别注意,定义变量名时字母大小写不加区分,但输入字符型变量值(字符串)时,系统对大写字母和小写字母则是严格加以区别的。

注意:日期型变量和字符型变量不允许参与运算。

③Width(变量宽度)。定义变量类型的宽度,系统默认的变量宽度(width)为 8(即数字,包括小数点或者字母,总数为 8)。

④Decimals(小数)。系统默认的小数点位数为 2。

⑤Label(变量标签)。变量标签是对变量名的附加说明。SPSS 中不超过 8 个字符的变量名,在许多情况下不足以表达变量的含义。利用变量标签可以对变量的意义作进一步解释和说明。特别地,在中文 Windows 下还可以附加中文标签,这给不熟悉英文的用户带来很大方便。例如,定义变量名:"Name",可以加注标签"姓名"(或"学生姓名"、"职工姓名"等)。给变量加了标签以后,在数据窗口工作时,当鼠标箭头指向一个变量的时候,变量名下立即显示出它的标签。

⑥Value(Value Labels)(值标签,或标签值)。变量值标签是对变量的可能取值附加的进一步说明,通常仅对类型变量的取值指定值标签。对变量值附加标签值有重要的作用,例如我们定义一个变量"Department",代表某所大学的系或部门,我们准备将它作为分类变量参与数据文件的统计分析,可以将它定义为一个字符型变量,也可以定义为一个数值型变量。如果将它定义为一个字符型变量,则由于该校有众多的系或部门,在输入观测值时必须输入系或部门名称,这将大大地增加键盘输入的工作量。如果将它定义为一个数值型变量,日后在阅读数据文件的时候,常常又可能不明确变量值的意义。而将各系或各部门的名称作为变量的各个值的标签,假如在值标签开关开启状态下,要输入各单位的名称,只需输入它的值,而在数据窗口变量值的单元格里显示该变量值对应的值标签,这样既减轻了输入的工作量,又可以一目了然地了解变量值的意义。

⑦Missing(Missing Value)(缺失值)。统计调查,搜集研究对象的有关统计资料是统计工作的基础。但是在具体工作时,难免会发生一些失误,例如,须观测的现象没有观测到,或者由于不慎遗失了原始记录,或者由于登记时的疏忽导致记录错误。总之,会因种种原因造成统计资料的残缺、遗漏和差错。

统计中把那些没有观测到、记录到、记录结果有明显错误的值,称为缺失值。例如,在调查小麦亩产量时,记录到某地平均亩产为 5000 公斤,如此高的产量显然违背了普通常识,小麦亩产量不可能这样高,这个数据应属于错误的数据。统计分析中使用了这样的数据必然导致错误的分析结果。SPSS 提供了处理这些缺失值的功能,以便在统计分析中排除它们。

⑧Columns(变量格式宽度)。变量格式宽度指在数据窗口中变量列所占据的单元格的列宽度。应该注意,定义变量类型时指定的宽度(见③)和定义变量格式时的宽度是有区别的。定义变量格式宽度应当综合考虑变量宽度和变量名所占据的宽度,一般取其较大的一个作为定义该变量格式宽度时,变量宽度可取最小值,即:"变量格式宽度>=变量宽度",同时"变量格式宽度>=变量名长度"。

如果变量宽度>变量格式宽度,那么,在数据窗口中显示变量名的字符数不够,变量名将被截去尾部作不完全显示。输入的数据可能截去尾部,被截去的部分用"*"号代替。

⑨Align(单元格对齐格式)。在数据窗口中,变量值在单元格的显示有左、中、右之分。一般情况下,对数值型变量默认的对齐方式为右对齐,字符型变量默认的对齐方式为左对齐,用户可以自行决定对齐方式。

⑩Measure(测度)。所谓测度,是指按照某种法则给现象、事物或事件分派一定的数字或符号,通过测度来刻画事物的特征或属性。例如,对人进行测度,其属性或特征有性别、年龄、身高、体重、职业等,可以用58公斤标识某人的体重,用1.75米标识他的身高,用1(男)标识或2(女)标识他(或她)的性别。

一般来说,任何事物都具有直接的或潜在的可测性,但是可测的程度或者水平是不同的,统计学中通常将测度分为:Scale(定比测度,或比率测度)、Ordinal(定序测度,或顺序测度)、Nominal(定类测度,或名义测度)。这3种测度水平以Scale测度的测度水平最高,Ordinal测度次之,Nominal水平最低。

2.观测量。SPSS用Case(s)表示观测量、案例或事件。统计学中指出,构成总体的单位具有各种各样的特征,将这些特征的名称称为"标志"。如某工厂的全体职工组成一个总体,该厂的每一个职工为一个总体单位,他们都有姓名、性别、民族、体重、身高、工资等,这些反映职工特征的名称称为标志。这些标志又区分为数量型标志(可用数量来表示的,如体重、身高、工资等)和品质型特征(不能用数量表示的,如,性别、民族等)。对每一个职工进行观察,可以记录到每个标志的一组资料,这组资料在统计学中称为标志的表现。对不同的职工将记录到互不相同的资料,体现了标志的变异性,因此,笼统的称各个特征为变量。

如果把对一个职工各种特征的观察视为一个观测量,便可得到反映这个职工具体特征的一组观测值。这一组观测值在SPSS中称为一个Case(观测量)。数据窗口的二维表格中的每一个横行用来存放这一组观测值。因此,把数据窗口的每一个横行就作为一个Case,表中第m行第n列交叉点处的单元格(Cell)中的数值视为第m个单位的第n个变量的变量值。

(三)定义变量

在建立SPSS数据文件之前首先要定义变量,即要定义变量名、变量类型、变量宽度、变量标签、变量格式等。为了提高工作效率,建议用户在建立数据文件之前,对掌握的数据资料事先进行一些分析,对需建立的一些文件从内容、格式、变量名等方面进行通盘的考虑并制定一个简要的计划。为了说明定义变量的步骤,现给出某企业6名员工的基本情况,资料列于下表1.3中。

根据以上资料可以建立一个包含7个变量的数据文件。不难看出,其中"基本工资"应定义成测度水平为Ordinal数值型变量,"姓名"、"工号"定义为字符型变量,可以将"性别"、"工种"、"文化程度"定义成附有值标签的测度水平为Nominal的数值型变量。

表 1.3 某企业员工基本情况

工号	姓名	性别	出生日期	文化程度	工种	工资
001	王大明	男	19720827	本 科	统计员	3080
002	王 平	女	19650506	本 科	会 计	3597
003	方 成	男	19720328	研究生	技术员	3300
004	赵 山	男	19720817	本 科	销售员	3000
005	黄 远	男	19830911	本 科	销售员	2908
006	刘 静	女	19841208	本 科	销售员	2977

下面给出定义变量的步骤：单击数据窗口下面的[Variables View]（变量视图）选项卡，出现如图 1.4 所示的定义变量窗口。

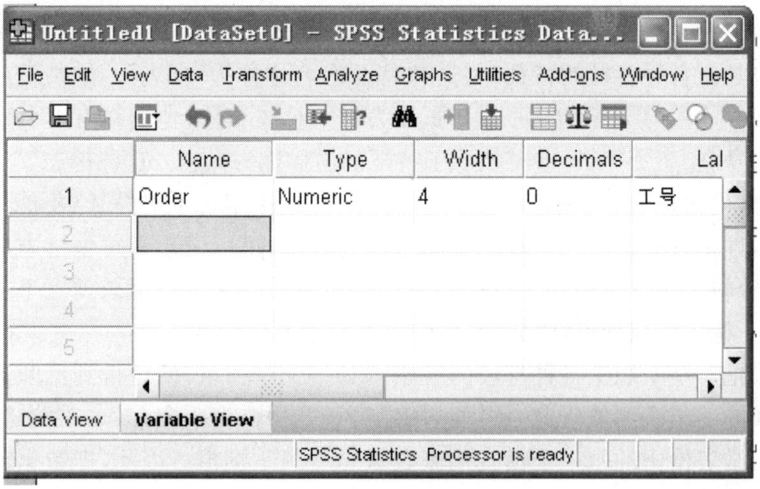

图 1.4 定义变量窗口

1. 定义变量名。在“Name”下的单元格中输入变量名，如图 1.4 中的“Order”。

2. 定义变量类型及宽度。在“Type”下选择变量类型，单击该单元格，出现图标，再单击这个图标中的按钮，打开如图 1.5 所示的[Variable Type]（变量类型）对话框，从中选择变量类型。

例如，选择“Numeric”（数值型），“Width”（变量宽度）：4，“Decimal”（小数位数）：0。变量的宽度和小数位数也可以在定义变量窗口中的“Width”和“Decimal”的单元格中选择，单击它们将出现，点击箭头可以调大或调小变量宽度的数值。

3. 定义变量标签。在定义变量窗口中“Labels”下的单元格中，输入标签，如“序号”。SPSS 允许定义长达 255 字节的变量标签。

4. 定义值标签。由于只对定序（或定类）变量的值定义值标签，变量 Order 不需要定义值标签，“Values”下面的单元格中显示“None”（无）。而在定义变量 sex

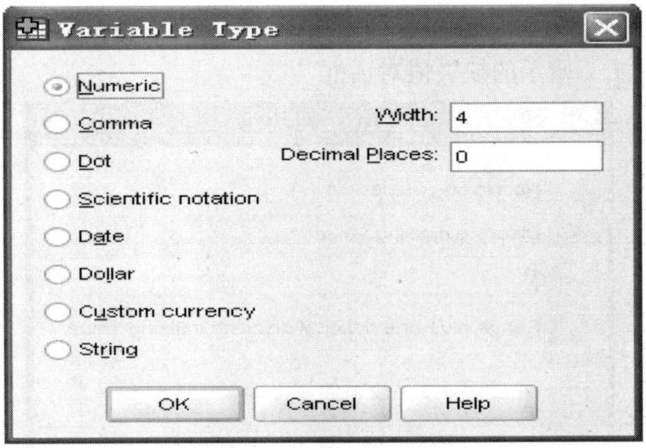

图 1.5　变量类型对话框

(性别)、work(工种)时就需要定义值标签了。仅以性别为例说明。假若已经定义了性别为数值型变量,变量标签为“性别”。单击[Values]下面的单元格中出现  ,再单击右边的按钮,打开如图 1.6 所示的值标签对话框。

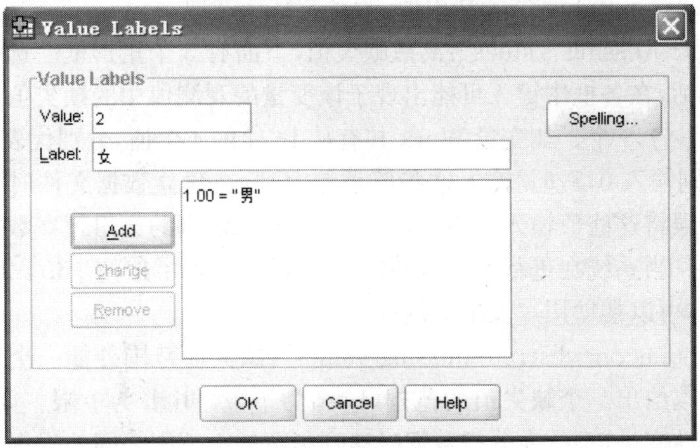

图 1.6　值标签对话框

在“Values”栏里输入 1,在下面的“Value Label”输入对应变量值的标签,如男。最下方较大矩形框为显示值标签清单,当上面两栏里输入了数值、文字或字符时,左边第一个按钮[Add](添加),可单击它将输入的值标签添加到值标签清单中去,接下来可输入第二个值标签,其余类推。

如果对已经列入清单的值标签不满意,单击它将其置亮,单击左端第三个按钮[Remove]将其移出。第二个按钮[Chang]为改变标签值按钮,清单中的标签值如不满意,也可以先不移出,先在“Value”栏输入原值,再在“Value Label”栏中输入新的值。此时“Chang”置亮,单击它更改后的标签值就将替代原来的旧值。

5. 定义缺失值。单击[Missing]下的单元格，出现图标，再单击右边的按钮，打开如图 1.7 所示的缺失值对话框。

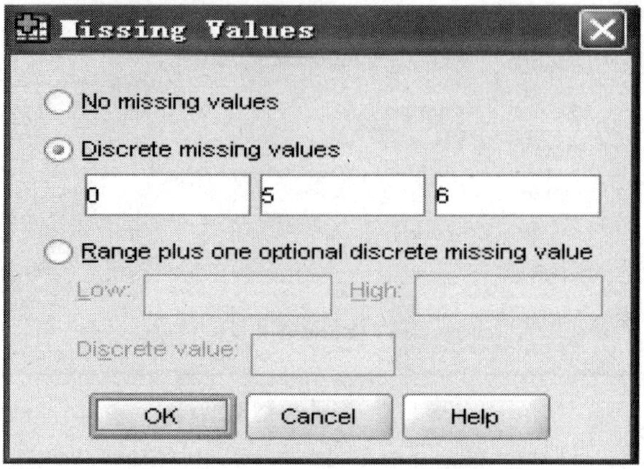

图 1.7 定义缺失值对话框

对话框中有 3 个单选项：

“No Missing Values”：无缺失值，为系统默认选项。

“Discrete Missing Values”：离散缺失值，下面有 3 个矩形框。选中此选项时，矩形栏被激活，在各框中键入可能出现于该变量的观测值中的缺失值，实际输入的数值也可以少于 3 个。如变量 Work 共有从 1～4 的 4 个值，分别代表 4 个工种，在 3 个栏中分别输入 0,5,6。输入这些值是考虑到，在建立数据文件时，可能会由操作中的疏忽误将这些值输入。当然，这三个值不一定真的会出现在数据文件中，只是作为预防。当系统在进行系统分析时如果真的遇到了这两个值，会将它们作为缺失值对待，可以帮助用户及早地发现错误。

“Range plus one discrete missing values”：缺失值范围外加一个离散缺失值，选择此项可以给出一个缺失值的范围，Low 为下限，High 为上限。如果你定义的变量为连续性变量，系统在分析数据时遇到指定的上下限之间的数据，将作为缺失值处理。此选项可以看成前两个选项的结合，意义基本同前面一样。

定义了缺失值后，输入变量时，特别需要注意，自己定义的缺失值无论是离散型的还是连续型的，其值或者它的范围中，绝对不要包括合法值，否则仍将影响分析结果，反而招致不必要的麻烦。

一般来说，上面定义的缺失值或缺失值范围内未必能把所有的缺失值全部包括在内，在系统分析时如果发现了定义的缺失值，我们可以返回数据文件将它们修改处理，然后再重新定义其他缺失值或缺失值范围。

6. 定义列宽度。在定义变量窗口中，单击[Column]下面的单元格，出现 8 ，单击向下和向上的箭头按钮选定列宽度。

7. 定义对齐格式。在定义变量窗口中，单击[Align]下面的单元格，出现 Right ▼，单击箭头按钮展开下拉式列表框，从中选择“Left”(左对齐)、“Right”(右对齐)、“Center”(居中对齐)。

8. 定义测度水平。在定义变量窗口中，单击[Measure]下面的单元格，出现 Scale ▼ 等五种测度，单击箭头按钮展开下拉式列表框，选择一种测度。如，“基本工资”定义成测度水平为“Ordinal”数值型变量，“性别”、“工种”、“文化程度”定义成附有值标签的测度水平为“Nominal”的数值型变量。

按照上述步骤将各变量定义完毕后，如对前面给出的资料，定义 7 个变量后，定义变量窗口如图 1.8 所示。

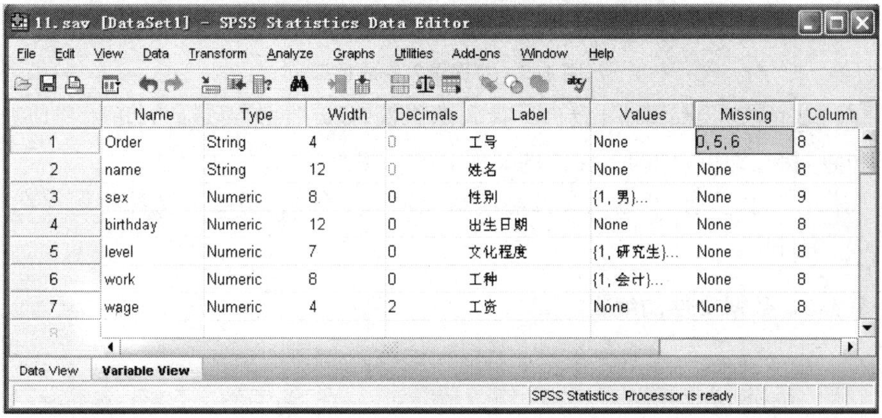

	Name	Type	Width	Decimals	Label	Values	Missing	Column
1	Order	String	4	0	工号	None	0,5,6	8
2	name	String	12	0	姓名	None	None	8
3	sex	Numeric	8	0	性别	{1, 男}...	None	9
4	birthday	Numeric	12	0	出生日期	None	None	8
5	level	Numeric	7	0	文化程度	{1, 研究生}...	None	8
6	work	Numeric	8	0	工种	{1, 会计}...	None	8
7	wage	Numeric	4	2	工资	None	None	8
8								

图 1.8　变量定义完成的窗口

（四）输入数据

在输入数据前，需明确数据窗口(Data View)的结构。图 1.9 是录入表 1.3 中变量后的数据窗口。数据窗口的第一行是变量名的行。name、sex、work、birthday 等都是变量名。每个变量所在的列，将录入这个变量的所有数据。数据窗口最左边的第一列，是机器自动产生的序号。每一个被调查对象的数据占一行。输入数据时，只要在数据编辑器的“Data View”窗口中，把光标指到需要的位置，输入数据即可。输入数据时可以采用两种方式：依变量按列输入；依观测量按行输入。如果有多个变量(在实际问题中，变量的个数可多达数百甚至上千个)，最简便的方式是一行一行地输入数据。一行，称为一个 case。从统计学角度看，它是一个个体；从调查所得角度看，它是一张调查表上的数据。

（五）保存数据文件

按照上述方式将表 1.3 的数据录入后，数据文件就建立起来了。建立数据文件后应该及时进行保存。保存数据文件的方式有两种：①在数据编辑器(Data Editor)状态下，点击屏幕左上角的保存图标即可。②点击主菜单[file]，此时系统出现

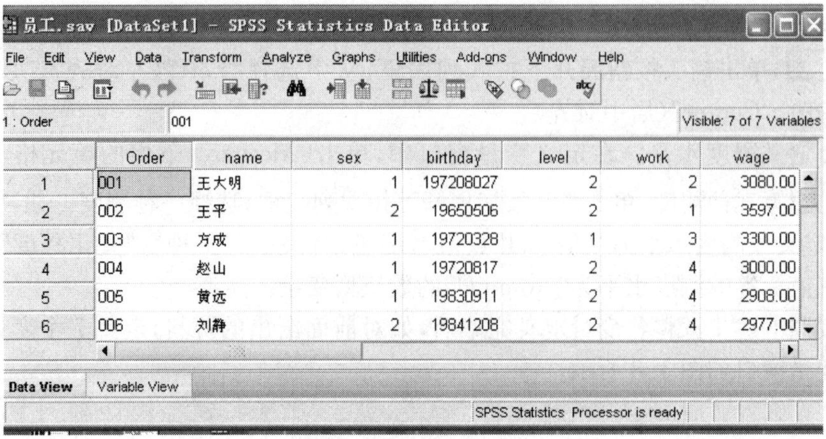

图 1.9 数据录入完成窗口

一个下拉菜单(形式与 word 软件一致),然后选“save”(或“saves”),再选择所要保存的位置,保存即可。此时,保留的文件名的后缀是“. sav”。

在保存“确定”前,要输入文件名。这里输入文件名“员工”,文件将保存在“员工 . sav”文件中。

1.3.5 数据文件的编辑

(一)修改数据

1. 找到所要修改的数据(所在的格子:cell),激活(双击)这个 cell,修改就行。

2. 找数据的方法。

方法 1:通过行(个体的序号)与列(变量名),找数据。

①找数据所在行(个体 case 的序号)。从数据编辑器(Data Editor)的主菜单开始点击[Data]→[Go to case],弹出一个菜单,要求输入序号。输入序号(确认)后,屏幕数据的第一行,就是所输入的序号行。或者,点击工具栏的“画着横向尺子”的图标,机器同样弹出一个菜单,要求输入序号。

②找到数据所在行后,找数据所在列。点击工具栏的“画着纵向尺子”的图标,机器弹出一个对话框,在左边的变量清单中,找到相应的变量名,确认后,屏幕框出现要找的数据(cell)。

方法 2:从变量(variable)找某个数据值的位置。

①点击变量名所在列的按钮。

②从数据编辑器(Data Editor)的主菜单开始点击[Edit]→[Find],机器弹出一个菜单,要求输入数据值。输入数据值(确认)后,屏幕数据的第一行就跳到该数据。

(二)插入或删除一行数据(一个 case)插入行:点击所要插入的行号,点击工具栏的“插入行[Insert case]”的图标,就在此行增加一空行,你可以填入数据(同时,把此行后面的数据都后移一行)。删除行:找到所要删除的行,选中,按[Delete]键。

(三)插入或删除一列(一个变量)插入列:找到所要插入列,点击工具栏的"插入列"的图标,就在此列增加一空列,等着你填入变量名与数据(同时,把此行后面的数据都后移一列)。

删除列:找到所要删除的列,选中,按[Delete]键。该列的数据与变量名一起删除。

(四)数据的剪切、复制、粘贴

1. 找到所要操作的数据,点击(如果是一群数据,要拖黑选中)。

2. 若要删除,按[Delete]键,或者是"Edit"→"Cut"。

3. 若要复制:"Edit"→"Copy"。

4. 找到要粘贴的位置(要与粘贴板上的数据格子的长宽相同),点击(如果是一组数据,要拖黑),然后:"Edit"→"Paste"。以上粘贴操作,可以在两张表之间进行。要反复用"File"→"Open"来切换两张表。

1.3.6 修改工作界面

把工作界面转换为中文界面的步骤:

1. 打开主菜单中"Edit",选择"Options"(选项),见图 1.10。

2. 把"Options"界面中的选项"Output"和"User Interface"的"Language"窗口中的"English"改成"Simplified Chinese"(简体中文)见图 1.11。

3. 点击[OK]确定界面即可转换成中文,见图 1.12。

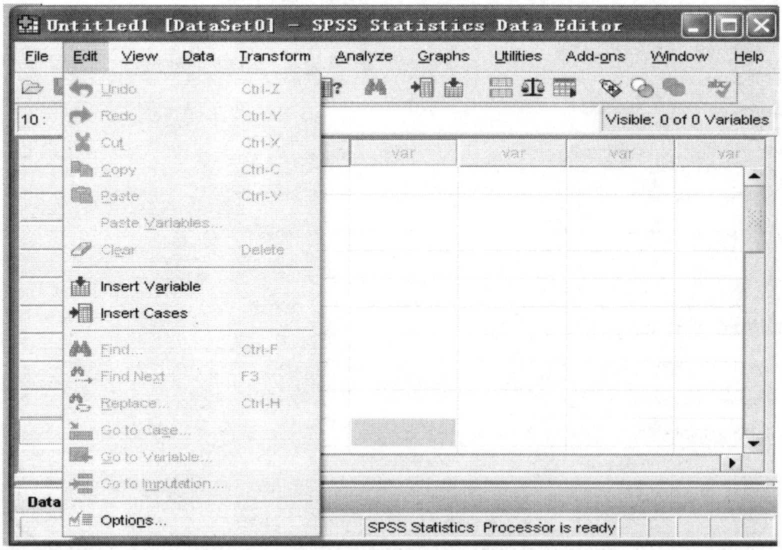

图 1.10　工作界面

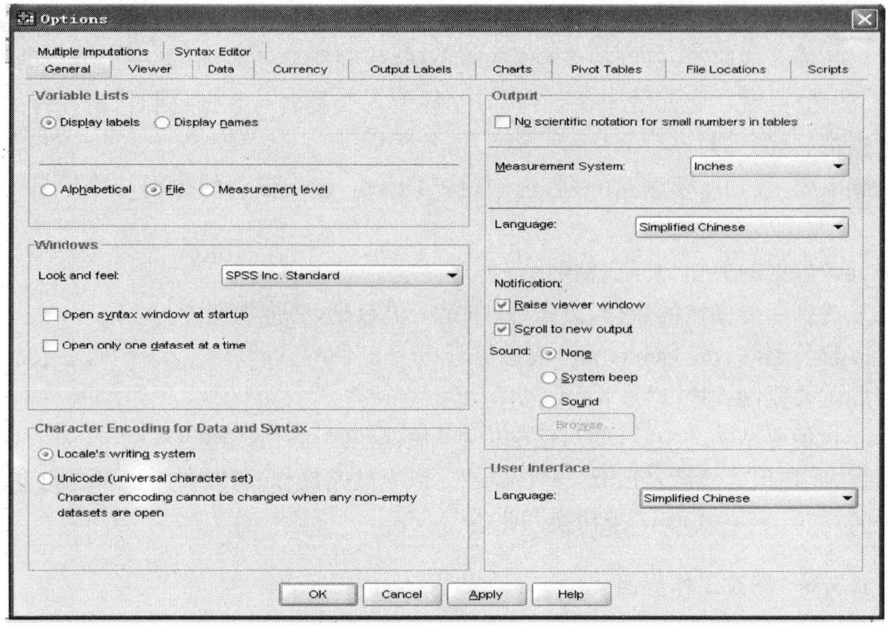

图 1.11 Options 界面

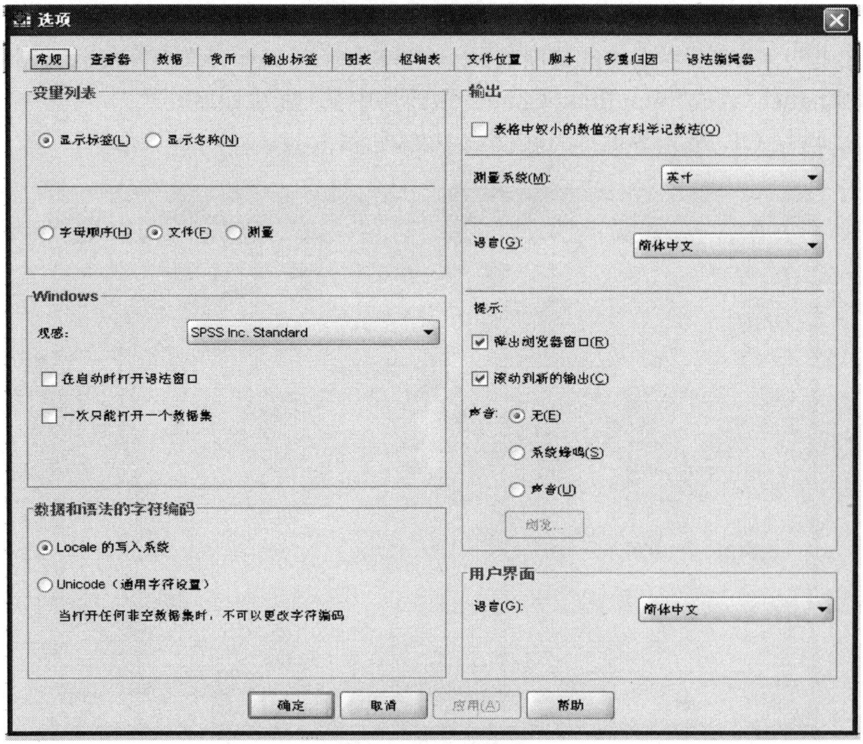

图 1.12 中文界面

本章小结

1. 统计学是关于数据搜集、整理、归纳、分析的方法论的科学，统计学与统计实践的关系是理论与实践的关系。

2. 统计学的研究对象是客观事物的数量特征和数量关系。统计学研究对象的特点是：数量性、总体性、具体性和变异性。

3. 统计方法的两个组成部分是：描述统计和推断统计。

4. 统计数据是统计变量的具体表现，变量可分为连续型变量和离散型变量。

5. 总体是由客观存在的、具有某种共同性质的许多个别单位所构成的整体。总体有两大特点，一是同质性；二是大量性。样本是从总体中随机抽取的若干单位构成的集合。

6. 标志是反映总体各单位的属性或特征。标志按所反映单位的特征不同，可分为品质标志和数量标志。标志按其在各单位的表现是否相同，分为可变标志和不变标志。

思考与练习

思考题

1. 什么是统计学？请简要说明一下它的发展过程。

2. 统计学、统计数据，以及统计活动之间有什么关系？

3. 统计学的研究方法有哪些，它们有怎样的关系？并举例说明。

4. 简要说明总体、样本、变量的概念。

5. 简述 SPSS 统计软件的特点和应用领域。

6. SPSS 软件的数据编辑器包括哪些内容？

7. 调查表明，顾客每周花在某超市蛋糕的平均费用是 30 元，他们选择经常购买蛋糕的主要原因是该蛋糕味道很好。要求：

(1)总体是什么？

(2)该项研究所使用的方法是描述统计方法还是推断统计方法？

第2章 数据的搜集和整理

在了解了统计学的基本概念及术语之后，就可以进行统计活动了。统计活动的基本过程包括统计数据的搜集、统计数据的整理以及统计数据的分析和预测。本章主要讨论统计活动中如何根据研究的目的，搜集准确的统计数据并对已搜集的数据进行整理，以适合统计分析的需要。

学习目的与要求

- 了解统计数据的计量尺度和类型；
- 掌握数据搜集的方式和方法；
- 了解数据整理的含义；
- 掌握次数分布数列的编制；
- 掌握统计表的编制和统计图的绘制。

2.1 数据的搜集

统计数据是利用统计方法进行分析的基础，离开了统计数据，统计方法就无任何实际意义和作用。那么，如何认识统计数据？又从哪里取得所需要的统计数据呢？这就是本节所要介绍的内容。其主要有：获取数据的渠道、统计调查的方式方法等。

2.1.1 数据

(一)数据的计量尺度

统计数据是对客观现象进行计量的结果。对客观现象进行计量，就必须弄清楚数的计量尺度问题。根据研究对象计量的不同精确程度，将计量尺度由低到高、由粗略到精确分为四个层次：定类尺度、定序尺度、定距尺度和定比尺度。

1. 定类尺度。定类尺度亦称为列名尺度，是最粗略、计量层次最低的计量尺度。它是按照客观现象的某种属性对其进行平行的分类，此时，若用数字表示，该数字仅作为各类的代码，度量各类之间的类别差，不反映各类的优劣、量的大小或顺序。例如，人口按性别分为男女，用“1”表示男性，用“0”表示女性。定类尺度的主要数学特征是“＝”或“≠”。在统计处理中虽然可以计算单位数，但它不能表明第一类的一个单位可以相当于第二类的几个单位。

2. 定序尺度。定序尺度亦称为顺序尺度，它是对客观现象各类之间的等级差或顺序差的一种测度，是比定类尺度更高一级的计量尺度。定序尺度不仅可以将研究对象分成不同的类别，而且还可以反映各类的优劣、量的大小或顺序。例如，学生成绩可以分为优、良、中、及格和不及格五类，在这里，定序尺度虽然无法表明一个优等于几个良，但却能确切地表明优高于良，良又高于中……。定序尺度的主要数学特征是“＜”或“＞”。在统计的变量数列中可以确定其中位数、分位数等指标的位置。

3. 定距尺度。定距尺度亦称为间隔尺度，它是对现象类别或次序之间间距的测度，是比定序尺度更高一级的计量尺度。定距尺度不但可以用数表示现象各类别的不同和顺序大小的差异，而且可以用确切的数值反映现象之间在量方面的差异。定距尺度使用的计量单位一般为实物单位（自然或物理）或者价值单位。反映现象规模水平的数据必须以定距尺度计量，例如，产品产量、人口数、企业数、国内生产总值、气象的温度湿度及各种试验数据都以定距尺度为计量尺度。定距尺度的主要数学特征是“＋”或“－”。定距尺度在统计数据中，占据重要的地位，统计中的总量指标就是运用定距尺度为计量尺度的。

4. 定比尺度。定比尺度亦称为比率尺度，它是在定距尺度的基础上，确定相应的比较基数，将两种相关的数加以对比而形成相对数（或平均数），用于反映现象的结构、比重、速度、密度等数量关系。例如，将一国的国内生产总值与该国的人口数对比，计算人均国内生产总值，以此反映该国的经济能力。定比尺度的主要数学特征是“×”或“÷”。在统计的对比分析中，广泛地运用定比尺度进行计量。

很显然，定类尺度和定序尺度只能计量离散型变量，而定距尺度和定比尺度既可以用来计量离散变量又可以用来计量连续变量。

（二）数据的类型

在统计研究工作中，根据对客观现象观察的角度不同，统计数据可分为：横截面数据和时间序列数据。横截面数据又称为静态数据，它是指在同一时间对不同单位的数量表现进行观察而获得的数据。例如，我国某年各省、市、区的国内生产总值数据，就是截面数据。时间序列数据又称为动态数据，它是指在不同时间对同一总体的数量表现进行观察而获得的数据。例如，把我国 1983 以来的国内生产总值数据按时间先后顺序加以排列，就形成了我国国内生产总值的时间序列数据。关于时间序列，本书将在第 10 章中进行详细介绍。

有时，时间序列数据与横截面数据可以结合起来，成为平行数据（时间、空间状态都不同),例如列出历年来各省、市、区的国内生产总值数据,就成为了平行数据。

(三)数据的表现形式

统计数据通常表现为:绝对数、相对数和平均数。

1. 绝对数。现象的规模、水平一般以绝对数形式表现,例如,国内生产总值、产品总产量、人口数、进出口额等。绝对数的计量单位一般为实物单位或价值单位,有时也采用复合单位。实物单位可以是自然计量单位,也可以是物理计量单位,如人口数用人计量,机器数用台计量,粮食产量用吨计量,耕地面积用公顷计量等,对于一些使用价值大致相同而内在品质有所不同的产品,常常可以用标准实物单位计量,如煤炭产量等。价值单位是以货币形式进行计量,如国内生产总值、进出口总额是以价值单位为计量单位。复合计量单位是由两种或两种以上计量单位复合而成的,如以"吨公里"为货物周转量的计量单位,以"千瓦时"为用电量的计量单位。绝对数按其反映的时间状态不同,分为时期数据和时点数据。时期数据是反映现象在一段期间内发展过程的总量,它具有连续统计和可加性的特点,其数值大小与所属的时间长短有直接关系,如国内生产总值、进出口总额。时点数据是反映现象在某一特定时点所处的状态,它是采用间断登记方式取得资料的,不具有可加性,其数值大小与时点间隔长短没直接关系,如期末人口数、期末在建工程投资额等。绝对数按其反映对象的内容不同,分为总体单位数和总体标志总量。

2. 相对数。相对数是由两个绝对数对比而得的,常用的相对数有:结构相对数(例如某地区三大产业比重)、动态相对数(例如某地区的国内生产总值的发展速度)、比较相对数(例如 A 地区的人均国内生产总值是 B 地区的倍数)、比例相对数(例如新生儿男女性别比)、强度相对数(例如某地区人口密度)、计划完成相对数(例如企业产量计划完成程度)等。相对数的计量单位大部分为没有明确计量单位的无名数,但也有一些是采用有明确计量单位的有名数(限于强度对比的相对数)。例如,把对比基数抽象为 100 而计算的相对数为百分数,把对比基数抽象为 1000 而计算的相对数为千分数,这些都是无名数。如果把某地区的人口数与该地区的土地面积对比所计算的相对数是一种强度相对数,被称为人口密度相对数,其计量单位为"人/平方公里",这就是有名数。

3. 平均数。统计平均数是用于反映现象总体的一般水平或分布的集中趋势,数值平均数是由总体总量对比总体单位数而计算的。例如某班级同学的平均年龄,某年某地区职工的平均月收入等,都是平均数。按计算方式不同分为算术平均数、调和平均数、几何平均数等。关于这部分内容,本书将在第 3 章介绍。

2.1.2 数据搜集概述

统计数据搜集是根据统计研究的目的,运用科学的调查方法与手段,有计划、有组织地面向客观实际搜集数字资料的过程。数据搜集是统计工作中非常重要的环节,直接关系到统计分析的成败。如果没有真实可靠的统计数据,统计分析就失去意义。

统计数据的来源主要有两种途径:一种是直接向调查对象搜集反映调查单位的统计数据,一般称为原始数据或第一手数据;另一种是搜集已经加工、整理过的、说明总体现象的数据,一般称为次级数据或第二手数据。

(一)统计数据的直接来源

统计数据的直接来源主要有两种途径:一是专门组织的调查,二是科学实验。专门调查是获取社会经济数据的主要手段,其中有统计部门进行的统计调查,也有其他部门或机构为特定的目的而进行的统计调查,如某公司为某商品的市场开发进行的市场调查。实际中常用的统计调查方式很多,主要有统计报表、普查、重点调查、典型调查和抽样调查等,这些将在后面逐一介绍。科学实验是取得自然科学和工程技术方面的数据的主要手段。在本节中,主要讨论获取社会经济方面的统计数据的主要方式和方法。

(二)统计数据的间接来源

如果能通过直接的调查或实验取得所需要的第一手数据资料当然是最好的,但对多数使用者来说,亲自去做调查往往是不可能的。因为做统计调查既需要一定的时间又要花费一定的费用,在这种情况下,可以通过其他途径去获取适合自己需要的别人已经调查或科学实验的第二手数据资料。

第二手数据资料主要是公开出版的或公开报道的各种数据和未公开的数据。前者主要来自政府的有关统计部门、报纸杂志、媒体、网络等,一般可以不花费用或花少量费用就可获得数据资料。未公开的数据主要是一些专门的民间咨询机构为了商业服务的目的而调查搜集、积累的各种数据资料,要使用这种数据资料需要花费一定的费用。

在我国,报道社会经济统计数据的主要公开出版物有:《中国统计年鉴》、《中国统计摘要》、《中国社会统计年鉴》、《中国工业经济统计年鉴》、《中国农村统计年鉴》、《中国人口统计年鉴》、《中国市场统计年鉴》,以及各省、市、地区的统计年鉴等。提供世界各国经济数据的出版物有:《世界经济年鉴》、《国外经济统计资料》,世界银行各年度的《世界发展报告》,以及相关的网站等。

利用第二手数据对使用者来说既经济又方便,但要特别注意的是各种统计数据的含义、计算口径是否一致和计算方法等。在使用第二手资料时,还应说明数据的来源,以备待查和尊重他人的劳动成果。

本节主要讨论的是对原始数据的搜集的理论与方法,对原始数据的搜集亦称为统计调查。

2.1.3 统计调查的方案设计

对原始数据的搜集(统计调查)是整个统计工作的基础。因而在搜集数据之前,有必要先设计一个切实可行、周密细致的调查方案,一个完整的统计调查方案主要包括以下几项内容:

(一)确定调查目的。

在调查方案中首先要明确本次调查的目的、任务和意义。调查目的是指要达到的具体目标,它所回答的是为什么要调查,要解决什么样的问题,调查具有什么样的意义等。因此,确定调查目的是调查方案设计中首先要解决的问题,目的明确后才能确定向谁调查、调查什么及采用什么调查方式等。调查目的的写作应简明扼要。

(二)确定调查对象和调查单位。

调查对象是指根据调查目的确定的调查研究总体或调查范围。调查单位是组成调查对象的个体单位,即总体的每一个具体单位。它是调查项目的承担者或载体,是搜集数据的基本单位。调查对象和调查单位所解决的是向谁调查、由谁来提供所需数据(原始资料)的问题。例如,第二次全国经济普查调查的目的是全面调查了解第二产业和第三产业的发展规模及布局;了解产业组织、产业结构、产业技术的现状以及各生产要素的构成;摸清各类企业和单位能源消耗的基本情况;建立健全覆盖国民经济各行业的基本单位名录库、基础信息数据库和统计电子地理信息系统。那么,所有的国有工业企业就是调查对象,而具体的每一个工业企业就是调查单位。

在实际调查中,调查单位可以是调查对象的全部单位,也可以是部分单位。如果采用全面调查(普查)方式,则调查对象中的每一个单位都是调查单位;如果采用非全面调查,如抽样调查,则把被抽中的单位作为实施调查的调查单位,通常是全部调查的部分单位。如果调查总体范围大,一般采用抽样调查的方式。

(三)设计调查项目和调查表。

调查项目是调查的具体内容,也就是调查中所要登记的调查单位的特征,即调查单位所承担的基本标志,通常由一系列品质标志和数量标志所构成。如一个人的性别、职业,一个企业所属的行业类别等是品质标志;一个人的年龄、收入,一个企业的产品产量、产值等是数量标志。

在大多数的统计调查中,调查项目按照一定顺序和格式排列成一张表格,称为调查表。调查表通常由表头、表体和表外三部分组成。表头是调查表的名称,用来说明调查的内容,被调查单位的名称、性质、隶属关系等;表体是调查表的主要部分,包括所有被调查的项目;表外附加通常有必要的说明、填表人、签名、填报日期等组成。表 2.1 所示为调查项目不全的人口调查表。

表 2.1　人口普查表

本户　　省　　市　　乡　村组
住址____自治区____市____街道____居委会____居民小组____（街巷____号）

姓名	与户主关系	性别	年龄	民族	常住人口的户口登记的状况	文化程度	行业	职业	无业人口状况	婚姻状况	生育子女总数和存活子女总数	上年生育状况
1	2	3	4	5	6	7	8	9	10	11	12	13

申报人________　　普查员________　　填报日期________　　户主姓名________

调查表一般有两种形式，一种是一览表，另一种是单一表。一览表是把许多调查单位填写在一张表上，在调查项目不多时，采用此类表式较为简单，也便于合计和核对数据，如表 2.1 就是一览表。单一表是每个调查单位填写一份，可容纳较多标志，便于整理分类，通常用于调查项目较多的场合，如表 2.2 就是单一表。统计调查中，具体采用哪一种表式，视调查目的、调查任务而定。

（四）确定调查时间。

在统计调查中，调查时间包括两种含义，即调查时间和调查期限。调查时间指的是调查资料所属的时间。在调查中，如果所调查的是时期现象，则要明确规定调查资料所反映的起止日期。例如，调查某企业 2010 年第一季度的产品产量，则调查时间是从 1 月 1 日起至 3 月 31 日止 3 个月。如果所调查的是时点现象，调查时间则是规定的统一标准时点，如《第六次全国人口普查方案》规定："人口普查的标准时间是 2010 年 11 月 1 日零时。"所谓人口普查的标准时间，就是规定一个时间点，无论普查员入户登记在哪一天进行，登记的人口及其各种特征都是反映那个时间点上的情况。根据上述规定，不管普查员在哪天进行入户登记，普查对象所申报的都应该是 2010 年 11 月 1 日零时的情况。通过这个标准时间，所有普查员普查登记完成后，经过汇总就可以得到 2010 年 11 月 1 日全国人口的总数和各种人口状况的数据。

（五）调查方法的选择。

统计调查方法是指搜集调查对象原始资料的方法，即调查者向被调查者搜集答案的方法。常用的方法有直接观察法、报告法（通讯法）、采访法等。任何一种调查都必须采用一定的调查方法去搜集原始资料。即使调查的组织形式相同，其调查方法也可以不同。例如，报告法是由统计机构将调查表分发、邮寄、传真或网络传送的方式送达被调查者，被调查者根据填报要求，将填写好的调查表送寄回。我国现行的统计报表制度采用的是这种方法(见表 2.2)。该法的特点是：有统一的要求，并且以原始记录为依据，可以同时进行大量的调查。如果报告系统健全，原始记录和核算工作完善，资料的可靠性就能得到保证。

表 2.2 统计报表

独立核算商业、饮食服务业主要经济指标统计报表　　制表机关：统计局

制表文号：商宗①号商基(1)号

单位：万元

填报单位：　　　　年　　月

指标名称	合计		商业		饮食业		服务业		备注
	本月	累计	本月	累计	本月	累计	本月	累计	
商品销售(营业)收入									
商品零售额									
商品购进额									
商品销售收入净额									
商品销售(经营)费用									
商品销售(营业)税金									
商品销售(经营)利润额									
利润总额									
流动资产合计额									
其中：商品库存额									
本月职工人数									
实有网点数									

单位负责人　　统计负责人　　制表人　　报出日期　　年　　月

(六)统计调查的组织实施。

调查组织实施工作包括确定调查机构，落实调查经费和开支计划，规定调查时间，组织和培训调查人员，确定调查资料的回收或报送方式，公布调查结果的时间等。

2.1.4 数据搜集的组织方式

本书中的数据搜集的组织方式，是指组织统计调查，搜集信息资料的方式方法。实际中，常用的统计调查方式有普查和抽样调查等。如果按调查的范围划分，普查是全面调查，即对调查对象的所有单位逐一进行调查。而抽样调查是一种非

全面调查，即是对调查对象中的一部分单位进行调查，以取得调查对象的一部分资料来推断总体或反映总体的基本情况。

(一)普查

普查是为某一特定目的而专门组织的一次性全面调查，主要是用以搜集某些采用其他调查方式难以获取的全面的统计资料。常见的普查有人口普查、工业普查，以便政府掌握有关国情、国力的基本情况，为国家发展制定有关政策和措施提供依据。

普查作为一种特殊的数据搜集方式，有以下特点：

第一，普查通常是一次性或周期性的。由于普查涉及面广、调查单位多，需要耗费大量的人力、物力、财力以及时间，故不宜经常进行。例如，我国人口普查是 10 年一次。我国第五次人口普查是 2000 年 11 月 1 日，第六次人口普查是 2010 年 11 月 1 日。

第二，普查一般需要规定统一的标准调查时间，以避免调查数据的重复或遗漏，保证调查结果的准确性。如我国第六次人口普查的标准时间规定为 2010 年 11 月 1 日零时。

第三，普查获得的数据比较准确，规范化程度较高，因此它可以为其他调查提供基本依据。

第四，普查的使用范围较窄，只能用于调查一些最基本及特定的现象。

(二)抽样调查

抽样调查，是按随机原则从调查对象总体中随机抽取一部分单位作为样本进行调查，并根据样本调查结果(样本数据)来推断总体数量特征的一种非全面调查。在实际中，抽样调查是应用最为广泛的一种调查方式。有以下特点：

1. 客观性。抽取样本是按随机原则抽取，可排除各种主观因素对样本单位的影响，最后得到的推断结果更能客观地反映总体的数量特征。

2. 经济性。这是抽样调查的一个显著优点。由于调查的样本单位仅是总体中的一少部分，调查工作量小，可节省很多人力、物力、财力和调查时间。

3. 时效性强。抽样调查可以迅速、及时地获得所需要的信息，调查工作的时间短，从而整个统计工作的时间可大大缩减，进而提高统计数据的时效性。与全面调查相比，抽样调查可频繁进行，及时获取所需信息，特别适应对当今快速多变的市场进行的调查。

4. 适应面广。这种调查方式适用于对各个领域、各种问题的调查。从适用范围来看，抽样调查既可以用于调查全面调查方式能够调查的现象，也能适用于调查全面调查方式不能够调查的现象，特别是适合那些具有特殊现象的调查，如产品质量检验、农作物试验、医药的临床试验的调查等。

5.准确性高。这是指抽样调查的数据质量比全面调查的数据质量高。因为抽样调查的工作量小,可使调查过程各环节的工作更为细致,调查中产生的误差更小。当然,用样本数据去推断总体时,不可避免会有统计推断误差,但这种误差的大小可以事先进行计算和控制,保证抽样推断结果达到预期的可靠程度。也就是说,抽样调查是根据事先确定的误差允许范围来进行的,因此由部分推断总体是具有一定的概率保证程度。

常用的抽样调查方法有:简单随机抽样、分层抽样、系统抽样、整群抽样、多阶段抽样等,我们将在第5章中详细介绍。

科学地组织抽样调查,必须遵循按随机原则抽取调查单位,遵循最大抽样效果原则。所谓保证实现最大的抽样效果,就是在既定的调查费用下使抽样推断误差最小,或者是在给定的精确度下,使调查费用最小。调查费用是指从人力、物力、财力等方面保证调查工作得以顺利进行的物质基础。一般来说,提高调查结果的精确度与节省调查费用这两者不可兼得。往往是抽样误差要求越小,对调查费用的要求就越大。但从经济角度看,并非任何一种抽样误差最小的方案就是最优的方案。因此,上述原则一般要求是在给定的误差条件下选择费用最省的抽样调查设计方案。

(三)重点调查

重点调查是指在调查对象的全部单位中,只选择少数重点单位进行的非全面调查。所谓重点单位,是着眼于现象的量的方面而言,虽然这些单位在全部单位中只是一部分,但它们的标志值在所研究现象的标志总量中都占有较大的比重,在总体中具有举足轻重的地位。因此,对这些单位的调查结果能够从数量上反映整个总体在该标志总量方面的基本情况。重点单位的确定,是组织重点调查的一个重要问题,重点单位的选择应看它在所研究现象的标志总量中所占比重的大小。重点调查由于选择的单位较少,因此调查项目就允许多一些,所了解的情况也可以详细一些。

一般地说,当调查目的只要求掌握总体的基本情况,而少数单位又能比较集中地反映研究的项目,宜采用重点调查。

(四)典型调查

典型调查是一种专门组织的非全面调查。这是根据调查目的,在对全部研究对象进行初步分析的基础上,选择一个或几个具有代表性的单位进行详细深入的调查。因此,要求所选择的典型单位应具有所研究问题的本质属性或特征。例如,研究目的是某行业的经济效益问题,那就在该行业中选择一个或几个经济效益突出的单位进行深入调查研究,从中找出经济效益好的原因和经验,以便在整个行业中推广。典型调查主要是一种定性调查研究,其着眼点不在数量特征方面,这是它与重点调查的区别点之一。

重点调查和典型调查都是有针对性地在总体中选择少数调查单位，具有一定的主观性，不具备随机抽取调查单位的特点，因而其调查结果难以用于推断总体。

（五）统计报表

统计报表也称为统计报表制度，它是依照国家有关法规，自上而下地统一布置，以一定的原始记录为依据，按照统一的表式、统一的指标项目、统一的报送时间和报送程序，自下而上地逐级地定期提供统计资料的调查方式。统计报表制度在我国的经济发展中曾经发挥过重要的作用，为国家制定宏观经济政策提供了必要的数字资料。随着统计调查方法体系的不断改革，我国目前逐渐形成了以定期普查为基础，以经常性的抽样调查为主体，以重点调查和统计报表为辅助的资料搜集模式。

2.1.5　数据搜集的基本方法

（一）直接观察法

直接观察法是指调查人员到现场亲自对调查单位进行观察或计量以取得第一手资料的方法，如产品质量的现场检测就属于直接观察法。采用直接观察法的优点是可以获得比较准确的数据，缺点是花费的人力、物力、财力和时间较多。

（二）访问法

访问法是指调查人员以调查表或有关材料为依据，逐项向调查者询问有关情况，并将答案记录下来的一种方法，它可以分为面对面访问、电话访问、网络访问等。人口普查中的人口登记即属此法。访问法的优点是可以获得较为准确的数据，但缺点是需要较多的人力和时间。

（三）报告法

报告法是指由报告单位根据各种原始记录和核算资料，按照统一的表格及填报要求，在规定的时间内，以一定程序向上级单位提供统计资料的方法。我国的统计报表制度和会计报表制度就属于这类资料搜集方法。报告法的优点是省时省力，还可以促进被调查单位建立健全原始资料；其缺点是当涉及被调查单位的各种利益时，容易出现虚报或瞒报现象。

（四）问卷法

问卷法是以问卷形式提问，由被调查者自愿回答，调查者根据答案汇总成统计资料的一种资料搜集方法，如社会热点问题的调查通常采用这种方法。问卷法的优点是省时省力，缺点是调查问卷的回收率不稳定或反馈答案质量不高。

2.2 数据的整理

通过统计调查能搜集到大量的原始资料和次级资料。其中原始资料是个别的、分散的,只能反映总体中各单位的具体情况,而不能反映总体的综合数量特征,达不到认识总体的目的。因此,在统计分析之前,需要对原始资料进行整理。

统计整理是根据统计研究的目的,将统计调查所得到的原始资料,进行科学的分类和汇总,或对已加工的综合资料进行再加工,使之系统化、条理化,以适合统计分析的需要。

统计整理的核心问题是:统计数据的分组和编制频数分布数列。

2.2.1 统计数据的分组

统计分组是根据统计研究目的,按某一标志将数据分别列入不同的组,使组与组之间有比较明显的差别,而在同一组内的单位具有相对的同质性,即同一组内各单位之间具有某些共同的特征。

统计分组的作用,一是划分现象的类型,并反映各类型组的数量特征;二是说明现象的内部结构。即经过分组以后,就可以计算各组在总体中所占的比重,以反映总体内部结构的变化及其规律性。

统计分组可以按品质标志分组和按数量标志分组。

(一)按品质标志分组

按品质标志分组就是按照事物的性质和属性特征进行分组。一般来言,按品质标志分组的操作比较容易,分组也相对稳定。如人口按性别分组、职工按文化程度分组等。

(二)按数量标志分组

按数量标志分组,就是按照事物的数量特征进行分组。例如,企业按职工人数、产值、产量等标志分组,人口按年龄分组等。按数量标志分组不仅在于反映事物的量变情况,而且能通过事物的数量变化揭示出事物的质变特征。由于在某些资料中各组的界限常常不易确定,因而按数量标志分组可能会产生多种分组形式。因此在按数量标志进行分组时,关键在于决定事物质量的数量界限。

2.2.2 频数分布数列

(一)分布数列的概念

分布数列是指在统计分组的基础上,将总体的所有单位按一定标志分组整理,并按一定顺序排列,形成总体单位在各组的分布。分布数列有两个基本要素构成:

一是标志的具体表现所形成的组；二是分布在各组的单位数，即次数或频数。各组次数与总次数之比称频率，又称比重。

根据分组标志的特征的不同，分布数列可分为品质数列和变量数列两种。

1. 品质数列

品质数列是指按品质标志分组形成的，用以反映现象总体的属性分布状况的数列。例如，公司职工按性别分组，可以形成如下的品质分布数列（如表 2.3 所示）。

表 2.3　某公司职工的性别分布表

按性别分组	人数（人）	比重（%）
女　性	260	32.5
男　性	540	67.5
合　计	800	100.0

2. 变量数列

变量数列是指按数量标志分组形成的，用以反映现象总体的某一数量分布状况的数列。例如，学生按考试成绩分组，可以形成如下的变量数列（如表 2.4 所示）。

表 2.4　某班同学统计学考试成绩分布表

按成绩分组（分）	人数（人）	比重（%）
60 以下	4	8
60～70	10	20
70～80	20	40
80～90	10	20
90 以上	6	12
合　计	50	100

变量数列按照用以分组的变量的表现形式，可以分为单项式和组距式数列。

①单项式变量数列。它是指变量数列中的每个组只用一个变量值表示。通常变量值较少的离散型变量适用于编制单项数列。

②组距式变量数列。它是指变量数列的每个组用一定范围或距离的两个变量值表示（如表 2.4 所示）。通常变量值较多的离散型变量和连续型变量适用于编制组距数列。

(二)分布数列的编制

1. 确定变量数列的形式。

根据变量的类型和变量值的多少及现象本身的特点确定是编制单项数列还是编制组距数列。

2. 组距式变量数列编制方法。

【例 2.1】 某部门有 30 名职工的月工资如下(单位:百元):

50,55,58,60,61,65,67,70,72,74,75,78,79,80,81,82,85,85,87,88,89,90,91,92,95,96,98,100,108,109。试编制分布数列。

解:(1)计算全距。全距是指变量最大值与最小值之差,用 R 表示。

R=最大变量值-最小变量值=109-50=59

(2)确定组数。在组距数列中,组数的多少对于反映现象的分布特征具有十分重要的意义。组数过多显得十分繁琐,无法反映现象的分布特征,组数太少,无法反映现象的内部结构,一般以五到十五组为宜。也可以参考史德杰斯经验公式确定组数。其公式为:

$n=1+3.322\lg N$

式中:n 表示组数,N 表示变量值个数。

根据上述资料计算得:

$n=1+3.322\lg 30=5.9$(组)(调整为 6 组)

(3)确定组距。组距是指各组中最大变量值与最小变量值之差,用 i 表示。组距有两种,等组距与不等组距。所谓等组距是指变量数列中每一组的组距相等;不等组距是指在变量数列中每一组的组距不全相等。在等距分组的条件下,组距、组数和全距存在以下关系:

$i=R/n=59/6=9.83$(调整为 10)

(4)确定组限。组限是指限定各组组距的数值。各组的较大值称上限,较小值称下限。因此,组距也可以表示为:$i=$上限 — 下限。

对于离散型变量,由于变量值不能用小数表示,一般相邻组的组限是间断的。例如,企业按职工人数分为 100 人以下,100~199 人,200~299 人,300~399 人等。

对于连续型变量,由于变量值能用小数表示,相邻组的组限必须重叠。例如,按成绩分为 60 分以下,60~70 分,70~80 分,80~90 分,90 分以上。通常各组的上限不包括在本组内,如成绩为 70 分,则应归入第三组。遇到极端值时,为了不增加组数或不使组距不必要的扩大,可以采用开口组。开口组是指只有下限或只有上限的组。

上、下限都齐全的组称为闭口组。

上述资料通过整理得到以下的频数分布数列(如表 2.5 所示)。

表 2.5　30 名职工月工资分布表

按工资分组(百元)	人数	人数比重(%)	累计人数	累计比重(%)	组中值
50～60	3	10	3	10	55
60～70	4	13.33	7	23.33	65
70～80	6	20	13	43.33	75
80～90	8	26.67	21	70	85
90～100	6	20	27	90	95
100～110	3	10	30	100	105
合计	30	100	—	—	—

(5)计算组中值。组中值是上限到下限之间的中点数值,其计算公式为:

组中值=(上限+下限)/2

(6)计算累计频数和累计频率。累计频数(或频率)可以是向上累计频数(或频率),也可以是向下累计频数(或频率)。向上累计频数(或频率),通常是指由变量值小的组向变量值大的组依次累计。向下累计频数(或频率),通常是指由变量值大的组向变量值小的组依次累计。

2.3　数据的描述

统计数据最直接的描述是通过统计表和统计图来完成的。

2.3.1　统计表

统计表是统计数据最常用的表达形式。将统计工作过程中所取得的各种数字资料,经过汇总整理后,按一定的项目和顺序填列在一定表格内,这种表格就称为统计表。

统计表的结构可以从表的形式和内容两方面表述。

(一)统计表的形式

统计表的形式由总标题、横行标题、纵栏标题、统计数据所组成。总标题是统计表的名称,它概括地说明统计表中的全部统计资料的内容,一般写在统计表的上端中央。横行标题是横行的名称,一般写在统计表的左方。纵栏标题是纵栏的名称,一般写在统计表的上方。统计数据是写在各横行标题和纵栏标题的交叉处,用来说明总体的数量特征。

统计表除上述四种主要组成部分以外，有的还需要列出补充资料，如注解、附记、资料来源等。

（二）统计表的内容

统计表的内容有主词和宾词两部分组成。主词是统计表所要说明的对象，包括总体单位的名称或总体的分组等。主词一般安排在统计表的左端。宾词是用来说明主词的各种统计数据，宾词一般安排在统计表的右端。统计表的结构如表 2.6 所示。

表 2.6 上海市 2010 年人口性别构成

按性别分组	人口数（人）	比重（%）
男　性	11854752	51.50
女　性	11164396	48.50
合　计	23019148	100.00

上表中，从内容上看："按性别分组"为主词，"人口数"、"比重"为宾词。

从形式上看："上海市 2010 年人口性别构成"为总标题，"男性"、"女性"为横行标题，"人口数"及"比重"为纵栏标题，其余就是统计数据了。

（三）统计表的设计

统计表上下两端可以用较粗线绘制，称为上基线和下基线，其他线一般用细直线。统计表左右两端不封口。

统计表中各主词项目之间、各宾词项目之间的顺序应该根据时间的先后、数量的大小、空间的位置、数据之间的逻辑顺序等合理编排。各横行需要合计时，一般将"合计"列在最后一行；各纵栏需要合计时，一般将"合计"列在第一栏。

统计表必须注明统计数据的计量单位。全表只有一种计量单位时，可以将计量单位写在表的右上方，若有多种计量单位，可专设计量单位栏或写在纵栏标题格内。统计表数字部分不留空格，数字为零时，应该写明；当数字不存在或不应有数字时用小横线"—"表示；若有相同数字也应写上，不得使用"同上"、"同左"等字样代替。

2.3.2 统计图

统计图是统计数据的另一种常用的表达方式，它比统计表更直观、更鲜明、更生动。它是用几何图形、物体形象或地图来表示统计资料以说明现象的数量关系的图形。统计图中使用较多的为频数图，频数图可以用直方图、折线图和曲线图、茎叶图、箱线图等表示。

(一)直方图

直方图,即用直方形的宽度和高度来表示频数分布的图形。它是最常用的频数分布的图示法。绘制直方图时,横轴表示各组组限,纵轴表示频数(一般标在图的左方)和频率(一般标在图的右方)。直方图图形如图 2.1 所示。

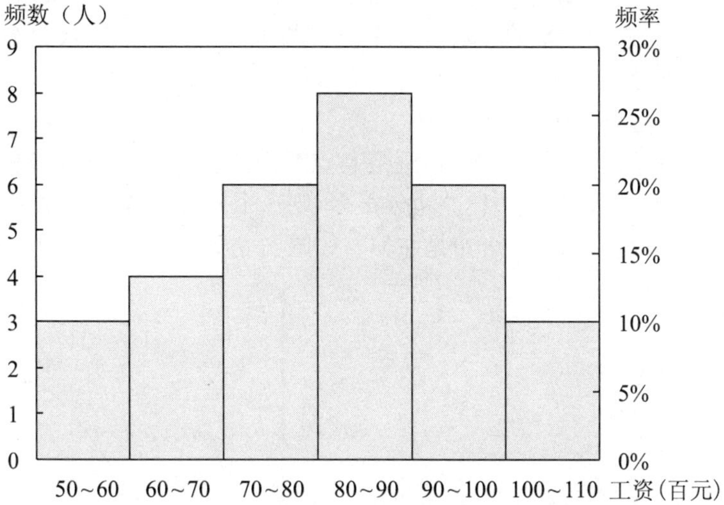

图 2.1　直方图

直方图的纵轴通常从零开始,横轴可以从任何合适的数字开始。对于不等距数列,要先计算出各组的频数密度,然后以组距为宽,以频数密度为高画条形图。

其中,频数密度的计算公式为:频数密度＝频数÷组距

(二)折线图

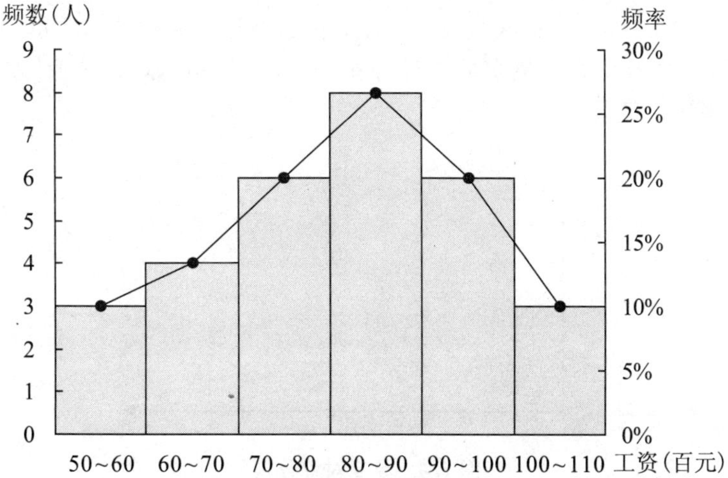

图 2.2　折线图

折线图可以在直方图的基础上，将直方图的每个长方形的顶端中点用折线连结而成。如果不绘直方图，也可以用组中值与频数求出坐标点，连接而成。折线图图形如图 2.2 所示。

（三）曲线图

曲线图是在变量值增多及变量数列的组数增多时，对折线图的极限描绘，是一种理论曲线，也是连续变量的频数或频率分布的函数关系图。频数分布的曲线图可以有以下几种形态：

1. 单峰不对称分布图

该图形的分布是次数先上升，达到最高点后下降。它可以有右偏和左偏两种形态。若曲线的右边延伸出去比左边远很多，则这个分布是右偏；若曲线的左边延伸出去比右边远很多，则这个分布是左偏。如图 2.3 所示。

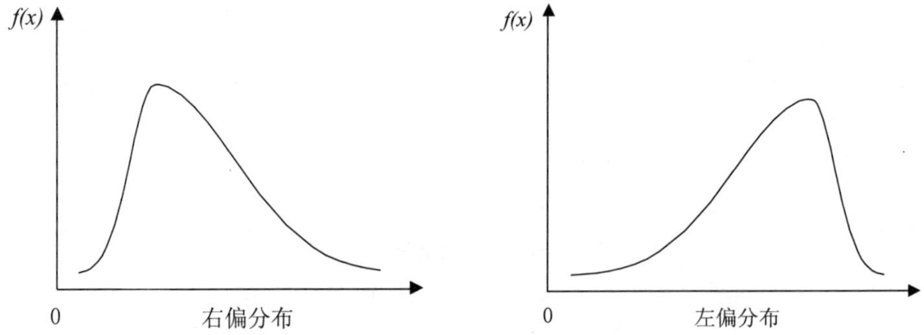

图 2.3 单峰不对称分布图

2. 单峰对称分布图

单峰对称分布又称为正态分布曲线或钟形曲线，该图形的分布是次数先上升后下降，中间次数较多，两边次数较小且左右两边对称。如图 2.4 所示。正态分布是客观事物数量特征表现最多的一种分布，如人的身高、体重、智商、农作物的产量、学生的考试成绩等。

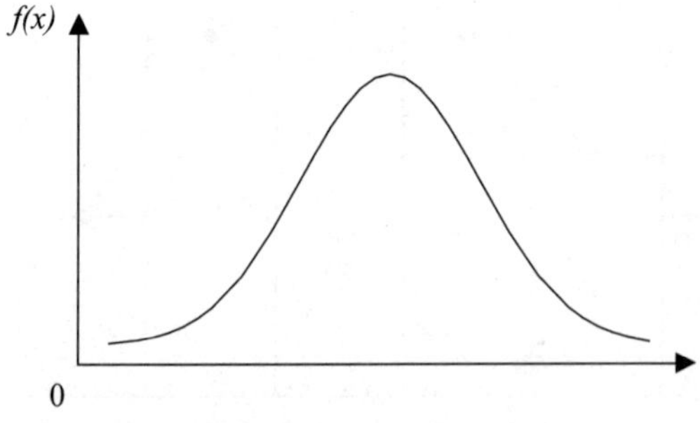

图 2.4 单峰对称分布

3. J 形分布图和 U 形分布图

J 形分布曲线有正 J 形和反 J 形两种。该图形的分布是次数单向上升或下降，最大次数在分布的一端，最小次数在分布的另一端。如不同年龄别死亡人数的分布，从婴儿到成年时是反 J 形分布，而从成年到老年则为正 J 形分布。如图 2.5 所示。反 J 形分布和正 J 形分布可以组成 U 形分布，又称为生命曲线。如图 2.6 所示。

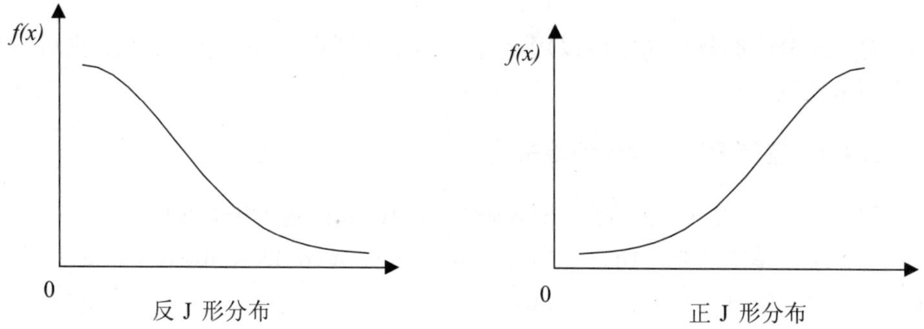

图 2.5 J 形分布

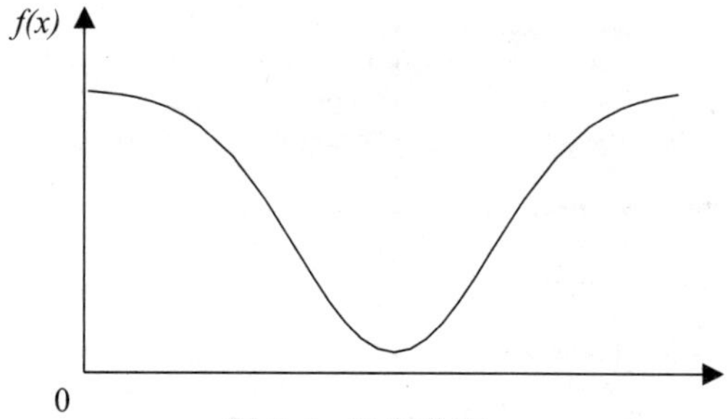

图 2.6 U 形分布

4. 茎叶图

茎叶图(stem-and-leaf)就是将数据分成“茎”和“叶”两部分，“茎”是指数据的高位数值，“叶”是指数据的最后一个数值。如数值 142，我们将 14 组成“茎”，2 就是“叶”。

5. 箱线图

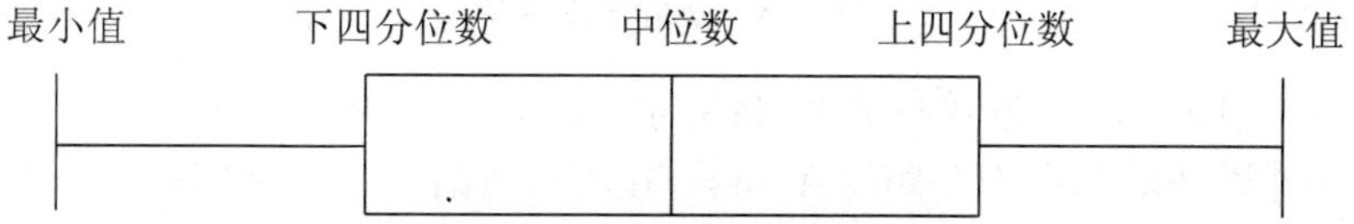

图 2.7 箱线图基本结构

箱线图(box plot)是由一组数据的最大值、最小值、中位数和两个四分位数5个特征值绘制而成,反映原始数据的分布特征。箱线图可以反映单个变量的分布特征,也可以进行多个变量分布特征的比较。单个变量箱线图的一般形式如图2.7所示。

2.4 SPSS在描述统计中的应用——数据分布的图示

对于未分组的数据通常可以用茎叶图和箱线图观察其分布,分组数据可以用直方图来反映。

2.4.1 茎叶图和箱线图的绘制

我们利用[例2.1]数据:SPSS绘制的茎叶图及箱线图步骤如下:

1. 在主菜单中选择"Analyze",在下拉菜单中选择"Descriptive Statistics",选择"Explore",如图2.8所示。

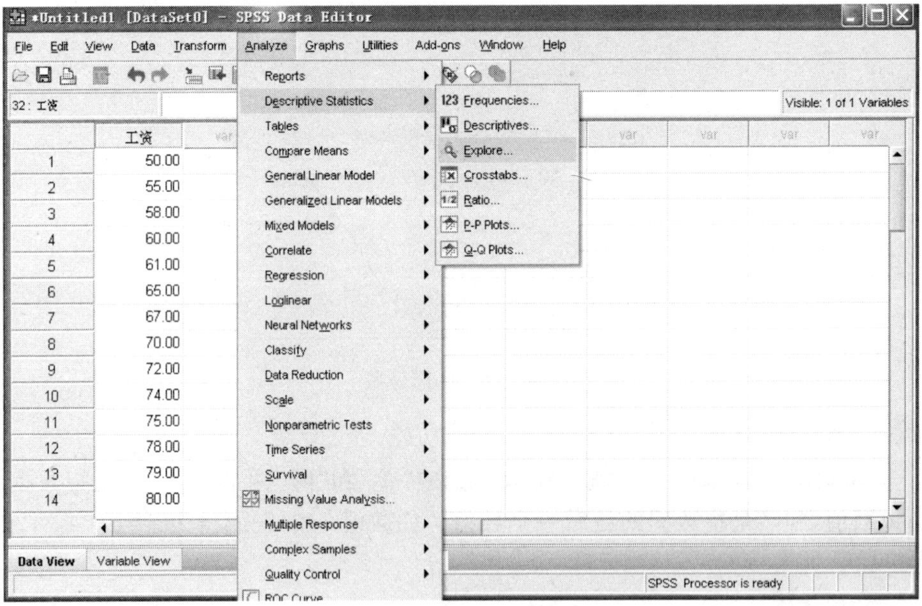

图2.8 茎叶图主菜单

2. 点击[Explore],进入对话框,将变量(工资)选入"Dependent List",在"Display"下选择"Plots";点击右侧的[Plots],在图形对话框中选择"Stem-and-leaf",如图2.9所示。

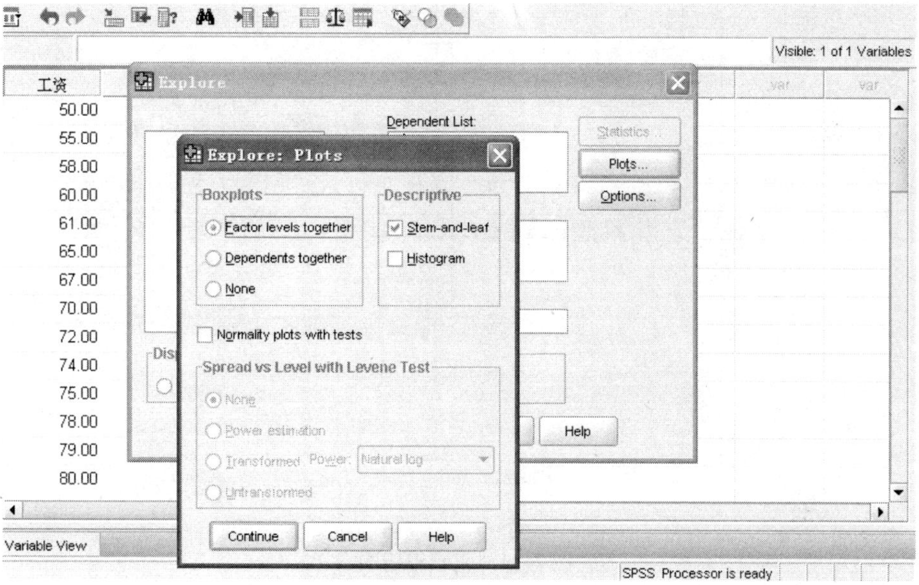

图 2.9　茎叶图图形对话框

3. 点击[Continue]，回到主对话框，点击[OK]，完成茎叶图的绘制。同时也可以输出箱线图。输出的茎叶图如图 2.10 所示，箱线图如图 2.11 所示。

工资　Stem-and-Leaf　Plot

Frequency	Stem &	Leaf
3.00	5.	058
4.00	6.	0157
6.00	7.	024589
8.00	8.	01255789
6.00	9.	012568
3.00	10.	089
Stem width:	10.00	
Each leaf:	1	case(s)

图 2.10　工资茎叶图

从上述茎叶图中可以看出，数据中“茎”为 8 的数据出现次数较多。茎叶图类似于横向的直方图，与直方图相比，茎叶图既反映了数据的分布特征，又保留了原始数据的信息。

图 2.11 中有五条水平的线段，由低到高分别对应于数据中的最小值、下四分位数、中位数、上四分位数及最大值。

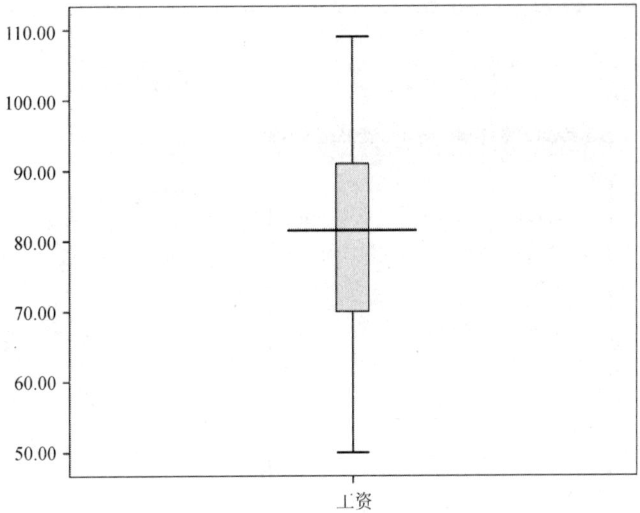

图 2.11 工资箱线图

2.4.2 直方图的绘制

我们利用表 2.5 数据,SPSS 绘制的直方图步骤如下:

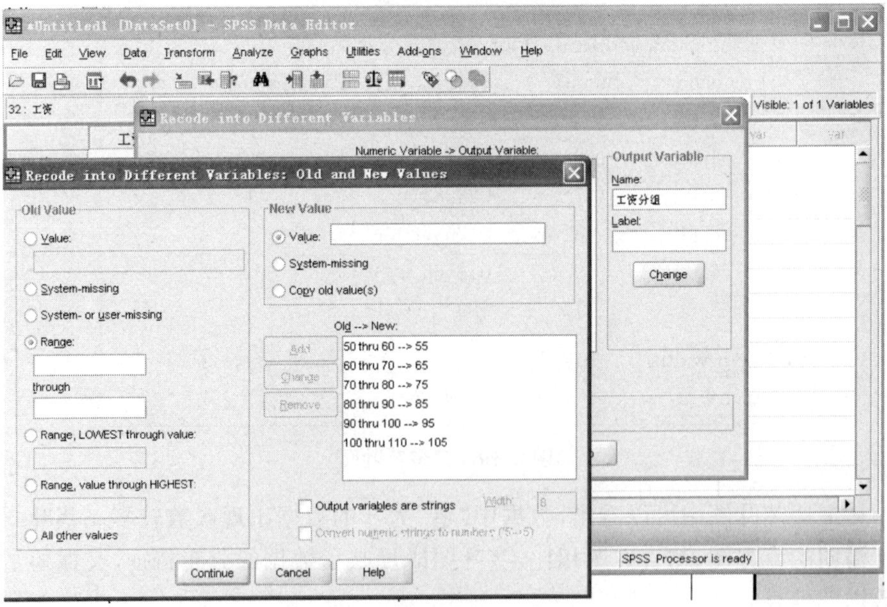

图 2.12 直方图组限定义对话框

1. 在主菜单中选择“Transform”→“RecodeintoDifferentVariables”进入主对话框。

2. 选择变量，将变量（工资）移入“NumericVariable→OutputVariable”，在“name”中输入存放分组结果的新变量名（如工资分组），点击[Change]确认，点击[OldandNewvalues]进入下一对话框。

3. 在[OldandNewvalues]对话框中定义各组组限。在“Range”中输入组的下限（如50）和组的上限（如60），在“Value”中输入该组的识别标志（如组中值55），点击[Add]确认，并依次输入其余的各组数据。如图2.12所示。

4. 点击[Continue]，回到主对话框，点击[OK]，完成分组并在数据文件中形成新变量（如工资分组）

5. 绘制直方图。在主菜单中选择“Graphs”→“Histogram”。将新变量（如工资分组）移入“Variable”中，选定“Display”项如图2.13所示。

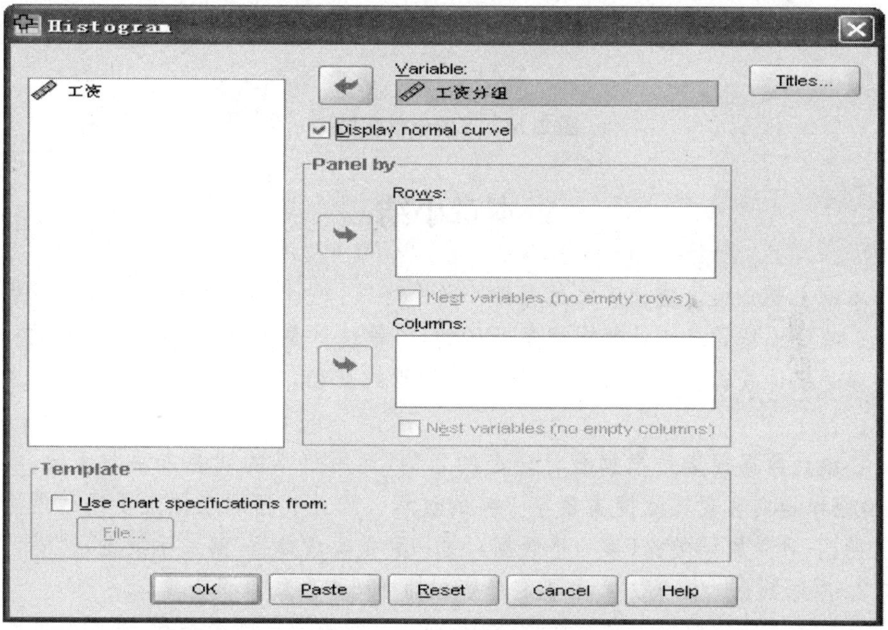

图2.13 直方图对话框

6. 点击[OK]。绘制的直方图如图2.14所示。

从上述直方图可以看出，该部门职工工资在80～90百元之间人数较多，数据分布略呈左偏形态。

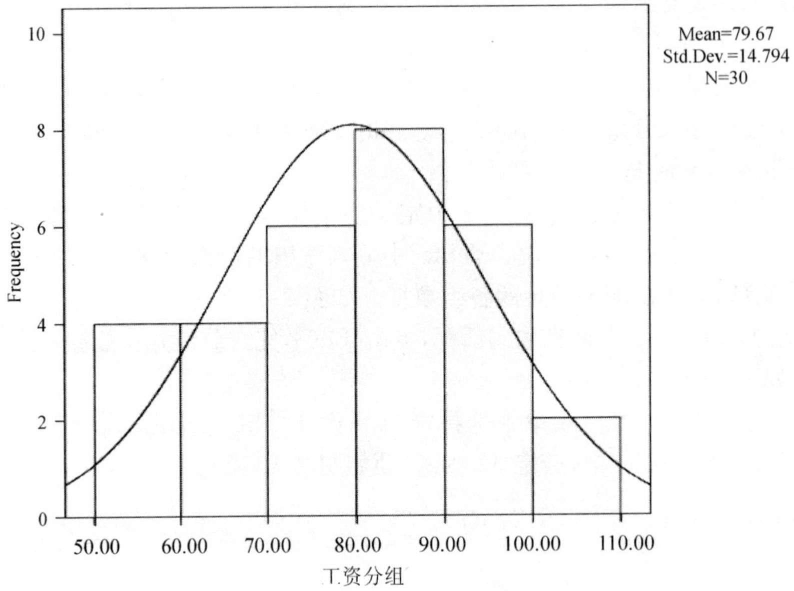

图 2.14 工资分布直方图

本章小结

本章主要介绍了统计工作过程的前两个环节:统计数据的搜集及统计数据的整理。统计工作是从统计数据搜集开始的,它是统计整理和统计分析的基础。统计整理是统计数据搜集的继续也是统计分析的开始,它是一个承上启下的中间环节。

1. 统计数据搜集是根据统计研究的目的,运用科学的调查方法与手段,有计划、有组织地向客观实际搜集数字资料的过程。统计数据的来源主要通过两个途径获得:一种是原始数据(第一手数据),另一种是次级数据(第二手数据)。

2. 原始数据的搜集方式主要有普查和抽样调查及统计报表等。

普查是专门组织的一种全面调查,普查一般在较大范围内进行,通常只有需要查清重要的国情、国力时才有必要采用。

抽样调查指按照随机原则在总体中抽取部分单位组成样本加以研究,并以样本数据推算总体数量特征的一种非全面调查方式。抽样调查是目前使用较多的数据搜集的方式。

统计报表制度是依照国家有关法规,自上而下地统一布置,以一定的原始记录为依据,按照统一的表式、统一的指标项目、统一的报送时间和报送程序,自下而上地逐级地定期提供统计资料的调查方式。

3. 统计数据的搜集方法主要有直接观察法、访问法、问卷法和报告法。

4. 统计整理的核心问题是:统计数据的分组和编制频数分布表。

5. 统计分组的基本原则是:组与组之间有比较明显的差别,而在同一组内的单位具有相对的同质性。对数量标志有单项式分组和组距式分组。组距式又可以有等组距分组和不等组距分组。

6. 频数分布数列有两个基本要素构成:一是标志的具体表现所形成的组;二是分布在各组的单位数,即次数或频数。各组次数与总次数之比称频率,又称比重。

7. 统计表是统计数据最常用的表达形式。它可以直观地反映数据分布的基本特征。统计表的格式是上下封闭,左右开口。

8. 频数分布图的主要类型有直方图、折线图、曲线图、茎叶图和箱线图等。

思考与练习

思考题

1. 获取统计数据有哪两种途径?

2. 统计数据的搜集有哪些基本方法?

3. 对统计数据进行搜集时,有哪几种组织方式?

4. 什么是数据分组? 数据分组的方式有哪几种?

5. 简述组距、组限、组数与组中值的含义以及它们的计算方法。

6. 向上累计频数与向下累计频数有什么区别?

7. 什么是频数分布? 试描述频数分布表的编制过程。

8. 对统计数据进行描述时,有哪几种统计图表表达方式?

9. 直方图和折线图有什么区别和关系?

10. 请举出自己实际生活中的一组数据,对它进行分组,然后绘制直方图、折线图以及箱线图,分析该组数据的结构特征。

练习题

1. 某地区7月份的气温数据(单位:摄氏度)如下:

28 31 32 29 31 33 30 32 34 29 32 30 38 38 37 39

34 36 36 33 34 30 37 36 32 38 35 30 34 35 35

(1)对以上数据进行适当的分组;

(2)绘制直方图,说明该城市气温分布的特点。

2. 某人的家位于城市的A地,工作单位位于城市的B地,为了确定A、B两地的车程，他记录了60天（来回共乘车120次）内往返于A、B两地所花的时间（单位：分钟），所得数据如下：

98	101	120	112	94	96	89	108	106	111	113	109
108	112	99	93	98	100	87	89	125	120	118	103
117	111	119	100	105	108	98	96	110	123	117	115
109	103	92	99	88	80	83	86	93	98	90	120
93	98	90	111	109	103	108	112	123	120	109	118
92	91	89	87	95	121	119	123	108	99	103	92
97	95	102	108	113	99	114	89	95	106	109	100
108	112	109	123	121	110	110	124	108	109	113	96
123	105	109	112	96	98	108	112	99	90	93	96
99	96	105	111	120	98	92	103	102	90	113	120

(1)利用SPSS对以上数据进行排序。

(2)以组距12进行等距分组，编制频数分布表，并绘制直方图。

3. 某百货公司冬天连续60天的销售额数据如下(单位：万元)：

372	338	403	321	286	357	328	309	329	318	368	349
369	372	353	380	331	347	302	308	383	326	329	333
342	349	351	324	369	362	370	319	342	356	393	382
401	396	377	379	380	356	352	349	363	370	321	316
322	320	336	343	389	369	375	398	359	364	354	350

(1)用SPSS对以上数据进行适当的分组，编制频率分布表。

(2)计算出累积频数和累积频率。

(3)绘制直方图和折线图。

4. 为评价某餐馆服务质量，随机调查了120个顾客对它的评价。评价服务质量的等级分为五种：A. 优；B. 较好；C. 中等；D. 较差；E. 极差。调查结果如下表所示：

A	C	C	B	D	B	E	C	D	C	A	B	D	C	C
D	B	C	B	C	C	E	D	A	A	C	D	D	E	D
B	B	D	C	C	D	A	B	D	E	E	B	C	C	E
D	A	C	D	E	B	B	A	C	A	C	E	B	B	A
B	C	C	D	E	D	E	B	A	A	C	B	C	A	E
A	A	C	D	C	C	B	E	B	C	D	E	A	E	B
C	C	B	E	D	C	B	A	B	E	E	D	B	A	C
B	A	C	C	D	A	D	B	E	C	B	D	D	B	E

(1)编制频率分布表；

(2)绘制条形图,总结顾客对该餐馆评价的情况分布。

5. 某小学对该校四年级160位学生的数学成绩分组如下:

成绩	60分以下	60~70分	70~80分	80~90分	90~100分
所占比例	9.1%	14.4%	32.2%	29.3%	15%

(1)对该校四年级学生的成绩绘制直方图;

(2)根据直方图分析四年级学生的成绩分布特点。

6. 为了确定灯泡的使用寿命(单位:h),在一批灯泡中随机抽取100只进行测试,所得结果如下:

688	717	696	703	729	704	726	725	699	713
693	697	664	681	721	720	677	679	695	691
692	683	712	733	717	683	707	718	671	701
688	689	683	685	702	741	698	713	676	702
727	708	749	673	651	696	689	736	690	694
706	692	691	747	699	682	698	700	710	722
698	696	666	698	658	674	697	693	710	668
708	729	694	681	695	685	706	661	735	665
701	707	692	690	708	691	722	712	715	706
700	716	728	719	685	709	691	684	705	718

(1)利用SPSS对上面的数据进行排序;

(2)以10为组距进行等距分组,构建频率分布表;

(3)根据分组数据绘制茎叶图和箱线图,说明数据分布的特点。

第3章 数据特征的度量

统计调查取得的统计数据，经过排序和分组整理后，数据的类型和分布特点已得到初步的反映。为了进一步掌握数据分布特征和变化规律，有必要对其进行概括性的讨论及度量。数据概括性的描述统计度量主要从三方面进行：一是数据分布的集中程度，二是数据分布的离散程度，三是数据分布的偏态和峰度。本章主要从上述三方面讨论数据特征度量的方法及计算。

学习目的与要求

- 掌握集中趋势度量的方法和意义及计算；
- 掌握离散趋势度量的方法和意义及计算；
- 了解偏态和峰度的意义及计算。

3.1 数据集中程度的度量

数据分布的集中程度(集中趋势)是指用特定的方法所计算的一组数据的代表值，它是所有数据的中心值。通常也可以理解为平均数。例如，某企业平均每个工人每月工资2000元，某班考试的平均成绩75分等。集中程度是通过平均将变量值之间的差异抽象化，同时也用一个代表数值来说明被平均对象某个方面的一般水平。

集中程度的度量就是寻找一组数据的中心值及代表值的过程。不同类型的数据可以有不同的度量方法。集中程度度量的常用方法有均值(算术平均数)、调和平均数、几何平均数、众数、中位数等。

3.1.1 均值

均值(mean)也称为算术平均数，是集中程度的最主要测度值。算术平均数在统计学中具有重要地位。由总体数据计算的平均数称为总体均值，通常用 μ 表示；由样本数据计算的平均数称为样本均值，通常用 $\bar{x}$ 表示。两者的计算方法是一样的。根据掌握的数据不同，算术平均数又可以分为以下几种。

（一）简单算术平均数

将未分组的各变量值相加，除以项数（变量值个数），就得到简单算术平均数。设样本数据为：$x_1, x_2, \cdots, x_n$，则样本均值的计算公式为：

$$\bar{x}=\frac{x_1+x_2+\cdots+x_n}{n}=\frac{\sum_{i=1}^{n} x_i}{n} \tag{3.1}$$

式中：$\bar{x}$ 表示样本均值；

n 表示变量值个数。

【例3.1】 某小组有六位同学，统计学考试成绩分别为60分，65分，70分，80分，85分，90分。计算该小组同学统计学考试的平均成绩。

解：$\bar{x}=\frac{\sum_{i=1}^{n} x_i}{n}=\frac{60+65+70+80+85+90}{6}=75$（分）

（二）加权算术平均数

统计数据经过分组就形成了变量数列，对已分组的变量数列求平均数，就应采用加权平均方法。样本加权算术平均数的计算公式为：

$$\bar{x}=\frac{x_1 f_1+x_2 f_2+\cdots+x_k f_k}{f_1+f_2+\cdots+f_k}=\frac{\sum_{i=1}^{k} x_i f_i}{\sum_{i=1}^{k} f_i} \tag{3.2}$$

式中：x_i 表示各组的变量值或各组的组中值；

f_i 表示各组的次数，也称为权数；

k 表示分组的组数。

1. 根据单项数列计算加权算术平均数，可以直接用公式3.2。

【例3.2】 根据某小组工人日产毛巾的数据如表3.1，计算平均每人日产量。

表3.1　某小组工人日产毛巾计算表

按日产量分组（条）（x_i）	工人数（f_i）	$x_i \times f_i$
5	4	20
6	8	48
7	10	70
8	10	80
10	8	80
合计	40	298

解：$\bar{x}=\dfrac{\sum_{i=1}^{k}x_if_i}{\sum_{i=1}^{k}f_i}=\dfrac{298}{40}=7.45$(条)

2. 根据组距数列计算加权算术平均数。其方法基本同上，所不同的是组距数列中要用组中值代表各组的变量值参加计算。

【例 3.3】 根据某企业职工月工资数据如表 3.2，计算职工平均工资。

表 3.2 某企业职工工资计算表

按月工资分组(百元)	职工人数 (f_i)	组中值 (x_i)	$x_i \times f_i$
30～40	30	35	1050
40～50	80	45	3600
50～60	120	55	6600
60～70	200	65	13000
70～80	350	75	26250
80～90	120	85	10200
90 以上	40	95	3800
合计	940	—	64500

解：$\bar{x}=\dfrac{\sum_{i=1}^{k}x_if_i}{\sum_{i=1}^{k}f_i}=\dfrac{64500}{940}=68.617$(百元)

根据组距数列计算算术平均数，用组中值代表各组变量值参加计算，是假定各组变量值在组内呈均匀分布。若实际数据与这一假定相吻合，用公式 3.2 计算的结果还是比较准确的；若实际数据与这一假定差距较大，用组距数列计算的算术平均数只能是真实算术平均数的一个近似值。

加权算术平均数除了用频数作为权数外，还可以用频率作为权数，就同一数据而言，其计算结果是一致的。其公式可表达为：

$$\bar{x}=\frac{\sum_{i=1}^{k}x_if_i}{\sum_{i=1}^{k}f_i}=\sum_{i=1}^{k}x_i\frac{f_i}{\sum_{i=1}^{k}f_i} \tag{3.3}$$

(三)算术平均数的数学性质

1. 各变量值与其算术平均数的离差之和等于零。

$$\sum_{i=1}^{n}(x_i-\bar{x})=0$$

2. 各变量值与其算术平均数的离差平方之和为最小。

$$\sum_{i=1}^{n}(x_i-\bar{x})^2=\min(\text{最小})$$

3.1.2　调和平均数

调和平均数(harmonic mean)是根据变量值的倒数计算的一种算术平均数,也称为倒数平均数。简单调和平均数的计算公式表达如下:

$$H=\frac{1}{\dfrac{\dfrac{1}{x_1}+\dfrac{1}{x_2}+\cdots+\dfrac{1}{x_n}}{n}}=\frac{n}{\dfrac{1}{x_x}+\dfrac{1}{x_2}+\cdots+\dfrac{1}{x_n}}=\frac{n}{\sum_{i=1}^{n}\dfrac{1}{x_i}} \qquad (3.4)$$

式中:H 表示调和平均数。

【例 3.4】　计算 6,16,24 三个数据的调和平均数。

解:$H=\dfrac{n}{\sum_{i=1}^{n}\dfrac{1}{x_i}}=\dfrac{3}{\dfrac{1}{6}+\dfrac{1}{16}+\dfrac{1}{24}}=11.05$

3.1.3　几何平均数

几何平均数(geometric mean)是 n 个变量值连乘积的 n 次方根。它是适用于特殊数据的一种平均数,主要用于计算平均比率和平均速度。在统计分析中,几何平均数常用来计算现象的平均增长率。其实际应用将在时间序列分析中表述。简单几何平均数的计算公式表达如下:

$$G=\sqrt[n]{x_1.x_2\cdots x_n}=\sqrt[n]{\Pi x} \qquad (3.5)$$

式中:G 表示几何平均数。

3.1.4　中位数

中位数(median)是将数据按大小顺序排列后,位于中间位置上的变量值即为中位数。显然,中位数将全部数据等分成两部分:一部分数据比中位数大,一部分数据比中位数小。从这个意义上说,中位数以其居中的位置,代表了现象某一方面的一般水平。

依据数据的不同,中位数的计算,可以有两种不同的方法:

(一)未分组数据

在未分组数据条件下,中位数的计算,关键在于确定中位数的位置,中位数的

位置可以用 $\frac{n+1}{2}$ 确定(n 为数据的项数)。找到中位数位置后,就能方便地确定中位数的具体数值。

若 n 为奇数,则中位数为

$$Me = x_{(\frac{n+1}{2})} \tag{3.6}$$

若 n 为偶数,则中位数为

$$Me = \frac{1}{2}\{x_{(\frac{n}{2})} + x_{(\frac{n}{2}+1)}\} \tag{3.7}$$

【例 3.5】 设五个工人的日产量(件)分别为:3,8,5,4,9,计算中位数。

解:先按递增排序有:3,4,5,8,9。

中位数 $Me=5$(件)

【例 3.6】 设六个工人的日产量(件)分别为:3,8,5,4,9,11,计算中位数。

解:先按递增排序有:3,4,5,8,9,11。

中位数 $Me=(5+8)/2=6.5$ (件)

(二)分组数据

在分组数据条件下,先用 $N/2$ 确定中位数的位置,然后用下限公式求出中位数的近似值。

$$Me \approx L + \frac{\frac{N}{2} - S_{m-1}}{f_m} \times i \tag{3.8}$$

式中:Me 表示中位数;

N 表示数据个数;

L 表示中位数所在组的下限;

S_{m-1} 表示中位数所在组以前各组的累计次数;

f_m 表示中位数所在组的次数;

i 表示中位数所在组的组距。

【例 3.7】 用表 3.2 数据计算职工月工资的中位数。

解:由 N/2=940/2=470 确定中位数在 70~80 组内,由公式 3.8 计算。

$$Me \approx 70 + \frac{\frac{940}{2} - 430}{350} \times 10 \approx 71.143(\text{百元})$$

利用上式计算的中位数,是假定中位数所在组的次数在组内是均匀分布的,但实际情况并不完全如此。如同算术平均数,中位数是唯一的,即一组数据中只有一个中位数;中位数不受数据中极端值的影响,在一组数据中,若有极端值出现,中位数便是一个极佳中心点的衡量值。

3.1.5 分位数

中位数是将顺序排列的统计数据从中间分成相等的两部分，与中位数性质相似的还有四分位数(quartile)、十分位数(decile)和百分位数(percentile)。四分位数就是将排序后的数据4等分的三个数值，每部分包含25%的数据，其中中间的四分位数就是中位数，其余两项分别为下四分位数(Q_1)和上四分位数(Q_3)。十分位数和百分位数分别是将排序后的数据10等分和100等分的数值。较常用的分位数是四分位数。

通常可以用如下方法确定四分位数的位置：

$$Q_1\text{ 位置}=\frac{n+1}{4}, \quad Q_3\text{ 位置}=\frac{3(n+1)}{4}$$

【例3.8】 有11位女生的身高(单位：cm)如下：

153,155,156,158,159,160,161,163,165,166,170，计算分位数。

解：Q_1 的位置：$\frac{11+1}{4}=3$，Q_3 的位置：$\frac{3(11+1)}{4}=9$

由此可以得到下四分位数为156(cm)，中位数160(cm)，上四分位数为165(cm)。

【例3.9】 有12位女生的身高(单位：cm)如下：

153,155,156,158,159,160,161,163,165,166,170,175，计算分位数。

解：Q_1 的位置：$\frac{12+1}{4}=3.25$，Q_3 的位置：$\frac{3(12+1)}{4}=9.75$

由此可以推算得到下四分位数为156+(158−156)×0.25=156.5(cm)；

中位数为(160+161)/2=160.5(cm)；

上四分位数为165+(166−165)×0.75=165.75(cm)。

3.1.6 众数

众数(mode)是指一组数据中出现次数最多的数值，它能够鲜明地反映数据分布的集中趋势。一组数据分布的最高峰点所对应的值即为众数。在商业活动中，众数应用较为普遍。依据资料的不同，众数的计算可以有两种不同的方法。

(一)未分组数据

在未分组数据条件下，只要用目测法找出次数最多的变量值即找到众数。

【例3.10】 有数据：36,35,36,34,36,31,29，计算众数。

解：可以看到36出现3次，则众数为36。

(二)分组数据

在分组数据条件下，也要先确定众数所在的组，然后用下限公式计算众数的估计值。

$$Mo \approx L + \frac{\Delta_1}{\Delta_1 + \Delta_2} \times i \tag{3.9}$$

式中：Mo 表示众数；

L 表示众数所在组的下限；

Δ_1 表示众数所在组的次数与上一组次数之差；

Δ_2 表示众数所在组的次数与下一组次数之差；

i 表示众数所在组的组距。

【例 3.11】 用表 3.2 数据计算职工月工资的众数。

解：表 3.2 数据显示：众数在出现次数最多的 70～80 组内。根据公式 3.9 计算众数如下：

$$Mo \approx 70 + \frac{350 - 200}{(350 - 200) + (350 - 120)} \times 10 = 73.947(\text{百元})$$

利用下限公式计算众数的前提是，假定众数组次数在组内是均匀分布。众数是一个位置平均数，它不受极端值的影响。与中位数不同，一组数据若无明显集中趋势，众数可不存在；若数据分布有一个或多个集中趋势，可以有一个或多个众数。

3.1.7 众数、中位数和均值的关系

众数、中位数和均值作为反映被研究现象集中程度的三个主要测度值，既可以从它们的内在联系上进行相互推算，也可以利用三者的关系，说明现象的分布特征。

运用众数、中位数、均值三者关系判断现象的数量分布特征。众数是一组数据分布的峰值，中位数是一组数据中间位置的代表值，均值是全部数据的平均数。因此，可以看出以下关系：

当数据呈对称分布时，均值、中位数、众数必定相等，即有 $\bar{x} = Me = Mo$ ；

当数据呈左偏分布时，均值小于中位数且小于众数，即有 $\bar{x} < Me < Mo$ ；

当数据呈右偏分布时，均值大于中位数且大于众数，即有 $\bar{x} > Me > Mo$ 。

上述三者关系可见图 3.1 所示。

总之，均值、中位数、众数使用各有其特点，可以根据研究目的的不同灵活运用。概括地说均值是根据所有数据计算的一般水平代表值，数据信息的提取足够充分，特别是当用样本信息估计总体特征时，均值就更显示其良好的特征。因而在统计数据分析中均值起着很重要的作用。众数、中位数虽然数据信息利用不够充分，但当数据有极端值出现时，中位数的优势就显现了。

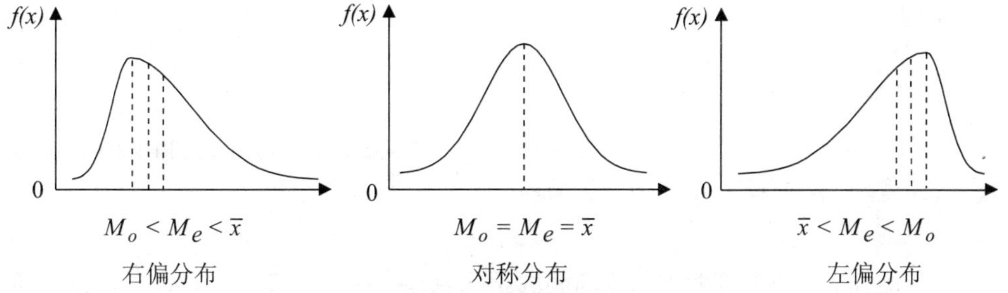

图 3.1　众数、中位数和均值的关系

3.2　数据离散程度的度量

集中程度是将数据之间的差异抽象化，通过一个代表数值，反映现象的一般水平及分布。但集中程度只从一个侧面说明了数据的分布特征，其对数据的代表程度如何，还需要用数据的离散程度来描述。离散程度就是反映一组数据之间的差异程度。有了集中程度和离散程度两方面的分析，我们就可以对一个现象的分布特征作出比较准确的评论。在同一组数据的情况下，集中程度和离散程度呈现一种反向关系，集中程度强，离散程度弱；集中程度弱，离散程度强。

描述数据离散程度的测度方法有多种，常用的有极差、内距、标准差及离散系数。

3.2.1　极差

极差(range)也称全距，它是一组数据的最大值与最小值之差。在组距式数列中，极差可以是最高组的上限与最低组下限之差。极差是离散程度最简单的测度值，用公式表示为：

$$R = \mathrm{Max}(x_i) - \mathrm{Min}(x_i) \tag{3.10}$$

式中：R 表示极差；

$\mathrm{Max}(x_i)$ 和 $\mathrm{Min}(x_i)$ 分别表示数据中的最大值和最小值。

【例 3.12】 甲、乙两组五位工人的日产量(件)数据为：

甲组：2，4，5，6，8

乙组：3，4，5，6，7

计算所得两组的极差。

解：$R_{甲} = 8 - 2 = 6$(件)，$R_{乙} = 7 - 3 = 4$(件)

上述结果表明，极差说明了一组数据的最大变动范围，数据的分散程度大，极差就大。极差计算简单，易于理解，但易受数据中极端值的影响，计算结果的精度不够理想。

3.2.2 内距

内距(inter-quartile range)又称为四分位数差，是指上四分位数和下四分位数之差，通常用 Q_d 表示。其计算公式为：

$$Q_d = Q_3 - Q_1 \tag{3.11}$$

如[例 3.8]中 11 位女生的身高的内距为：$Q_d = 165 - 156 = 9$(cm)。内距实质上反映了中间 50%数据的分散程度，其数值越小，表明中间数据越集中。

3.2.3 标准差和方差

标准差(standard deviation)也称均方差，是各数据和均值离差平方平均数的平方根。其计算公式根据数据的不同而不同，通常根据总体数据计算的标准差用 σ 表示；根据样本数据计算的标准差用 s 表示。

若有未分组数据，计算公式为：

$$\sigma = \sqrt{\frac{\sum_{i=1}^{N}(x_i - \mu)^2}{N}} \tag{3.12}$$

$$s = \sqrt{\frac{\sum_{i=1}^{n}(x_i - \bar{x})^2}{n-1}} \tag{3.13}$$

若有分组数据，应按照加权方式，其计算公式为：

$$\sigma = \sqrt{\frac{\sum_{i=1}^{k}(x_i - \mu)^2 f_i}{\sum_{i=1}^{k} f_i}} \tag{3.14}$$

$$s = \sqrt{\frac{\sum_{i=1}^{k}(x_i - \bar{x})^2 f_i}{\sum_{i=1}^{k} f_i - 1}} \tag{3.15}$$

式中：μ 是总体均值，$\bar{x}$ 是样本均值，N 是总体数据个数，n 是样本数据个数(样本容量)。

需要说明的是计算样本标准差时，分母都用数据个数减一如($n-1$)表示。通常将($n-1$)称为自由度。自由度就是一组数据中可以自由取值的个数。例如，有四个数据($n=4$)，若其均值是 5，在自由确定 5，2，3 三个数据后，第四个数据只能是 10，因而这里的自由度就是 $n=4-1=3$。当然自由度的解释还可以从其它角度进行，这里就不进一步介绍了。

【例 3.13】 某企业抽取的 50 名工人日产量(件)数据如表 3.3，计算日产量标准差。

表 3.3　工人日产量标准差计算表

按日产量分组(件)	工人数 (f_i)	组中值 (x_i)	$(x_i-\bar{x})^2$	$(x_i-\bar{x})^2 f_i$
20～30	5	25	361	1805
30～40	10	35	81	810
40～50	20	45	1	20
50～60	15	55	121	1815
合计	50	—	—	4450

解：由上表计算所得 $\bar{x}=44$(件)

$$s=\sqrt{\frac{\sum_{i=1}^{k}(x_i-\bar{x})^2 f_i}{\sum_{i=1}^{k} f_i-1}}=\sqrt{\frac{4450}{50-1}}=9.53(\text{件})$$

标准差是说明数据离开均值的平均距离，标准差越大，数据越分散，均值对数据的代表性就越小；标准差越小，数据越集中，均值对数据的代表性就越大。方差(variance)为标准差的平方。总体方差用 σ^2 表示；样本方差用 s^2 表示。

3.2.4　离散系数

极差、标准差都是反映数据(变量值)离散程度的有计量单位的绝对数，总体和样本的离散程度除了受变量值之间的离散程度影响外，还受变量值本身水平高低的影响，因此，在比较不同总体和样本的离散程度时，应消除由于变量值水平不同或计量单位不同带来的影响。在统计分析中，用离散系数来比较不同总体和不同样本的均值的代表性。

常用的离散系数主要有标准差系数，也称均方差系数，通常用 v 表示。它是数据的标准差与其相应的均值之比，其计算公式为：

$$v=\frac{\sigma}{\bar{x}} \quad \text{或} \quad v=\frac{s}{\bar{x}} \tag{3.16}$$

离散系数主要用于不同总体数据的离散程度比较。离散系数大，说明该组数据的离散程度大；离散系数小，说明该组数据的离散程度也小。

【例 3.14】 会计学专业和金融学专业同学统计学考试成绩有关数据如表 3.4。

表 3.4 统计学考试成绩分析

专 业	平均成绩(分)	标准差(分)	标准差系数
会计学	76.5	10.8	0.14
金融学	74.3	9.2	0.12

从上表的数据中可以看出:虽然会计专业同学的平均成绩比金融专业同学的平均成绩高,但标准差系数是前者大于后者。因此从成绩分布的离散程度比较,金融专业的同学的成绩分布比较均匀,其平均成绩的代表性也更大一些。

3.3 数据分布的偏度和峰度的度量

集中程度和离散程度是数据分析的两个重要特征。一般而言,只要知道了均值和方差就可以确定它的分布。但要全面了解数据分布的特点,还需要知道数据分布的形状、偏斜的程度以及分布的尖峭程度。偏度和峰度就是对分布形状的度量。

3.3.1 偏度

偏度是对分布偏斜方向及程度的度量。在本章 3.1 节中,我们已经讨论了利用众数、中位数和均值之间的关系,就可以大致判断数据分布的对称及不对称。即

当一组数据中,$\bar{x}=Me=Mo$ 我们称数据为对称分布;

当一组数据中,$\bar{x}<Me<Mo$ 我们称数据为左偏分布;

当一组数据中,$\bar{x}>Me>Mo$ 我们称数据为右偏分布。

但要更精确的判别数据分布的偏斜程度就需要计算偏度系数(skewness)。偏度系数的计算方法可以有多种,这里介绍较常用的动差法偏度系数的计算。

$$SK=\frac{\sum_{i=1}^{k}(x_i-\bar{x})^3 f_i}{ns^3} \tag{3.17}$$

式中:SK 是偏度系数;s 是样本标准差。

从公式 3.17 可以看到:当数据分布对称时,$SK=0$;当数据分布不对称时,正负离差不能抵消,就形成了正或负的偏度系数。SK 为正值时表示正偏或右偏;SK 为负值时表示负偏或左偏。SK 的数值越大,表示偏斜程度就越大。

我们利用[例 3.13]的数据计算偏度系数如表 3.5($\bar{x}=44$)。

表 3.5　工人日产量偏度及峰度计算表

按日产量分组(件)	工人数(f_i)	组中值(x_i)	$(x_i-\bar{x})$	$(x_i-\bar{x})^3 f_i$	$(x_i-\bar{x})^4 f_i$
20～30	5	25	−19	−34295	651605
30～40	10	35	−9	−7290	65610
40～50	20	45	1	20	20
50～60	15	55	11	19965	219615
合计	50	—	—	−21600	936850

$$SK=\frac{\sum_{i=1}^{k}(x_i-\bar{x})^3 f_i}{ns^3}=\frac{-21600}{50\times 9.53^3}=-0.499$$

计算结果可以看出：偏度系数为负值，而数值不是太大，说明工人日产量的分布为左偏分布。

3.3.2　峰度

峰度(kurtosis)是对数据分布尖峭程度的度量，它可以衡量频数分布的集中程度。数据分布的尖峭程度通常是和正态分布相比较而言的。峰度系数的计算公式为：

$$K=\frac{\sum_{i=1}^{k}(x_i-\bar{x})^4 f_i}{ns^4}-3 \tag{3.18}$$

式中：K 是峰度系数。

由于正态分布的峰度系数为 0，所以和正态分布相比较，当 $K>0$ 时为尖峰分布，此时均值的代表性较大；当 $K<0$ 时为平峰分布，此时均值的代表性较小。

用表 3.5 数据计算峰度系数。

$$K=\frac{\sum_{i=1}^{k}(x_i-\bar{x})^4 f_i}{ns^4}-3=\frac{936850}{50\times 9.53^4}-3=-0.73$$

由于 $K=-0.73<0$，可以说明工人日产量的分布为平峰分布，频数分布的集中度不够明显。

3.4　SPSS 在描述统计中的应用——描述统计与数据分布特征的测度

SPSS 的许多模块均可完成描述性分析，但专门为该目的而设计的几个模块则集中在“Descriptive Statistics”菜单中。

用第 2 章的 30 名职工的月工资数据，SPSS 描述统计计算过程如下：

1. 在主菜单中选择“Descriptive Statistics”→“Frequencies”，如图 3.2 所示。

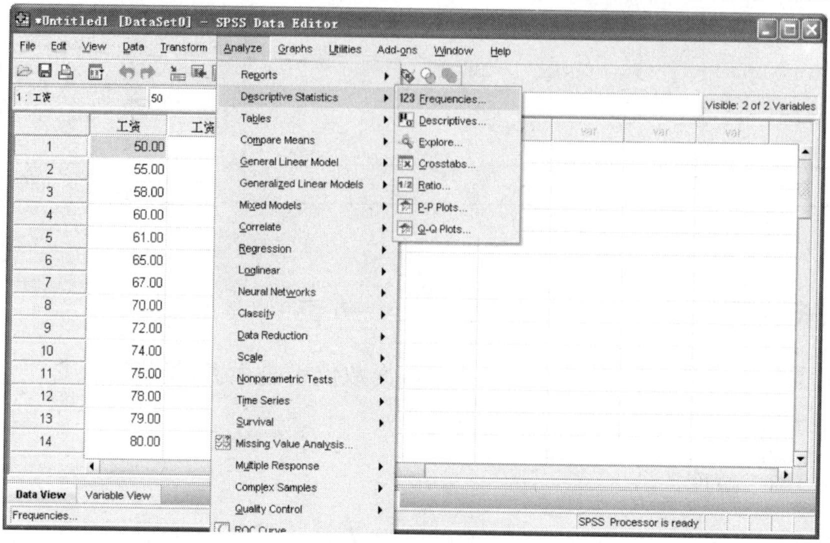

图 3.2 主菜单

2. 选择变量“工资”进入“Variable”框中。如图 3.3 所示。

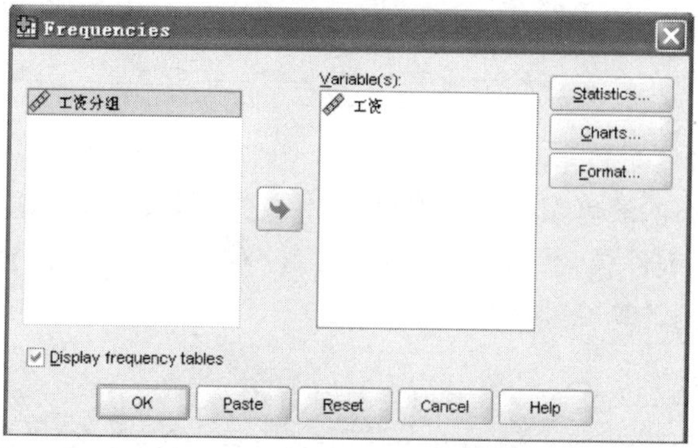

图 3.3 Frequencies 对话框

3. 点击[Statistics]，打开“Statistics”对话框，在其中选择需要输出的统计量。如图 3.4 所示。

图 3.4 中各统计量分别表示为：Quartiles(四分位数)、Percentiles(百分位数)。Mean(均数)、Median(中位数)、Mode(众数)、Sum(总和)。Std. deviation(标准差)、Variance(方差)、Range(全距)、Minimum(最小值)、Maximum(最大值)、S. E. mean(标准误)。Skewness(偏度系数)和 Kurtosis(峰度系数)。

4. 点击[Continue]回到主对话框，点击[OK]。得到描述统计量输出表，如表 3.6 所示。

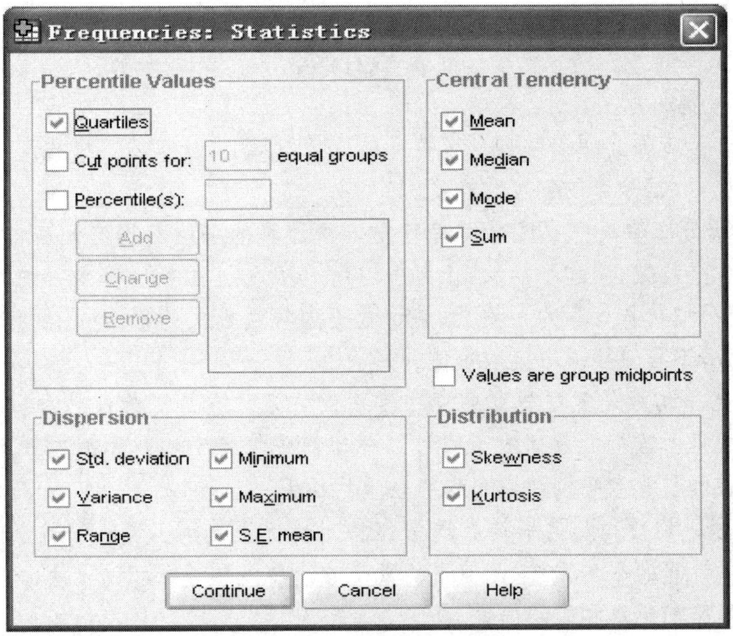

图 3.4　统计量对话框

表 3.6　工资描述统计计算表

工资　　statistics

N	Valid	30
	Missing	0
Mean		80.6667
Std. Error of Mean		2.80079
Median		81.5000
Mode		85.00
Std. Deviation		1.5340E1
Variance		235.333
Skewness		−.160
Std. Error of Skewness		.427
Kurtosis		−.575
Std. Error of Kurtosis		.833
Range		59.00
Minimum		50.00
Maximum		109.00
Sum		2420.00
Percentiles	25	69.2500
	50	81.5000
	75	91.2500

本章小结

本章从三方面介绍了数据分布特征的度量，即数据分布的集中程度，数据分布的离散程度，数据分布的偏度和峰度。

1. 数据分布的集中程度是用特定的方法计算的一组数据的代表值。其测度方法有算术平均数、调和平均数、几何平均数、众数和中位数。算术平均数、调和平均数、几何平均数是计算的平均数，易受数据中极端数值的影响；众数和中位数是位置平均数，不易受数据中极端数值的影响。

2. 算术平均数是集中程度测度中常用的方法。它是变量值之和和变量值个数之比。根据所依据的数据的不同可以分为简单算术平均数和加权算术平均数。其中权数在加权算术平均数中起权衡轻重的作用。

3. 调和平均数和几何平均数通常在特定情况下使用。调和平均数是根据变量值的倒数计算的平均方式，几何平均数是 n 个变量值连乘积的 n 次方根，它通常适用于计算平均比率和平均速度。

4. 中位数也是较常用的集中程度测度方法。它是一组数据排序后处在中间位置的变量值。当数据中有极端数值出现时，用中位数作为数据一般水平的代表更好。众数是次数出现最多的变量值，在频数分布曲线图中，曲线的最高点所对应的值就是众数。

5. 数据分布的离散程度反映的是变量值之间的差异程度。其测度方法有极差、四分位差、标准差、离散系数。数据的离散程度越大，平均数的代表性就越小。

6. 极差和四分位差是较简单的离散程度测度值。极差是数据中最大值和最小值之差，四分位差是指上四分位数和下四分位数之差。

7. 标准差是离散程度测度中常用的方法。它是各数据和均值离差平方平均数的平方根。离散系数中常用的是标准差系数，它是标准差与均值之比，通常用来反映不同总体之间均值的代表性。

8. 数据分布的偏度衡量的是数据分布的不对称、偏斜方向及程度。峰度衡量的是数据分布的尖峭程度。

思考与练习

思考题

1. 数据分布的特征可以从哪些方面进行度量和描述？
2. 简述中位数、四分位数、十分位数的概念，并举例说明。

3. 简述众数、中位数和均值的特点和关系。
4. 简述内距、极差、标准差的概念，并举例说明。
5. 什么是离散系数？为什么要计算离散系数？
6. 简述偏度和峰度的概念。

练习题

1. 对某公司 28 位员工的年龄进行统计，得到数据如下(单位：周岁)：

28　29　32　22　23　46　42　23　29　40　26　30　32　37　44
25　25　27　42　30　24　43　25　33　33　31　39　27

(1)计算员工年龄的众数、中位数和平均数；
(2)计算标准差；
(3)绘制员工年龄的茎叶图，说明员工年龄的分布特征。

2. 某地区 7 月份上半月的气温数据如下(单位：摄氏度)：

35　37.5　28　32　37　39　37　36.5　33　35　37　29　27　30　31

(1)计算该地区 7 月份上半月气温的众数、中位数和算术平均数；
(2)计算调和平均数和几何平均数；
(3)计算气温的标准差；
(4)绘制直方图，说明气温分布的特点。

3. 某百货公司冬天连续 60 天的销售额数据如下(单位：万元)：

372	338	403	321	286	357	328	309	329	318
368	349	369	372	353	380	331	347	302	308
383	326	329	333	342	349	351	324	369	362
370	319	342	356	393	382	401	396	377	379
380	356	352	349	363	370	321	316	322	320
336	343	389	369	375	398	359	364	354	350

(1)用 SPSS 计算该百货公司日销售额的中位数和平均数；
(2)用 SPSS 计算它们的标准差；
(3)绘制箱线图，说明日销售额分布的特征。

4. 一项对大学生身高状况的调查表明，男生的平均身高为 175cm，标准差为 5cm，女生的平均身高为 165cm，标准差为 5cm。试问是男生的身高差异大还是女生的身高差异大？

5. 对 10 名男生和 10 名女生的体重(单位：kg)进行抽样调查，结果如下：

男生组	64	56	60	62	68	54	52	60	65	61
女生组	52	54	45	50	48	47	54	55	46	50

(1)现在要比较男生和女生的体重差异,应采用什么方法?

(2)比较分析哪一组的体重差异大?

6. 一种机器由多个零件组成,在使用之前需要人工组装,现在有四种组装方法,为选取最好的方法,随机抽取10个工人,由他们分别用四种方法进行组装。工人们分别采用四种方法组装的机器数量(单位:台)如下:

方法 *A*	方法 *B*	方法 *C*	方法 *D*
92	65	82	79
93	69	88	73
90	59	78	69
85	60	70	70
89	62	79	75
91	67	83	68
87	56	85	65
82	58	80	70
83	63	79	72
90	62	78	71

试采用一种你认为比较好的方法来评价组装方法的优劣。

7. A、B、C三个工厂生产3种产品的单位成本和总成本资料如下(单位:元):

产品名称	单位成本	总成本		
		A 工厂	*B* 工厂	*C* 工厂
甲	7	3410	2000	4150
乙	11	4000	5200	3820
丙	18	3890	5420	3000

试比较三个工厂哪一个总平均成本高?

8. 一应试者准备参加某公司的招聘测试,该测试分三个过程,在A项测试中,其平均分数是120分,标准差为20分;在B项测试中,其平均分数是360分,标准差为40分;在C项测试中,其平均分数是500分,标准差为60分。这位应试者参加测试后,在A项测试中考了125分,在B项测试中得了380分,在C项测试中得了530分。与平均分数相比,该应试者哪一项测试更为理想?

9. 两个菜场有关销售资料如下：

绿叶蔬菜	单价（元/公斤）	甲市场的销售额（元）	乙市场的销售量（公斤）
A	5	2200	330
B	5.6	1960	350
C	7	1500	430

试计算比较两个菜场价格的高低，并说明原因。

10. 某班学生统计学课考试成绩表如下：

成绩（分）	频率（%）　$(f/\sum f)$
50～60	6.7
60～70	13.3
70～80	30.0
80～90	36.7
90～100	13.3
合计	100.0

试计算该班学生的平均成绩。

第 4 章 统计指数

在现代社会，人们越来越离不开指数，投资者关注股票价格指数，消费者关注消费价格指数。更有甚者，出门要看穿衣指数，开车要听洗车指数。下面这个图就是我国居民消费价格指数(CPI)从 2008 年 1 月至 2011 年 5 月的变化图。

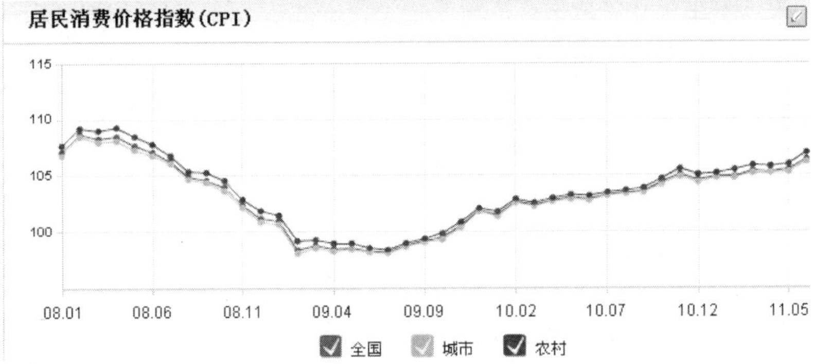

资料来源：东方财富网

图 4.1 居民消费价格指数(2008.01～2011.05)

为了应对物价的上涨，国家在这段时间出台了新的货币政策，数次提高了利率和存款准备金率。那么，您知道指数是怎么回事吗？指数的确切含义是什么？它们是如何计算出来的？本章的目的就在于阐述指数的含义及其计算方法，我们以第 2 章、第 3 章描述性统计知识为基础，详细介绍指数理论及应用。

学习目的与要求

- 掌握统计指数的含义及其主要种类；
- 掌握综合指数的编制原理；
- 理解平均指数的编制原理；
- 了解指数法在因素分析领域的应用；
- 了解常见的经济指数。

4.1　统计指数概述

4.1.1　指数的概念

通常意义上讲,指数本质上是对变异的一种度量。指数的编制与应用,最早起源于物价指数。早在 1675 年英国学者赖斯·沃汉(Rice Voughan)在《货币铸造论》中,就以谷物、家畜、鱼类、绢、麻、兽皮等当时重要的商品为样本,将 1650 年的价格与 1352 年的价格进行比较,编制了反映金属货币交换价值变化的指数。当时的物价指数只限于观察单个商品价格的变动。之后,随着指数的应用范围不断扩大,其含义和内容发生了很大的变化,由单纯反映一种现象的相对变动,发展为反映多种现象的综合变动;由单纯的不同时间的对比分析,拓展为不同空间的比较分析。

指数有广义和狭义之分。从广义上讲,凡是表明现象数量变动程度或差异程度的相对数,都是指数。例如,2009 年随着国际市场上石油价格的跌宕上涨,我国的汽油价格也连续上调。如北京市场最常用的 93＃汽油的最高零售价格由每升 5.36 元涨到 6.67 元,那么 93＃汽油的价格指数为 124.44%,说明该种汽油价格上涨了 24.44%。这一指数反映单一现象随着时间的推移而发生的变化,但我们常常要面对众多现象的综合变动,如多种商品价格的综合变化,这就涉及狭义指数的概念。

从狭义上讲,指数是表明复杂现象综合变动的相对数。所谓复杂现象是指包含多种因性质不能直接相加或不能直接对比的个体组成的总体。例如,我们研究产品的产品产量时,不能把 100 吨煤炭与 100 台设备直接相加得到 200,当然也不能直接计算煤炭和设备的综合平均单位成本、平均价格等。因此,由不同的产品或商品所组成的总体便是一个复杂总体,要反映复杂总体数量的综合变动便不能简单地采用一般指数的方法,而应当有专门的、特殊的方法。狭义指数就是反映复杂现象综合数量变动的方法。利用指数的原理和方法,通过编制实物量指数、价格指数等,可以反映不同现象的数量、价格等的综合变动情况。

指数的广义和狭义两种含义,在实际工作中,都被广泛地使用。但从指数理论和方法上看,指数所研究的主要是狭义指数。因此本章主要阐述狭义指数的编制原理、原则、方法以及在分析中的应用。

4.1.2　指数的种类

指数的种类很多,可以按不同的角度作不同的分类。

（一）指数按其反映的对象范围的不同，可以分为个体指数和总指数。

说明个别事物数量变动的相对数叫做个体指数，例如某种商品或产品产量或价格指数。个体指数通常记作 k。个体指数就是同一种现象的报告期指标数值与基期指标数值对比而得的发展速度指标。

总指数说明度量单位不相同的多种事物数量综合变动的相对数，例如工业总产量指数、零售物价总指数等。总指数与个体指数有一定的联系，可以用个体指数计算相应的总指数。用个体指数简单平均求得的总指数，称为简单指数；用个体指数加权平均求得的总指数，称为加权指数。

（二）指数按其所反映的社会经济现象特征的不同，分为数量指标指数和质量指标指数。

数量指标指数简称数量指数，主要是指反映现象的规模、水平变化的指数，例如商品销售量指数、工业产品产量指数等等。质量指标指数简称质量指数，是指综合反映生产经营工作质量变动情况的指数，例如物价指数、产品成本指数等等。

（三）指数按其采用基期的不同，分为定基指数和环比指数。

将不同时期的某种指数按时间先后顺序排列，形成指数数列。在同一个指数数列中，如果各个指数都以某一个固定时期作为基期，就称为定基指数；如果各个指数都是以报告期的前一期作为基期，则称之为环比指数。

（四）指数按其对比内容的不同，分为动态指数和静态指数。

动态指数是由两个不同时期的经济变量值对比形成的指数，说明现象在不同时间上发展变化的情况。静态指数是由同一时间条件下，不同地区、单位之间同一经济变量的不同数值的对比，或者是由同一地区、单位的实际指标数值与计划指标数值对比而形成的指数。指数方法主要论述动态指数，静态指数则是指数在实际应用中的扩展。

（五）按照常用的计算总指数的方法或形式，可以分为综合指数和平均指数。第二节和第三节将分别阐述这方面的内容。

4.1.3 指数的作用

（一）指数能够综合反映事物的变动方向与变动程度。

指数是用百分比表示的相对数。百分比大于或小于 100%，反映现象变动方向是正还是负；而比 100%大多少或小多少则反映现象变动程度的大小。例如，商品零售物价指数为 125%，则说明多种商品零售物价总的变动情况，具体到某种商品价格可能有涨有落，但从总体上看零售物价仍然上涨了 25%。

（二）指数能够对复杂的社会经济现象进行因素分析。

复杂现象变动中，往往受到两个以上因素的影响，例如，商品销售额的变动受销售量和商品价格两个因素的影响，而职工平均工资的变动受工资水平与职工人数构成两个因素的影响。

(三)指数可以研究事物在长时间内的变动趋势。

由于用指数进行变动比较可以解决不同性质数列之间不能对比的问题，因此，指数法适用于有联系而又性质不同的时间数列之间的对比关系，通过对指数数列的分析还可以反映事物的发展变化趋势。

4.2 综合指数

4.2.1 综合指数的编制原理

综合指数是总指数的基本形式之一，用来反映复杂现象的总变动。编制综合指数的基本方法是“先综合，后对比”。例如，通过编制价格综合指数反映市场商品价格总变动，其步骤是首先把市场各种商品价格加以综合，然后再进行对比。由于市场商品种类繁多，直接加总各种商品价格，其经济意义难以做出恰当解释，所以一般要引进一个媒介因素，通过这个媒介因素把各种商品的价格过渡为价值指标，再进行综合对比。编制综合指数必须明确两个概念：一是“指数化指标”，二是“同度量因素”。所谓指数化指标就是编制综合指数所要测定的因素，如上面的商品价格综合指数所要测定的因素是价格，所以价格就是指数化指标。所谓同度量因素是指媒介因素，借助媒介因素，把不能直接加总的因素过渡到可以同度量并可以加总，所以称其为同度量因素。编制综合指数的目的是测定指数化指标的变动，同度量因素所起的作用是将不同度量的现象转化为同度量的现象，因此在对比的过程中应加以固定，才能达到反映指数化指标变动的目的。综合指数的基本公式如下：

$$I_p = \frac{\sum p_1 q}{\sum p_0 q} \tag{4.1}$$

$$I_q = \frac{\sum q_1 p}{\sum q_0 p} \tag{4.2}$$

公式(4.1)是质量指标综合指数形式，公式(4.2)是数量指标综合指数形式。公式中 p 表示质量因素，q 表示数量因素，下标 1 表示所分析的时期，称为报告期，0 表示比较时期，称为基期。在编制综合指数时，首先必须根据指数化指标的性质确定同度量因素的性质，然后再确定同度量因素的所属时期。一般而言，质量指标指数的指数化指标是 p ，其同度量因素是数量指标 q ，两者的乘积 pq 是一价值总量；数量指标指数的指数化指标则是 q ，其同度量因素是 p ，两者的乘积 pq 也是一价值总量，价值量指标加总后，经济意义是很明确的。需要指出的是，同度量因素具有权数的性质。如在价格综合指数中，同度量因素 q 不但起到同度量的作用，而且具有权数的作用。它不仅可以使各种不同商品的销售价格相加，而且各种不同的价格与相应的 q 相乘时，由于各种商品的销售量不同，会影响指数的计算结果。同样的道理，在销售量综合指数中，同度量因素 p 不仅可以使各种不同商品的销售量相加，而且各种不同价格与相应的销售量相乘时，由于价格高低不等，也将影响指数的计算结果。所以，在编制综合指数时，同度量因素应当如何固定，是一个需要事先考虑的问题。同度量因素的固定方法有多种，可以具体考虑加以选择确定。在下面的综合指数编制方法中将予以一一讨论。

4.2.2 综合指数的编制方法

（一）综合指数编制的一般方法

编制综合指数的一般方法，也就是同度量因素所属时期确定的一般方法是：编制数量指标指数时，同度量因素所属时期固定在基期水平上；编制质量指标指数时，同度量因素所属时期固定在报告期水平上。这样综合指数的表现形式就是：

$$I_p = \frac{\sum p_1 q_1}{\sum p_0 q_1} \tag{4.3}$$

$$I_q = \frac{\sum q_1 p_0}{\sum q_0 p_0} \tag{4.4}$$

【例 4.1】 某企业三种产品报告期和基期销售资料如表 4.1，计算综合指数。

表 4.1 产品销售资料表

产品类别	计量单位	销售量		销售价(元)		销售额(百元)			
		q_0	q_1	p_0	p_1	p_0q_0	p_1q_1	p_0q_1	p_1q_0
1	万件	450	500	700	770	3150	3850	3500	3465
2	万件	500	520	350	350	1750	1820	1820	1750
3	台	900	1080	100	110	900	1188	1080	990
合计	—	—	—	—	—	5800	6858	6400	6205

解：1. 产品销售量指数，用公式(4.4)计算：

$$I_q = \frac{\sum q_1 p_0}{\sum q_0 p_0} = \frac{6400}{5800} = 110.34\%$$

$$\sum q_1 p_0 - \sum q_0 p_0 = 6400 - 5800 = 600$$

2. 产品销售价格指数，用公式(4.3)计算：

$$I_p=\frac{\sum p_1q_1}{\sum p_0q_1}=\frac{6858}{6400}=107.16\%$$

$$\sum p_1q_1-\sum p_0q_1=6858-6400=458$$

计算结果表明，该企业产品销售量指数为 110.34%，三种产品销售量报告期比基期平均增长 10.34%，使销售额增加了 6.00 万元；产品销售价格指数为 107.16%，三种产品销售价格报告期比基期平均增长 7.16%，使销售额增加了 4.58 万元。

(二)拉氏指数和帕氏指数

1. 拉氏指数

拉氏指数(简记为 L)，是德国经济统计学家拉斯佩雷斯(E. Laspeyres)在 1864 年提出的，后人以他的名字来命名该指数。拉氏指数公式的特点是将同度量因素固定在基期水平上，因此也称基期综合指数，公式具体形式如下：

$$L_p=\frac{\sum p_1q_0}{\sum p_0q_0} \tag{4.5}$$

$$L_q=\frac{\sum q_1p_0}{\sum q_0p_0} \tag{4.6}$$

【例 4.2】 以表 4.1 的资料，计算拉氏价格指数和销售量指数。

解：$L_p=\frac{\sum p_1q_0}{\sum p_0q_0}=\frac{6205}{5800}=106.98\%$

$$\sum p_1q_0-\sum p_0q_0=6205-5800=405$$

$$L_q=\frac{\sum q_1p_0}{\sum q_0p_0}=\frac{6400}{5800}=110.34\%$$

$$\sum q_1p_0-\sum q_0p_0=6400-5800=600$$

计算结果表明，该企业产品销售量指数为 110.34%，三种产品销售量报告期比基期平均增长 10.34%，使销售额增加了 6.00 万元；产品销售价格指数为 106.98%，三种产品销售价格报告期比基期平均增长 6.98%，使销售额增加了 4.05 万元。

2. 帕氏指数

帕氏指数(简记为 P)，是德国的另一位经济统计学家帕舍(H. Paasche)继拉斯佩雷斯之后在 1874 年提出的，后来的人也以他的名字来命名该指数。与拉氏指数不同之处是，帕氏指数将同度量因素固定在报告期水平上，因此也称报告期综合指数。公式具体形式如下：

$$P_p=\frac{\sum p_1q_1}{\sum p_0q_1} \tag{4.7}$$

$$P_q=\frac{\sum q_1p_1}{\sum q_0p_1} \tag{4.8}$$

【例 4.3】 以表 4.1 的资料，计算帕氏价格指数和销售量指数。

解：$P_p=\frac{\sum p_1q_1}{\sum p_0q_1}=\frac{6858}{6400}=107.16\%$

$\sum p_1q_1-\sum p_0q_1=6858-6400=458$

$P_q=\frac{\sum q_1p_1}{\sum q_0p_1}=\frac{6858}{6205}=110.52\%$

$\sum q_1p_1-\sum q_0p_1=6858-6205=653$

计算结果表明，该企业产品销售量指数为 110.52%，三种产品销售量报告期比基期平均增长 10.52%，使销售额增加了 6.53 万元；产品销售价格指数为 107.16%，三种产品销售价格报告期比基期平均增长 7.16%，使销售额增加了 4.58 万元。

(三)马埃公式和理想公式

从上面的计算结果不难看出，拉氏指数和帕氏指数两者之间有明显差异，它们各自的分析意义也有所不同。从某种意义上讲，马埃公式和理想公式则是对拉氏指数和帕氏指数的偏差加以折衷的综合指数形式。

1. 马埃公式

马埃公式(简记为 E)，由英国著名经济学家马歇尔(A. Marshall)和埃奇沃斯(F. Y. Edgeworth)等人于 1887～1890 年间提出。该指数对拉氏指数和帕氏指数的同度量因素进行简单平均。公式具体形式如下：

$$E_p=\frac{\sum p_1(\frac{q_0+q_1}{2})}{\sum p_0(\frac{q_0+q_1}{2})} \tag{4.9}$$

$$E_q=\frac{\sum q_1(\frac{p_0+p_1}{2})}{\sum q_0(\frac{p_0+p_1}{2})} \tag{4.10}$$

2. 理想公式

理想公式（简记为 F），由美国经济学家沃尔什（G. M. Walsh）和庇古（P. C. Pigou）等人于 1901～1902 年先后提出，后来美国经济学家费雪（Irving Fisher）比较验证了其优良性后，将它命名为理想公式。也有人称其为费雪指数。理想公式是对拉氏指数和帕氏指数的几何平均。公式具体形式如下：

$$F_p=\sqrt{\frac{\sum p_1q_1}{\sum p_0q_1}\cdot\frac{\sum p_1q_0}{\sum p_0q_0}} \tag{4.11}$$

$$F_q=\sqrt{\frac{\sum q_1p_1}{\sum q_0p_1}\cdot\frac{\sum q_1p_0}{\sum q_0p_0}} \tag{4.12}$$

（四）固定权数综合指数

固定权数综合指数由英国经济学家杨格（A. Young）提出，因此也称杨格指数。在固定加权综合指数中，同度量因素所属时期既不固定在报告期也不固定在基期，而是固定在一个特定的水平上。公式具体形式如下：

$$I_p=\frac{\sum p_1q_n}{\sum p_0q_n} \tag{4.13}$$

$$I_q=\frac{\sum q_1p_n}{\sum q_0p_n} \tag{4.14}$$

4.3　平均指数

4.3.1　平均指数的编制原理

与综合指数相同，平均指数也是总指数的基本形式之一，用来反映复杂现象的总变动。但平均指数与综合指数的编制方法不同，编制综合指数的基本方法是“先综合，后对比”，平均指数编制的基本方法则是“先对比，后平均”。所谓“先对比”，是指先通过对比计算个体现象的个体指数；所谓“后平均”，则是指将个体指数赋予适当的权数，加以平均得到总指数。应当明确的是，平均指数之所以称其为平均指数，是因为它利用了平均数的计算形式。在编制平均指数时，主要的计算形式有算术平均和调和平均两种。基本公式如下：

$$I=\frac{\sum kpq}{\sum pq} \tag{4.15}$$

$$I=\frac{\sum qp}{\sum \frac{1}{k}qp} \tag{4.16}$$

式中：k 代表个体指数，pq 代表权数。在公式中，“个体指数”k 的地位，相当于平均数计算公式中的“被平均的标志”$\bar{x}$ 的地位。“权数”pq 是与所要编制的指数密切关联的价值总量，但 p 和 q 的所属时期可以考虑不同的组合，如 p_1q_1、p_1q_0、p_0q_1、p_0q_0 四种。由于 p_1q_0 和 p_0q_1 的资料不易取得，通常采用 p_1q_1 和 p_0q_0 为权数。

4.3.2 平均指数的编制方法

（一）算术平均指数

公式(4.15)是加权算术平均指数公式。其权数选择基期总值 p_0q_0 最为常见。所以，质量指标和数量指标算术平均指数的计算公式就表现为下面的形式：

$$I_p=\frac{\sum \frac{p_1}{p_0}p_0q_0}{\sum p_0q_0} \tag{4.17}$$

$$I_q=\frac{\sum \frac{q_1}{q_0}p_0q_0}{\sum p_0q_0} \tag{4.18}$$

【例 4.4】 以表 4.1 的资料，分别计算价格指数和销售量平均指数。

解：

$$I_p=\frac{\sum \frac{p_1}{p_0}p_0q_0}{\sum p_0q_0}=\frac{\frac{770}{700}\times 3150+\frac{350}{350}\times 1750+\frac{110}{100}\times 900}{3150+1750+900}=\frac{6205}{5800}=106.98\%$$

$$I_q=\frac{\sum \frac{q_1}{q_0}p_0q_0}{\sum p_0q_0}=\frac{\frac{500}{450}\times 3150+\frac{520}{500}\times 1750+\frac{1080}{900}\times 900}{3150+1750+900}=\frac{6400}{5800}=110.34\%$$

这两式的计算结果和前面拉氏指数的计算结果完全相同。不难发现，这是因为当个体指数与总值权数之间存在严格的一一对应关系时，采用基期总值加权的平均指数，实际上是拉氏综合指数的变形：

$$I_p=\frac{\sum \frac{p_1}{p_0}p_0q_0}{\sum p_0q_0}=\frac{\sum p_1q_0}{\sum p_0q_0} \tag{4.19}$$

$$I_q = \frac{\sum \frac{q_1}{q_0} p_0 q_0}{\sum p_0 q_0} = \frac{\sum q_1 p_0}{\sum q_0 p_0} \tag{4.20}$$

由此可见，编制平均指数和综合指数的原理是相互贯通的。同时，从公式(4.19)和公式(4.20)我们也可以得知在编制算术平均指数时，为什么一般采用基期总值 p_0q_0 加权，而不采用报告期总值 p_1q_1 加权。需要指出的是，算术平均指数不仅仅是综合指数的变形，在许多场合下它还是一种相对独立的总指数编制方法，具有比综合指数更广泛的适用性。以价格指数为例，其计算公式可变形为：

$$I_p = \frac{\sum \frac{p_1}{p_0} p_0 q_0}{\sum p_0 q_0} = \sum \frac{p_1}{p_0} \times \frac{p_0 q_0}{\sum p_0 q_0} = \sum \frac{p_1}{p_0} \times \omega \tag{4.21}$$

上式表明算术平均指数不仅可以用绝对权数加权，也可以用相对权数加权。而相对权数可以根据全面资料确定，也可以根据非全面资料确定。在一定情况下，还可以将相对权数加以固定，大大便利指数的编制工作。这是综合指数所不具备的。

（二）调和平均指数

调和平均指数的基本计算形式如公式(4.16)，其权数选择报告期总值 p_1q_1 最为常见。所以，质量指标和数量指标调和平均指数的计算公式就表现为下面的形式：

$$I_p = \frac{\sum p_1 q_1}{\sum \frac{1}{\frac{p_1}{p_0}} p_1 q_1} \tag{4.22}$$

$$I_q = \frac{\sum p_1 q_1}{\sum \frac{1}{\frac{q_1}{q_0}} p_1 q_1} \tag{4.23}$$

【例 4.5】 以表 4.1 的资料，分别计算价格指数和销售量平均指数。

解：

$$I_p = \frac{\sum p_1 q_1}{\sum \frac{1}{\frac{p_1}{p_0}} p_1 q_1} = \frac{3850 + 1820 + 1188}{\frac{1}{\frac{770}{700}} \times 3850 + \frac{1}{\frac{350}{350}} \times 1820 + \frac{1}{\frac{110}{100}} \times 1188} = \frac{6858}{6400} = 107.16\%$$

$$I_q = \frac{\sum p_1 q_1}{\sum \frac{1}{\frac{q_1}{q_0}} p_1 q_1} = \frac{3850 + 1820 + 1188}{\frac{1}{\frac{500}{450}} \times 3850 + \frac{1}{\frac{520}{500}} \times 1820 + \frac{1}{\frac{1080}{900}} \times 1188} = \frac{6858}{6205} = 110.52\%$$

这两式的计算结果和前面帕氏指数的计算结果完全相同。不难发现，这也是因为当个体指数与总值权数之间存在严格的一一对应关系时，采用报告期总值加权的平均指数实际上是帕氏综合指数的变形：

$$I_p = \frac{\sum p_1 q_1}{\sum \frac{1}{\frac{p_1}{p_0}} p_1 q_1} = \frac{\sum p_1 q_1}{\sum p_0 q_1} \tag{4.24}$$

$$I_q = \frac{\sum p_1 q_1}{\sum \frac{1}{\frac{q_1}{q_0}} p_1 q_1} = \frac{\sum p_1 q_1}{\sum p_1 q_0} \tag{4.25}$$

由公式(4.24)和公式(4.25)我们也可以知道，在编制调和平均指数时，一般采用报告期总值 p_1q_1 加权，而不采用基期总值 p_0q_0 加权的理由。在指数的实际编制中，与编制算术平均指数的理由相同，个体指数与权数之间可以不一一严格对应，这样编制调和平均指数也就比编制综合指数更为简便了。

4.4 指数体系与因素分析

4.4.1 指数体系的概念

这里讨论的指数体系是指指数之间存在的相互联系所构成的体系。一般地说，三个或三个以上在性质上相互联系、在数量上存在一定关系的指数便构成指数体系。利用指数体系可以分析社会经济现象各种因素变动，以及它们对总体发生作用的影响程度。社会经济现象所存在的客观联系，在统计中可通过相应的指标体系表现出来。例如：

总产值＝产品产量×价格

总成本＝产品产量×单位成本

销售额＝销售量×价格

从上面的三个关系式我们可以看到，现象的总体可以分解为一个数量因素和一个质量因素。而现象总体的变化可以归结为数量因素和质量因素共同作用的结果。上述指数体系按指数形式表现时，乘积关系仍然成立。即：

总产值指数＝产品产量指数×价格指数

总成本指数＝产品产量指数×单位成本指数

销售额指数＝销售量指数×价格指数

这些指数关系可以归纳为：

现象总体变动指数＝数量指标指数×质量指标指数

利用指数体系可以从数量方面研究分析社会经济现象总体变动中各个因素变动的影响程度和绝对额，进行因素分析；也可以利用指数之间的联系进行必要的推算。利用指数体系进行因素分析，主要分析如下两方面的问题：

(1)分析现象总体总量指标的变动受各种因素变动的影响程度。

即利用综合指数体系，从数量指标指数和质量指标指数的相互联系中，分析各个因素的变动影响关系。例如，编制多种产品的销售量指数和价格指数，分析销售量和价格的变动对销售总额变动的影响。

(2)分析社会经济现象总体平均指标变动受各种因素变动的影响程度。

即利用综合指数编制的方法原理，通过平均指标指数体系来进行分析。

4.4.2　连锁替代法

(一)连锁替代法的概念

利用指数体系进行因素分析，一般采用连锁替代法。所谓连锁替代法，就是在被分析指数的因素结合式中，根据各因素的性质和相互联系的数量关系，将各个因素的基期数字顺次以报告期的数字替代，有多少因素就替代多少次；每次替代后的结果与替代前的结果进行对比，从相对数和绝对数两方面分析各因素对现象总体的影响。

运用连锁替代法进行因素分析时应注意如下几个问题：

1.注意各因素的排列顺序。

运用连锁替代法进行因素分析，一般是按各因素排列的先后顺序展开的，因此什么因素排在前面，什么因素排在后面，就需要事先加以考虑。一般的原则是先数量因素后质量因素，先内涵因素后外延因素。例如，在研究企业利润额变动时，影响利润额变动的各因素排列的顺序为销售量、销售价格、利润率。

2.注意相邻因素之间的经济含义。

运用连锁替代法进行因素分析，还要考虑各因素排列顺序相乘后的经济含义。如销售量乘以销售价格等于销售额，销售额乘以利润率等于利润额，都是有明确经济意义的。假如销售价格和利润率排列的位置互换，销售量乘以利润率的经济含义就难以确定了。

(二)连锁替代法的步骤

以企业利润额变动分析为例，用 a 、b 、c 分别表示销售量、销售价格、利润率，下标 0 和 1 分别表示基期和报告期，即以 a_0、b_0、c_0 分别表示各因素基期的数值，a_1、b_1、c_1 分别表示各因素报告期的数值。连锁替代的过程如下：

$$a_0b_0c_0 \rightarrow a_1b_0c_0 \rightarrow a_1b_1c_0 \rightarrow a_1b_1c_1$$

第一次替代分析 a 因素变动的影响，第二次替代分析 b 因素变动的影响，第三次替代分析 c 因素变动的影响。

具体的计算公式和步骤：

1. 计算被分析指标的总变动。

$$变动的程度=\frac{\sum a_1b_1c_1}{\sum a_0b_0c_0} \tag{4.26}$$

$$变动的绝对额=\sum a_1b_1c_1-\sum a_0b_0c_0 \tag{4.27}$$

2. 计算各因素变动影响的程度和绝对额。

$$a\ 因素变动的影响的程度=\frac{\sum a_1b_0c_0}{\sum a_0b_0c_0} \tag{4.28}$$

$$a\ 因素影响的绝对额=\sum a_1b_0c_0-\sum a_0b_0c_0 \tag{4.29}$$

$$b\ 因素变动的影响的程度=\frac{\sum a_1b_1c_0}{\sum a_1b_0c_0} \tag{4.30}$$

$$b\ 因素影响的绝对额=\sum a_1b_1c_0-\sum a_1b_0c_0 \tag{4.31}$$

$$c\ 因素变动的影响的程度=\frac{\sum a_1b_1c_1}{\sum a_1b_1c_0} \tag{4.32}$$

$$c\ 因素影响的绝对额=\sum a_1b_1c_1-\sum a_1b_1c_0 \tag{4.33}$$

3. 影响因素的综合分析。

总变动程度等于各因素变动影响程度的连乘积：

$$\frac{\sum a_1b_1c_1}{\sum a_0b_0c_0}=\frac{\sum a_1b_0c_0}{\sum a_0b_0c_0}\times\frac{\sum a_1b_1c_0}{\sum a_1b_0c_0}\times\frac{\sum a_1b_1c_1}{\sum a_1b_1c_0} \tag{4.34}$$

总因素变动绝对额等于各因素变动影响绝对额的总和：

$$\sum a_1b_1c_1-\sum a_0b_0c_0=(\sum a_1b_0c_0-\sum a_0b_0c_0)+(\sum a_1b_1c_0-\sum a_1b_0c_0)+(\sum a_1b_1c_1-\sum a_1b_1c_0) \tag{4.35}$$

（三）连锁替代法因素分析举例

上面说明的是总体变动受三个因素影响的连锁替代法分析基本原理，当被分析总体现象的影响因素不是三个而是两个或三个以上时，分析方法和步骤可以类推。下面举例说明用连锁替代法进行两因素分析。

【例 4.6】 以表 4.1 资料，进行销售额变动的因素分析。

解：1. 销售额变动分析：

$$销售额变动程度=\frac{\sum q_1 p_1}{\sum q_0 p_0}=\frac{6858}{5800}=118.24\%$$

$$销售额变动绝对额=\sum q_1 p_1-\sum q_0 p_0=6858-5800=1050$$

2. 销售量变动影响分析：

$$销售量变动程度=\frac{\sum q_1 p_0}{\sum q_0 p_0}=\frac{6400}{5800}=110.34\%$$

$$销售量变动绝对额=\sum q_1 p_0-\sum q_0 p_0=6400-5800=600$$

3. 销售价格变动影响分析：

$$销售价格变动程度=\frac{\sum q_1 p_1}{\sum q_1 p_0}=\frac{6858}{6400}=107.16\%$$

$$销售价格变动绝对额=\sum q_1 p_1-\sum q_1 p_0=6858-6400=458$$

4. 影响因素综合分析：

$$\frac{\sum q_1 p_1}{\sum q_0 p_0}=\frac{\sum q_1 p_0}{\sum q_0 p_0}\times\frac{\sum q_1 p_1}{\sum q_1 p_0}$$

$$118.24\%=110.34\%\times 107.16\%$$

$$\sum q_1 p_1-\sum q_0 p_0=\left(\sum q_1 p_0-\sum q_0 p_0\right)+\left(\sum q_1 p_1-\sum q_1 p_0\right)$$

$$10.58=6.00+4.58$$

分析结果表明：从相对数方面看，该企业的销售额报告期比基期增长18.24%，是由于销售量增长10.34%和销售价格上涨7.16%，这两个因素共同作用的结果；从绝对数方面看，该企业销售额报告期比基期增加10.58万元，是由于销售量上升使销售额增加6万元，销售价格上涨使销售额增加4.58万元。

4.5 常用经济指数

4.5.1 居民消费价格指数

居民消费价格指数(Consumer Price Index)，简称CPI，是度量消费商品及服务项目价格水平随着时间变动的相对数，反映居民购买的商品及服务价格水平的变动情况。其按年度计算的变动率通常被用来反映通货膨胀的程度；CPI及其类指数还是计算国内生产总值以及资产、负债、消费、收入等实际价值的重要依据。例如，在过去12个月，消费者物价指数上升2.3%，那表示，生活成本比12个月前平均上升2.3%。当生活成本提高,你的金钱价值便随之下降。也就是说,一年前收到的一张100元纸币,今日只可以买到价值97.75元的货品及服务。一般说来当CPI>3%的增幅时,我们称为inflation,就是通货膨胀;而当CPI>5%的增幅时,我们把他称为Serious inflation,就是严重的通货膨胀。

国家统计局统一组织,分别编制全国、省市县级居民消费价格指数。采用国际通行的链式拉氏公式,编制定基居民消费价格指数序列。对比基期5年调整一次,现行对比基期为2010年。基本方法为:固定一篮子居民消费商品及服务项目以及各个项目在篮子中的权数,通过对比报告期与基期的权数金额(即购买该篮子的金额)反映价格变动情况。基本流程包括:

确定一篮子居民消费商品及服务项目。中国居民消费价格调查对象包括食品、烟酒及用品、衣着、家庭设备用品及维修服务、医疗保健和个人用品、交通和通讯、娱乐教育文化用品及服务、居住等8个大类的商品(服务),每个大类下分别依次划分中类、小类、基本分类,每个基本分类下设一定数量的代表规格品作为经常性调查项目。代表规格品按消费量大、价格变动趋势和变动程度代表性强的原则进行选择。目前共有262个基本分类,各调查市县选择至少600种代表规格品作为经常性调查项目。

确定篮子中各类商品及服务的权数。主要依据全国13.3万户城乡居民家庭收支抽样调查资料,并辅之以典型调查数据作补充。一般每5年更换一次,5年期内各年度适当调整。

确定调查市、县和调查网点。按照大中小兼顾以及地区分布合理原则,采用划类选择法,抽选500个市、县作为全国CPI调查市、县。按照等距抽样方法,兼顾规模、分布、注册登记类型等因素,抽选各调查市、县的调查网点。目前,全国CPI调查网点(包括食杂店、百货店、超市、便利店、专业市场、专卖店、购物中心、农贸市场、服务消费单位等)共计6.3万个。

编制各类CPI。每月编制一次。基本步骤包括:一是计算市县级各基本分类月度环比指数,根据所属代表规格品价格变动相对数,采用几何平均法计算得出。二是计算市县级各基本分类当月权数金额,由上月基本分类权数金额乘本月基本分类月度环比指数。三是计算市县级各类(小类、中类、大类)当月权数金额,为下属所有基本分类当月权数金额之和。四是计算市县级各类(小类、中类、大类)月度环比指数,为下属所有基本分类当月权数金额之和与下属所有基本分类上月权数金额之和的比值。五是计算省级和全国月度环比指数。省级各类(含基本分类、小类、中类、大类)的月度环比指数等于下属所有市县该类当月权数金额之和与下属所有市县该类上月权数金额之和的比值。全国各类(含基本分类、小类、中类、大类)的月环比价格指数等于31个省(区、市)该类当月权数金额之和与31个省(区、市)该类上月权数金额之和的比值。五是由月度环比指数再分别计算各类定基、同比指数。

国家调查队系统负责 CPI 基础数据收集工作。全国有 4000 余名现场调查员，按照“定人、定时、定点”原则直接收集 CPI 基础数据。对一般性规格品每月调查 2～3 次；与居民生活密切相关、价格变动比较频繁的规格品，每 5 天调查一次；价格变动不频繁的规格品每月调查 1 次。调查员收集的基础数据由县级调查队通过网络上报省级调查总队；省级调查总队审核后上报国家统计局。在 50 个地级市已实现由调查员通过手持数据采集器将基础数据向国家统计局、省级调查总队、县级调查队同时报送。到 2011 年实现全部调查员均采用该采集器采价。

全国 CPI 数据由国家统计局统一对外发布，每月一次。发布内容包括 CPI 总指数、城市 CPI、农村 CPI、8 个大类类别指数的环比、同比数据。

现举例说明居民消费价格指数计算的步骤，见表 4.2 和表 4.3。

表 4.2 居民消费价格食品类指数计算表

类别及品名	规格等级	计量单位	权数	指数	指数×权数
食品大类指数			1000	106.3	
1. 粮食中类			60	101.8	6.10
大米基本分类			600	102.5	61.50
	特粳散装大米	千克		105.1	
	乐惠牌，10 千克袋装	千克		100.0	
	新大米，自销品牌 10 千克袋装	千克		102.3	
面粉基本分类			50	103.1	5.16
	富强粉	千克		106.3	
	精制粉	千克		100	
粮食制品基本分类			322	100.8	32.46
其它			28	95.5	2.67
2. 淀粉及薯类中类			7	99.4	0.70
3. 干豆类及豆制品中类			20	99.2	1.98
4. 油脂中类			25	113.4	2.84
5. 肉禽及其制品中类			178	105.2	18.73
6. 蛋中类			20	103.2	2.06
7. 水产品中类			160	115.5	18.48
8. 菜中类			80	122.1	9.77
9. 调味品中类			15	102.4	1.54
10. 糖中类			10	98.4	0.98
11. 茶及饮料中类			35	100.1	3.50
12. 干鲜瓜果中类			80	100.1	3.50
13. 糕点饼干面包中类			40	100.0	4.00
14. 奶及奶制品中类			50	99.7	4.99
15. 在外用餐食品中类			190	100.6	19.11
16. 其它食品及食品加工服务中类			30	100.0	3.00

表 4.2 列出了食品大类包括的 16 个中类。其中，粮食中类包括大米、面粉、粮食制品和其他 4 个基本分类；大米和面粉的两个基本分类中又包括 3 种和 2 种代表规格。需要说明的是：价格指数计算中为避免各项权数数值太小，故权数总和定为 1000。

首先，由各代表规格品的单项指数计算基本分类指数。例如，大米这一基本分类指数为：

$$\bar{I}_{大米}=\sqrt[3]{1.051\times1.00\times1.023}\times100\%=102.5\%$$

其次，根据基本分类指数计算中类指数。例如粮食中类指数为：

$$\bar{I}_{粮食}=\sum I\omega（\omega\ 为相对权数）$$

$$=\frac{1.025\times600+1.031\times50+1.008\times322+0.955\times28}{1000}\times100\%$$

$$=101.8\%$$

其次，各中类指数乘以相应的权数，便得到大类指数。例如，食品大类指数便是该大类所含 16 个中类指数与相应权数乘积之和为 106.3%。最后，将 8 个大类指数分别乘以相应的权数，便得到总指数。该市某月居民消费价格环比总指数为 102.8%（见表 4.3）。

表 4.3 居民消费价格总指数计算表

类别及品名	权数	指数	指数×权数
居民消费价格指数	1000	102.8	
食品类	390	106.3	41.6
烟酒及用品类	30	100.7	3.02
衣着类	70	103.8	7.27
家庭设备用品及维修服务类	80	100.9	8.07
医疗保健和个人用品类	90	99.8	8.98
交通和通讯类	75	99.4	7.46
娱乐教育文化用品及服务类	152	101.2	15.38
居住类	113	98.5	11.13

4.5.2 生产者物价指数(PPI)及其他指数

生产者物价指数主要的目的在衡量各种商品在不同的生产阶段的价格变化情形。一般而言，商品的生产分为三个阶段：第一，原始阶段：商品尚未做任何的加工；第二，中间阶段：商品尚需作进一步的加工；第三，完成阶段：商品至此不再做任何加工手续。PPI 是衡量工业企业产品出厂价格变动趋势和变动程度的指数，是反映某一时期生产领域价格变动情况的重要经济指标，也是制定有关经济政策和国民经济核算的重要依据。

PMI 采购经理指数(PMI),作为国际通行的经济监测指标体系,许多国家通常与国内生产总值(GDP)、就业指数、生产者物价指数(PPI)、新屋开工/营建指标(与国内固定资产投资指标类似)、汇率、股指等并行,用来分析经济走势、帮助进行各种投资决策、进行阶段性研究预测等等,已成为政府、银行、企业、各类金融机构以及财经媒体广为应用的重要信息之一。PMI 指数及其商业报告已成为世界经济运行活动的重要评价指标和世界经济变化的晴雨表。

PMI 调查来源于企业采购经理对于本月生产和财务情况的分析判断,是市场变化的第一手资料。通过对采购经理的月度调查统计汇总、编制而成的指数,反映了经济的变化趋势,是经济监测的先行指标。根据美国专家的分析,PMI 指数与 GDP 具有高度相关性,且其转折点往往领先于 GDP 几个月。

GDP 即英文 gross domestic product 的缩写,也就是国内生产总值(港台地区有翻译为国内生产毛额、本地生产总值)。通常对 GDP 的定义为:一定时期内(一个季度或一年),一个国家或地区的经济中所生产出的全部最终产品和提供劳务的市场价值的总值。在经济学中,常用 GDP 和 GNP(国民生产总值、gross national product)共同来衡量该国或地区的经济发展综合水平通用的指标。这也是目前各个国家和地区常采用的衡量手段。GDP 是宏观经济中最受关注的经济统计数字,因为它被认为是衡量国民经济发展情况最重要的一个指标。一般来说,国内生产总值有三种形态,即价值形态、收入形态和产品形态。从价值形态看,它是所有常驻单位在一定时期内生产的全部货物和服务价值与同期投入的全部非固定资产货物和服务价值的差额,即所有常驻单位的增加值之和;从收入形态看,它是所有常驻单位在一定时期内直接创造的收入之和;从产品形态看,它是货物和服务最终使用减去货物和服务进口。GDP 反映的是国民经济各部门的增加值的总额。

近年来,为了改革工业发展速度的计算方法,国家统计局先后对多种方法进行试算,最后经过反复比较权衡,决定以工业生产指数取代沿用数十年之久的不变价工业总产值来反映工业发展速度。工业生产指数是直接利用工业产品产量计算代表产品的个体产量指数,然后以工业增加值作为权数,经加权平均来计算工业总体的发展速度。世界上大多数国家都十分重视编制工业生产指数,而且多以基期的增加值 p_0q_0 为权数,或采用各工业部门增加值在全部工业增加值应占的比重固定作为权数的办法。我国决定 1997 起在全国范围内试行编制工业生产指数,原有的用不变价工业总产值计算工业发展速度的方法依旧维持,和工业生产指数双轨并行。从 1999 年正式在全国范围内推行工业生产指数。

4.5.3　股票价格指数

股票价格指数是用来表示多种股票价格变动的相对数。各个股票市场都有自己的股票价格指数，不同的股票价格指数，计算的对象和基数不同，计算的方法也有所不同，但多数还是采用L式股价指数和P式股价指数，下面简单介绍几种具体的股票价格指数。

1.恒生指数

香港的恒生指数是香港股票市场历史最久、影响最大的一种股价指数。由恒生银行编制，以1964年7月31日为基日，基数为100。恒生指数由33种具有代表性的经济实力雄厚的大公司的股票组成，这些股票分布在各主要行业，即金融业4种，公用事业6种，房地产业9种，其它工商业包括航运及酒店14种，恒生指数就是根据这33种上市股票每天的收市价，算出当天这些上市公司的总市值，再与基期的资本总市值相比，乘以100得出当天的指数，用公式表示：

恒生指数＝(计算日的资本总市值/基日的资本总市值)×100

目前人们多以恒生指数作为衡量香港股价起落的程度。指数单位称为点，点是衡量股价升降起落的标准。

2.上海证券交易所股价指数

它采用的是P式综合法，上市的全部股票都参与计算，以正式开业日1990年12月19日为基期来计算。该指数于1991年7月1日正式公开。其计算公式为：

$$\text{本日股价指数}=\text{本日市价总值}/\text{基日市价总值}\times 100=\frac{\sum p_1q_1}{\sum p_0q_1}\times 100$$

式中：p_1、p_0 分别为样本股票在报告期和基期的收盘价，q_1 为报告期股票的发行量。

3.深圳证券交易所股价指数

1991年4月4日起深圳各股票在深圳证交所集中上市，并以4月3日为基期，编制深交所股价指数。深圳股价指数采用一种递推的计算方法：

今日现时指数＝(今日现时总市值/上日收市总市值)×上日收市指数

今日现时总市值＝∑(今日各股现时市价)×(各股发行量)

上日收市总市值＝∑(上日各股收市价)×(各股发行量)

4.道·琼斯指数

即道·琼斯股票价格平均指数，是世界上最有影响、使用最广的股价指数。它以在纽约证券交易所挂牌上市的一部分有代表性的公司股票作为编制对象，由四种股价平均指数构成，分别是：①以30家著名的工业公司股票为编制对象的道·琼斯工业股价平均指数；②以20家著名的交通运输业公司股票为编制对象的道·琼斯运输业股价平均指数；③以6家著名的公用事业公司股票为编制对象的道·琼斯公用事业股价平均指数；④以上述三种股价平均指数所涉及的65家公司股票为编制对象的道·琼斯股价综合平均指数。在四种道·琼斯股价指数中，以道·

琼斯工业股价平均指数最为著名，它被大众传媒广泛地报道，并作为道·琼斯指数的代表加以引用。道·琼斯指数由美国报业集团——道·琼斯公司负责编制并发布，登载在其属下的《华尔街日报》上。历史上第一次公布道·琼斯指数是在 1884 年 7 月 3 日，当时的指数样本包括 11 种股票，由道·琼斯公司的创始人之一、《华尔街日报》首任编辑查尔斯·亨利·道(Charles Henry Dow 1851－1902 年)编制。1928 年 10 月 1 日起其样本股增加到 30 种并保持至今，但作为样本股的公司已经历过多次调整。道·琼斯指数是算术平均股价指数。

美国纳斯达克(Nasdaq)交易所，全名为美国证券交易商协会自动报价系统(National Association of Securities Dealers Automated Quotations)，于 1971 年在华盛顿创建，是全球第一个电子股票市场，也是美国发展最快的证券市场，目前已成为纽约交易所之外全球第二大股票交易所。纳斯达克(NASDAQ)是美国全国证券交易商协会于 1968 年着手创建的自动报价系统名称的英文简称。纳斯达克的特点是收集和发布场外交易非上市股票的证券商报价。它现已成为全球最大的证券交易市场。目前的上市公司有 5200 多家。纳斯达克又是全世界第一个采用电子交易的股市，它在 55 个国家和地区设有 26 万多个计算机销售终端。纳斯达克指数是反映纳斯达克证券市场行情变化的股票价格平均指数，基本指数为 100。纳斯达克的上市公司涵盖所有新技术行业，包括软件和计算机、电信、生物技术、零售和批发贸易等。

5. 标准普尔 500 指数简介

标准·普尔 500 指数是由标准·普尔公司 1957 年开始编制的。最初的成份股由 425 种工业股票、15 种铁路股票和 60 种公用事业股票组成。从 1976 年 7 月 1 日开始，其成份股改由 400 种工业股票、20 种运输业股票、40 种公用事业股票和 40 种金融业股票组成。它以 1941 年至 1942 年为基期，基期指数定为 10，采用加权平均法进行计算，以股票上市量为权数，按基期进行加权计算。与道·琼斯工业平均股票指数相比，标准·普尔 500 指数具有采样面广、代表性强、精确度高、连续性好等特点，被普遍认为是一种理想的股票指数期货合约的标的。

本章小结

作为统计学的基本分析方法之一，指数在实际分析中具有显著意义。广义的指数包括“个体指数”和“总指数”，前者就是一般的相对数(比值)，后者才是统计学中专门研究的指数(狭义指数)。本章介绍的指数理论和方法可以简要概括如下：

1. 与数学上的“指数函数”不同，统计学中的指数(index numbers)是一种对比性质的分析指标，可以反映不同时间(时期、时点)或不同空间(国家、地区、部门、企业等)现象水平的数量对比关系,以及现象的实际水平与计划(规划或目标)水平的数量对比关系。在经济分析的各个领域,指数工具都获得了广泛应用,因此,统计指数常常也被称为“经济指数”。

2. 指数具有相对数的形式,通常表现为百分数。它表明:若把作为对比基准的水平(基数)视为100,则所要考察的现象水平相当于基数的多少。

3. 统计指数按内容差异(对比指标性质)分为质量指标指数与数量指标指数;按考察范围和计算方法分为个体指数与总指数;按对比性质分为动态指数与静态指数;此外,还存在着综合指数与平均指数、简单指数与加权指数等的区分。

4. 编制总指数主要有“先综合、后对比”与“先对比、后平均”两种方式,由此得到的综合指数法与平均指数法是编制统计指数的两种基本方法。为了运用综合法编制总指数,必须考虑被比较的复杂现象总体是否同度量、怎样同度量的问题,解决这一问题的方法就是编制加权综合指数。而为了运用平均法编制总指数,又必须考虑被比较诸现象的重要性程度是否相同、怎样衡量的问题,解决这一问题的方法就是编制加权平均指数。从理论上说,简单指数存在若干不足,加权指数一般优于简单指数;但在某些场合,简单指数仍然有其重要应用。

5. 综合指数的基本编制原理是:①为了解决复杂现象总体的对比指标不能直接加总的问题,必须引入一个媒介因素,使其转化为相应的价值总量形式;②为了在综合对比过程中单纯反映对比指标的变动或差异程度,又必须将所引入的媒介因素的水平固定起来。这样,一方面,解决了不同度量的现象不能直接加总的问题;另一方面,最后得到的结果又不受计量单位变化的影响。

6. 平均指数的基本编制原理是:①为了对复杂现象总体进行对比分析,首先对构成总体的个别元素计算个体指数,所得到的无量纲的相对数是编制总指数的基础;②为了反映个别元素在总体中的重要性的差异,必须以相应的总值指标作为权数对个体指数进行加权平均,得到说明总体现象数量对比关系的总指数。

7. 围绕着总指数的“类型”和“权数”问题可以有各种不同的选择方案,而不同的权数与类型结合起来,就形成了各种各样的指数编制公式。实践中常用的是拉氏指数和帕氏指数。

8. 指数体系(狭义)是指几个指数之间在一定的经济联系基础上所结成的较为严密的数量关系式,通常表现为一个总值指数等于若干个(两个或两个以上)因素指数的乘积,这些指数体系是建立在有关指标之间的经济联系之上的。指数体系的分析作用主要是进行“因素分析”和“指数推算”。前者(指数的因素分析)表现遵循一定的因素替换顺序和规则(连锁替换法)。

9. 指数法在实践中获得了广泛应用,经济分析实践中常用的统计指数有消费价格指数(CPI)、零售价格指数、生产(产品数量)指数、生产者价格指数(PPI)、股票价格指数和农副产品收购价格指数等。在不同场合需要运用不同的指数形式。

思考与练习

思考题

1. 什么是统计指数？统计指数与数学上的指数函数有何区别？
2. 统计指数的种类有哪些？
3. 综合指数和平均指数有何区别和联系？
4. 什么是拉式指数和帕氏指数？
5. 为何要建立指数体系？
6. 试举一日常生活中的实例来进行总量变动的因素分析。
7. 目前常见的经济指数有哪几种？

练习题

1. 某工厂共生产三种不同的产品，其产量、成本和销售价格数据如下：

商品名称	计量单位	基期产量	报告期		
			产量	单位成本(元)	销售价格(元)
甲	台	29	33	720	850
乙	个	300	280	380	450
丙	件	198	230	45	60

计算下列指数：

(1)分别以单位产品成本和销售价格为同度量因素，编制该工厂的产量指数，并比较说明两种产量指数具有何种不同的经济分析意义；

(2)分别以单位产品成本和销售价格为同度量因素，编制该工厂的帕氏产量指数，并比较说明两种产量指数具有何种不同的经济分析意义。

2. 某市场上四种水果的销售资料如下表：

品　种	销售量(kg)		销售价格(元/kg)	
	基期	报告期	基期	报告期
苹果	800	890	5.80	6.00
葡萄	520	572	5.50	5.80
荔枝	608	698	4.80	5.10
香蕉	746	800	3.60	3.40
合计	2674	2960	—	—

计算下列指数：

(1)用拉式公式编制四种水果的销售量指数和价格指数；

(2)用帕式公式编制四种水果的销售量指数和价格指数；

(3)比较两种公式编制出来的销售量指数和价格指数的差异。

3. 某基层供销社向农民收购农产品的有关资料如下表：

农产品名称	报告期收购价格占基期的比重(%)	实际收购额(千元)	
		基期	报告期
甲	110	1200	1360
乙	115	800	920
丙	125	320	416
丁	140	80	140

要求：

(1)计算农产品收购价格总指数，以及由于收购价格提高使农民增加的货币收入是多少？

(2)计算农产品收购量总指数，以及由于收购量的变动给农民货币收入带来的影响；

(3)计算报告期收购额与基期收购额的发展速度，及其变动差额。

4. 利用指数体系之间的关系回答下列问题：

(1)某企业今年与去年相比，各种产品的产量增长了10%，总生产费用增长了15%。试问：该企业今年的单位成本有何变化？

(2)某企业今年职工平均工资水平提高了10%，职工人数增加了3%，问该企业工资总额增长了多少？

5. 设有四种金融业类股票的价格和发行量数据如下：

股票名称	价格(元)		发行量(万股)
	前收盘	本日收盘	
甲	3.29	3.06	250000
乙	12.03	12.56	7500
丙	13.12	14.02	9000
丁	16.47	16.45	1230

计算股票价格指数，并对股价指数的变动作简要分析。

6. 某商场出售三种商品销售资料如下表所示：

商品名称	计量单位	销售量 q		价格 p(元)		销售额(元)	
		基期 q_0	报告期 q_1	基期 p_0	报告期 p_1	p_0q_0	p_1q_1
甲	台	100	120	80	82		
乙	件	250	300	18	20		
丙	吨	400	600	40	50		
合计	—	—	—	—			

试计算：

(1)三种商品销售额总指数；

(2)三种商品的价格综合指数；

(3)三种商品的销售量综合指数；

(4)分析销售量和价格变动对销售额影响的绝对数和相对数。

第5章 抽样与抽样分布

在第1章，我们介绍了总体和样本两个概念。针对统计调查，总体是指由被调查对象的全部单位所构成的集合，样本是指从总体中抽取的进行调查的部分单位组成的子集，样本中单位的个数称为样本容量。总体的数量特征一般是未知的，统计研究的目的是分析总体的某些数量特征。如果所收集的是研究对象的全面调查资料，就可以直接用描述性统计方法计算平均数、标准差等来描述总体数量特征。

但是在很多场合下，譬如总体中单位的个数为无限时，或者调查取样具有破坏性时，往往只能选取一部分单位来进行研究，即进行抽样调查。我们真正关心的并不是样本的信息，而是总体的数量特征，所以需要利用抽样数据来对总体数量特征进行推断，即进行抽样估计。本章首先介绍抽样调查和抽样估计的基本概念，然后回顾概率论的基本知识，最后介绍抽样分布的基本理论。

学习目的与要求

- 理解随机试验和随机事件的概念，了解事件之间的关系；
- 理解概率的定义，掌握概率的运算法则；
- 理解随机变量和概率分布的概念；
- 掌握二项分布、正态分布的主要特征及其应用；
- 了解随机抽样方法，了解抽样分布的形成过程，理解抽样分布的意义，掌握抽样分布的性质；
- 理解大数定律和中心极限定理。

5.1 抽样调查概述

抽样调查是指按照一定的规则从总体中取出一部分单位组成一个样本，并收集样本的数据资料的过程，简称为抽样。每项抽样调查都有一个目标总体，即调查对象。抽样框就是包括全部调查单位名单的列表、图或目录，譬如某城市居民电话簿、学校的名单等。

根据抽样规则的不同，抽样可以分为随机抽样和非随机抽样。在随机抽样中，总体中每个单位被抽中与否完全是随机的。譬如，六合彩票中奖号码的抽取。在非随机抽样中，样本单位的抽取不是随机的，是研究人员有意识选取的。抽样调查大多是建立在随机抽样之上，所以本节主要介绍随机抽样方法。

5.1.1　简单随机抽样

简单随机抽样是从总体中抽取 n 个单位作为样本时，使得每一个总体单位都有相同的机会（概率）被抽中，也称纯随机抽样，是最基本的抽样方法之一，也是其他随机抽样方法的基础。

简单随机抽样有两种抽取单位的具体方法，即重复抽样和不重复抽样。重复抽样是指从总体中抽取一个单位，然后把这个单位放回到总体中再抽取第二个单位，直到抽取 n 个单位为止，又称为有放回的简单随机抽样。

不重复抽样是指一个单位被抽中后不再放回总体，然后再从所剩下的单位中抽取第二个单位，直到抽出 n 个单位为止，又称为无放回的简单随机抽样。

例如某个渔民准备从鱼塘中抽取100条鱼来估计鱼塘中所有鱼的平均重量。他可以采用重复抽样的方法，每抽取一条鱼并计量其重量后将其放回，然后从鱼塘中抽取下一条鱼并计量其重量，直到抽取100条鱼并计量其重量为止。另外，他也可以采用不重复抽样的方法，每抽取一条鱼并计量其重量后将其暂时放到一个鱼缸里，然后从鱼塘中抽取下一条鱼并计量其重量，直到抽取100条鱼并计量其重量为止。

5.1.2　分层抽样

分层抽样也称分类抽样，是按一定标志将总体分为互不重叠的子总体，即层（或类），然后分别在每个层中进行简单随机抽样，得到样本。

层的选择需要根据对总体结构的了解，使得层内差别尽可能小，层间差别尽可能大，保证抽出的样本与总体尽可能保持相似的结构。通常采用性别、社会经济阶层、地区、宗教以及种族进行分层。

一般而言，分层抽样的误差比简单随机抽样要小。另外，分层抽样不但可以对总体进行估计，还可以对每个子总体进行估计。

5.1.3　系统抽样

系统抽样是指将总体中所有单位按某一标志进行排列，并在规定的范围内随机抽取起始单位，然后每隔一定的间隔抽取一个单位，直到抽取 n 个单位为止，又称等距抽样或机械抽样。

首先根据需要抽取的样本容量 n 和总体的单位数 N，计算出等距抽样的间隔

$k=[N/n]$(向下取整),并从 $1,2,\cdots,k$ 中随机抽取单位 i 作为起点,然后依次取 $i+k,i+2k,\cdots,i+(n-1)k$,构成一个包含 n 个单位的样本。系统抽样简单方便,且较简单随机抽样精度要高。

5.1.4 整群抽样

整群抽样是指将总体分为若干互相不重叠的群,然后从其中随机抽取部分群,对中选的群进行全面调查的抽样组织方式。

在总体单位数很大时,如果从总体中抽取样本,有时是很困难的,比如从一个大城市中的所有大学生中抽样了解大学生的基本情况,这个城市的大学生人数有几十万之众,直接抽取样本单位有许多困难。如果按整群抽样,以班级为抽样单位,从全部学校的所有班级中抽出部分班级,调查抽中的班级,就方便多了。与简单随机抽样和分层抽样相比,整群抽样不需要包含每个总体单位的抽样框,只需要包含群的抽样框。

另外,群抽样与分层抽样恰好相反,分层抽样中层内应该是同质的,而整群抽样中群内应该是异质的。理论上,每个群都应该含有众多不同的单位,是总体的一个缩影。这种情况下,抽取很少的群就可以提供有关总体特征的信息,否则整群抽样的误差就会比较大。

5.2 抽样估计的原理

抽样估计是在抽样调查的基础上,利用样本的数据资料计算样本指标,以样本特征值对总体特征值做出具有一定可靠程度的估计和判断。抽样估计是由部分推断总体的一种认识方法,建立在随机取样的基础上,主要运用概率估计方法(分布理论、大数定律、中心极限定理和抽样分布理论),其误差可以事先计算并加以控制。抽样估计是一种常用的统计技术,其目的是用样本统计量来推断总体参数。为了简化,除特别说明外,本章后面的讨论均基于简单随机重复抽样。

在简单随机重复抽样中,每次抽样都是独立的。如果准备抽取样本容量为 n,总体单位数为 N,随机变量 X_i 表示第 i 次抽样,则 X_i 服从在总体 N 个单位上均匀取值的多项分布。因为样本均值

$$\bar{x}=\frac{x_1+x_2+\cdots+x_n}{n}$$

式中:x_i 为随机变量 X_i 的一个取值。

如果总体中具有性质 A 的单位所占比率为 π,随机变量 $Y_i=1$ 表示第 i 次抽样取得的样本单位具有性质 A,否则 $Y_i=0$,则 Y_i 服从概率为 π 的两点分布。因为样本比率

$$p=\frac{n_A}{n}=\frac{y_1+y_2+\cdots+y_n}{n}$$

式中：y_i 为随机变量 Y_i 的一个取值。

关于独立同分布随机变量和的概率分布，大数定律和中心极限定理给出了很好的解释。

5.2.1　抽样估计的基本理论

本小节主要介绍抽样估计相关的概率论基础知识，主要包括分布理论、二项分布和正态分布，以及大数定律和中心极限定理等。

（一）概率与概率分布

1. 随机事件与概率

（1）随机试验与事件

自然界中的现象可分为必然现象（确定性现象）和随机现象。必然现象是指变化结果是事先可以确定的，在一定的条件必然会导致某一结果的现象，这种关系通常可以用公式或定律来表示。随机现象是指在一定条件下可能发生也可能不发生的现象，个别观察的结果完全是偶然的、随机而定，但是大量观察的结果会呈现出某种规律性，即统计规律性。我们可以利用随机试验来认识随机现象的统计规律。

严格意义上的随机试验满足三个条件：试验可以在系统条件下重复进行；试验的所有可能结果是明确可知的；每次试验前不能肯定哪一个结果会出现。广义的随机试验是指对随机现象的观察（或试验）。实际应用中多数试验不能同时满足上述条件，常常从广义角度来理解。

在随机试验中，某一可能结果称为随机事件，简称事件。试验的结果可能是一个简单事件，也可能是一个复合事件。简单事件是不可以再分解的事件，又称为基本事件。复合事件是由简单事件组合而成的事件。所有基本事件组成的集合，称为样本空间，记为 Ω，其中的元素称为样本点，记为 ω。在一定条件下，肯定发生的事件称为必然事件。显然，必然事件为整个样本空间 Ω。在一定条件下，一定不会发生的事件称为不可能事件，记为 ϕ。

（2）事件的概率

①概率的定义

一次试验中，某事件 A 可能发生，也可能不发生。概率就是度量随机事件发生可能性大小的一个数值。如何计算概率？最直观的方式就是进行重复试验，通过试验的频率来计算概率。进行 n 次重复试验，随机事件 A 发生的次数是 m 次，当试验的次数 n 很大时，如果事件 A 发生的频率是 m/n 在某一数值 p 附近波动，而且随着试验次数 n 的不断增大，频率的波动幅度越来越小，则称 p 为事件 A 发生的概率。由于频率取值在 0～1 之间，所以 $0\leqslant p\leqslant 1$。事件 A 发生的概率可以根据以下公式计算：

$$P(A)=\frac{\text{事件 }A\text{ 中包含的基本事件数}}{\text{样本空间中基本事件总数}}=\frac{m}{n}$$

②概率的性质

性质 1 非负性：任意事件 A 的概率 $P(A)\geqslant 0$。

性质 2 规范性：必然事件的概率为 1，即 $P(\Omega)=1$。

性质 3 可加性：如果事件 A 与 B 互不相容，即 $AB=\phi$，则

$$P(A\cup B)=P(A)+P(B)$$

上述三条基本性质，也称为概率的三条公理。性质 3 可以推广到任意有限个事件。

$\overline{A}$ 表示事件 A 的对立事件，即它们二者必有一事件发生，但也只有一个事件发生，所以

$$P(\overline{A})=1-P(A)$$

显然，不可能事件的概率 $P(\phi)=0$。

③条件概率和概率的独立性

实际中，我们希望关心某一事件 A 发生的可能性大小。虽然我们不完全知道试验的结果，但是往往会掌握一些与事件 A 相关的信息，这对我们的判断有一定的影响。例如，投掷一颗均匀的骰子，并且已知出现的是偶数点，那么对试验结果的判断与没有这一已知条件的情形有所不同。一般，在已知另一事件 B 发生的前提下，事件 A 发生的可能性大小不一定还是 $P(A)$，而是

$$P(A\mid B)=\frac{P(AB)}{P(B)}$$

称为事件 B 发生的条件下事件 A 发生的条件概率，其中 $P(B)>0$。

如果事件 B 发生与否对事件 A 发生的可能性大小没有影响，即

$$P(A\mid B)=P(A) \tag{5.1}$$

则称事件 A 与事件 B 相互独立。

不难验证，式(5.1)与

$$P(B\mid A)=P(B) \tag{5.2}$$

和

$$P(AB)=P(A)P(B) \tag{5.3}$$

都等价。实际上，当式(5.1)、式(5.2)和式(5.3)中的任意一个成立时，事件 A 与事件 B 都相互独立。

独立性在概率论与统计学中都是非常重要的概念。

2. 随机变量及其概率分布

为了便于用数学方法来分析随机现象，我们有必要对随机试验的结果进行量

化处理，引进随机变量的概念。随机变量为随机试验结果的数值型描述，一个取值对应随机试验的一个可能结果，即一个随机事件，取值是随机的，事先不能确定取哪一个值，用大写字母如 $X,Y,Z,\cdots$ 来表示，具体取值用相应的小写字母如 $x,y,z,\cdots$ 来表示。

如果随机变量只能取有限或可数个数值，则称为离散型随机变量。如果随机变量可以取一个或多个区间中的任意值，则称为连续型随机变量。

(1)离散型随机变量

设离散型随机变量 X 的所有可能取值为 $x_1,x_2,\cdots,x_i,\cdots$，相应的概率依次为 $p_1,p_2,\cdots,p_i,\cdots$，即 $P\{X=x_i\}=p_i, i=1,2,\cdots$。将它们用表格的形式表示出来，就是离散型随机变量的分布律。

表 5.1　离散型随机变量的分布律

$X=x_i$	x_1	x_2	$\cdots$	x_i	$\cdots$
$P\{X=x_i\}=p_i$	p_1	p_2	$\cdots$	p_i	$\cdots$

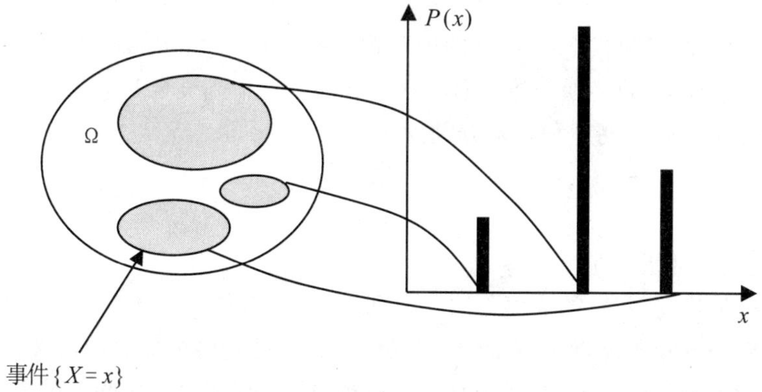

图 5.1　离散型随机变量的分布律

离散型随机变量的分布律具有以下性质：

① $p_i \geqslant 0, i=1,2,\cdots$；

② $\sum\limits_i p_i = 1$。

离散型随机变量 X 的期望为

$$\mu = EX = \sum_i x_i p_i \tag{5.4}$$

也称为均值，是随机变量分布集中趋势的一个测度值。对任意随机变量 X,Y，容易验证

$$E(aX+bY)=aEX+bEY$$

式中：a，b 为任意实常数。这个性质可推广到多个随机变量的情形。

离散型随机变量 X 的方差为

$$\sigma^2=DX=E(X-\mu)^2$$
$$=\sum_i (x_i-\mu)^2 p_i \qquad (5.5)$$

方差的平方根 σ，称为标准差。方差 σ^2 或标准差 σ 反映随机变量 X 相对于其期望的偏离程度，σ^2 或 σ 越小，说明期望的代表性越好；σ^2 或 σ 越大，说明期望的代表性越差。对于任意实常数 a，b，容易验证

$$D(aX+b)=a^2DX$$

在一些问题中，我们只对试验中事件 A 发生与否感兴趣。将事件 A 发生称为"成功"，不发生称为"失败"。设一次试验中"成功"的概率为 p，则"失败"的概率为 $q=1-p$。像这样只有两个可能结果的试验称为伯努利试验，独立重复进行 n 次的伯努利试验称为 n 重伯努利试验。

n 重伯努利试验中恰好"成功" k 次的概率为

$$P\{X=k\}=C_n^k p^k q^{n-k}, \quad k=0,1,2,\cdots,n \qquad (5.6)$$

由于 $C_n^k p^k q^{n-k}$ 是二项式 $(p+q)^n$ 的展开式中包含 $p^k q^{n-k}$ 的项，所以称随机变量 X 服从参数为 (n,p) 的二项分布，记作 $X \sim B(n,p)$。当 $n=1$ 时，称为两点分布。

二项分布的数学期望和方差分别为

$$\mu=EX=np$$
$$\sigma^2=DX=npq$$

(2)连续型随机变量

连续型随机变量 X 的取值无法一一列出，而且取任意一个特定值的概率都为 0，所以其概率分布不能像离散型随机变量一样，通过表格全部表现出来。

对于连续型随机变量 X，我们往往关心的是 X 落在某个区间上的概率。对任意的实数 x，函数

$$F(x)=P\{X<x\}$$

为随机变量 X 的分布函数。分布函数满足下述两个条件：

① $0 \leqslant F(x) \leqslant 1$；

② $F(x)$ 是一个单调非减的函数。

分布函数的导数为概率密度函数，记作 $f(x)$。概率密度函数满足下述两个条件：

① $f(x) \geqslant 0$；

② $\int_{-\infty}^{+\infty} f(x)dx=1$。

注意,对任意 $x \in R$,$f(x)$ 的值并不是一个概率。

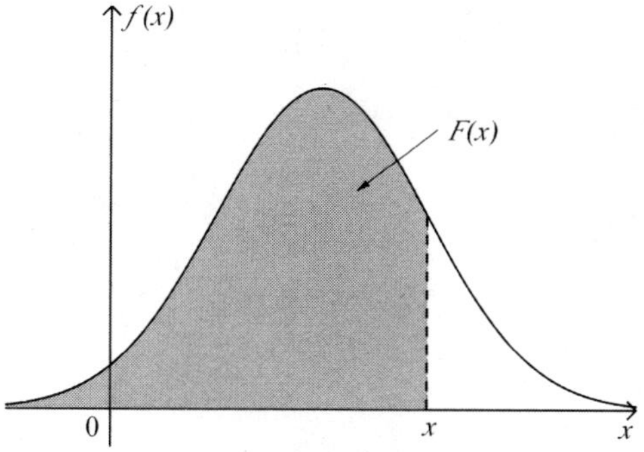

图 5.2 分布函数示意图

随机变量 X 落在区间 $[a,b)$ 上的概率

$$
\begin{aligned}
P\{a \leqslant X < b\} &= \int_a^b f(x)dx \\
&= F(b) - F(a)
\end{aligned}
$$

即 x 轴上方、概率密度曲线 $y = f(x)$ 下方、直线 $X = a$ 和 $X = b$ 之间的面积,如图 5.3 所示。

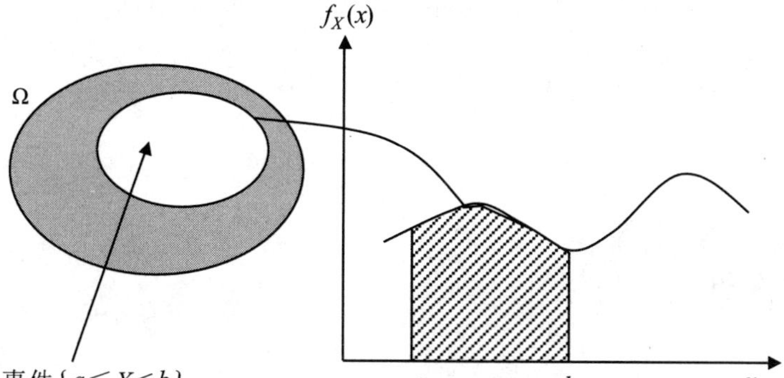

图 5.3 连续型随机变量 X 在区间 $[a,b)$ 上的概率

连续型随机变量 X 的期望为

$$
\begin{aligned}
\mu = EX &= \int_{-\infty}^{+\infty} xf(x)dx \\
&= \int_{-\infty}^{+\infty} xdF(x) \qquad (5.7)
\end{aligned}
$$

方差为

$$\begin{aligned}\sigma^2 = DX &= \int_{-\infty}^{+\infty} (x-\mu)^2 f(x)dx \\ &= \int_{-\infty}^{+\infty} (x-\mu)^2 dF(x) \\ &= E(X-EX)^2 \\ &= EX^2 - (EX)^2 \end{aligned} \tag{5.8}$$

对连续型随机变量，容易验证

$$E(aX+bY) = aEX + bEY$$
$$D(aX+b) = a^2 DX$$

也成立。

如果随机变量 X 的概率密度函数为

$$f(x) = \frac{1}{\sqrt{2\pi}\sigma} e^{-\frac{(x-\mu)^2}{2\sigma^2}}, \quad -\infty < x < +\infty$$

则称随机变量 X 服从参数为 μ,σ 的正态分布，记为 $X \sim N(\mu,\sigma^2)$。其中：μ 是正态随机变量 X 的期望，σ 是正态随机变量 X 的标准差。正态分布概率密度曲线 $y = f(x)$ 的主要特性有：

第一，正态曲线为关于直线 $x=\mu$ 对称的钟形曲线，且峰值在 $x=\mu$ 处。

第二，参数 μ 决定正态曲线的中心位置。

第三，参数 σ 决定正态曲线的陡峭或扁平程度。σ 越大，曲线越平缓；σ 越小，曲线越陡峭。

第四，正态曲线以 X 轴为渐近线，即当 $x \to \pm\infty$ 时，$f(x) \to 0$。

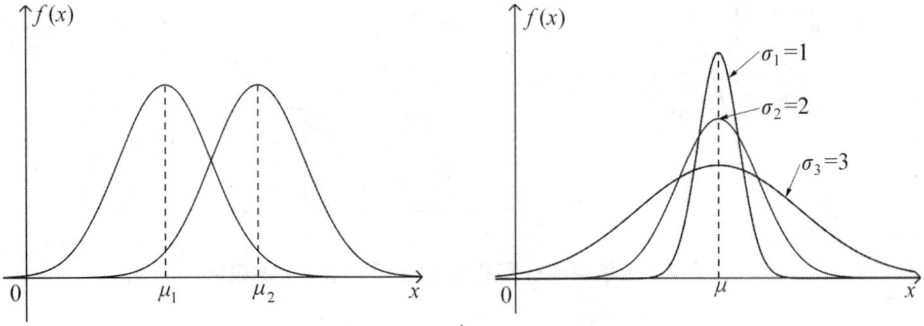

(a)不同 μ 的正态曲线　　(b)不同 σ 的正态曲线

图 5.4　不同均值和方差对正态曲线的影响

对一般的正态分布随机变量 $X \sim N(\mu,\sigma^2)$，我们往往将其标准化，即令

$$Z = \frac{X-\mu}{\sigma} \tag{5.9}$$

转化成均值为 0,标准差为 1 的特殊情形来研究。

均值为 0,标准差为 1 的正态分布称为标准正态分布,记为 $N(0,1)$。标准正态分布的概率密度函数记为 $\phi(x)$,则

$$\phi(x)=\frac{1}{\sqrt{2\pi}}e^{-\frac{x^2}{2}}, \quad -\infty< x <+\infty \tag{5.10}$$

分布函数记为 $\Phi(x)$。$\Phi(x)$ 的取值可查书后所附的标准正态分布表查得,且有如下公式成立:

$$P(a\leqslant Z<b)=\Phi(b)-\Phi(a) \tag{5.11}$$

$$\Phi(-z)=1-\Phi(z) \tag{5.12}$$

$$P(|Z|\leqslant a)=2\Phi(a)-1 \tag{5.13}$$

对于服从一般正态分布的随机变量 X ,有

$$P(a\leqslant X<b)=\Phi\left(\frac{b-\mu}{\sigma}\right)-\Phi\left(\frac{a-\mu}{\sigma}\right) \tag{5.14}$$

$$P(X<x)=\Phi\left(\frac{x-\mu}{\sigma}\right) \tag{5.15}$$

当式(5.14)中 $a=\mu-k\sigma, b=\mu+k\sigma$ 时,有

$$P\left\{\left|\frac{X-\mu}{\sigma}\right|<k\right\}=2\Phi(k)-1, \quad k=1,2,\cdots \tag{5.16}$$

查标准正态分布表不难求得,X 落在区间 $[\mu-\sigma,\mu+\sigma]$ 内的概率为 68.27%,X 落在区间 $[\mu-2\sigma,\mu+2\sigma]$ 内的概率为 95.45%,X 落在区间 $[\mu-3\sigma,\mu+3\sigma]$ 内的概率为 99.73%。

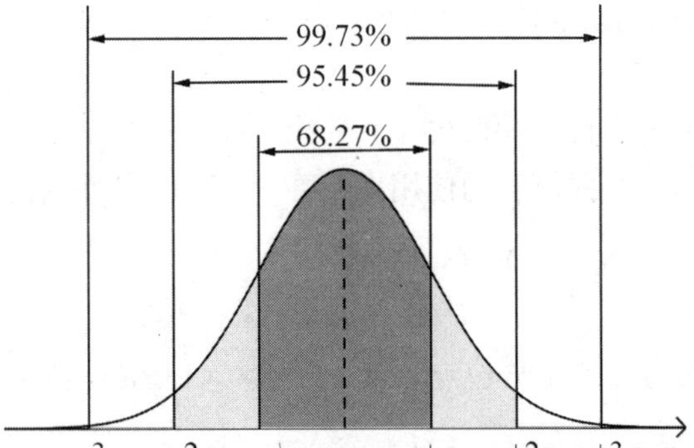

图 5.5　常用区间的正态概率值

【例 5.1】 某种节能灯管的使用寿命服从正态分布,对某批产品测试的结果,平均使用寿命为 1050 小时,标准差为 200 小时。试求:

(1)使用寿命在 500 小时以下的灯管占多大比例?

(2)使用寿命在850～1450小时的灯管占多大比例？

(3)以均值为中心，95%的灯管的使用寿命在什么范围内？

解：设随机变量 X 表示灯管的使用寿命，则依题意有 $X \sim N(1050, 200^2)$。

(1)灯管的使用寿命在500小时以下的概率为

$$\begin{aligned} & P\{X < 500\} \\ & = P\left\{Z < \frac{500-1050}{200} = -2.75\right\} \\ & = 1 - \Phi(2.75) \\ & = 1 - 0.99702 \\ & = 0.00298 \end{aligned}$$

(2)灯管的使用寿命在850～1450小时之间的概率为

$$\begin{aligned} & P\{850 \leqslant X \leqslant 1450\} \\ & = P\left\{\frac{850-1050}{200} \leqslant Z \leqslant \frac{1450-1050}{200}\right\} \\ & = \Phi(2) - \Phi(-1) \\ & = 0.97725 - 0.15865 \\ & = 0.8186 \end{aligned}$$

(3)因为

$$P\left\{\left|\frac{X-1050}{200}\right| \leqslant 1.96\right\} = 0.95$$

所以

$$P\{|X-1050| \leqslant 392\} = 0.95$$

即

$$P\{658 \leqslant X \leqslant 1442\} = 0.95$$

以均值为中心，95%的灯管的使用寿命在658～1442小时之间。

对于给定的 $\alpha(0 < \alpha < 1)$，称满足

$$P(z > z_\alpha) = \alpha \tag{5.17}$$

的点 z_α 为标准正态分布的 α 分位点。又 $z_\alpha = \Phi^{-1}(1-\alpha)$，则由对称性有

$$z_{1-\alpha} = -z_\alpha \tag{5.18}$$

【例5.2】 求 $z_{0.05}$ 和 $z_{0.95}$。

解：$z_{0.05} = \Phi^{-1}(0.95) = 1.65$

$z_{0.95} = -z_{0.05} = -1.65$

正态分布是最重要的一种概率分布。实际中，许多现象都服从或近似服从正态分布，如人的身高、体重、测量的误差等。如果影响某一随机变量的因素很多，而

每一个因素都不起决定性作用,则该随机变量就服从或近似服从正态分布。在一定条件下,正态分布也是一些分布的近似分布,如二项分布和 t 分布等。理论上,正态分布也是构造一些重要分布的基础,如 χ^2 分布、t 分布和 F 分布等。

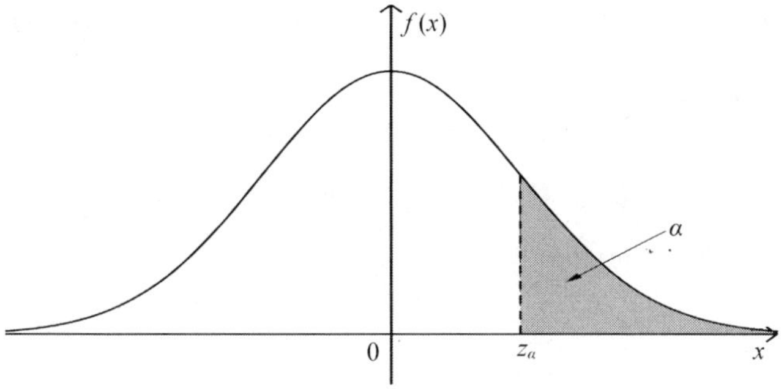

图 5.6　标准正态分布的 α 分位点

3. 三大抽样分布

(1) χ^2 分布

总体随机变量 $X \sim N(\mu,\sigma^2)$,$\bar{x}$ 为该总体的 n 个样本值 $x_1,x_2,\cdots,x_n$ 的样本平均数,则样本统计量

$$\chi^2 = \frac{\sum_{i=1}^{n}(x_i-\bar{x})^2}{\sigma^2} = \frac{(n-1)s^2}{\sigma^2} \sim \chi^2(n-1) \tag{5.19}$$

是自由度为 $n-1$ 的卡方分布,记作 $\chi^2(n-1)$。注意:整个 χ^2 是一个符号,并不是 χ 的平方。

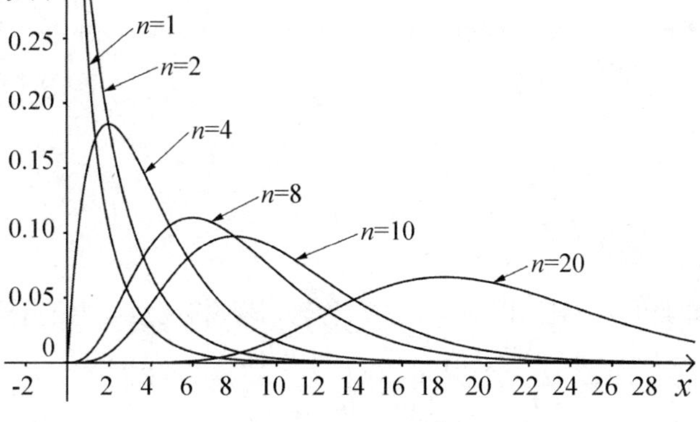

图 5.7　不同自由度的 $\chi^2(n)$ 分布

χ^2 分布的统计特性:

第一,χ^2 分布的变量值始终为正;

第二，$\chi^2(n)$ 分布的形状取决于其自由度 n 的大小，通常为不对称的右偏分布，但随着自由度的增大逐渐趋于对称；

第三，$\chi^2(n)$ 分布的期望为 $E(\chi^2(n))=n$ ，方差为 $D(\chi^2(n))=2n$。

第四，χ^2 分布具有可加性。如果 $U\sim\chi^2(n_1)$，$V\sim\chi^2(n_2)$，且 U，V 相互独立，则 $U+V\sim\chi^2(n_1+n_2)$。该性质可推广到有限个的情形。

对于给定的 α $(0<\alpha<1)$，称满足

$$P(\chi^2(n)>\chi^2_\alpha(n))=\alpha \tag{5.20}$$

的点 $\chi^2_\alpha(n)$ 为 $\chi^2(n)$ 分布的 α 分位点。

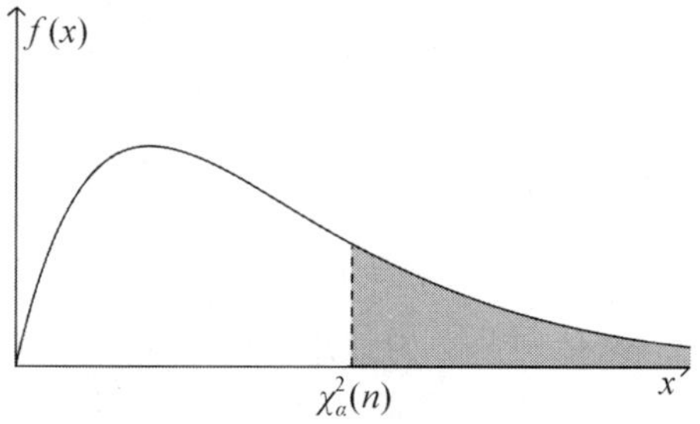

图 5.8　$\chi^2(n)$ 分布的 α 分位点

【例 5.3】 求 $\chi^2_{0.05}(12)$ 和 $\chi^2_{0.95}(12)$。

解：$\chi^2_{0.05}(12)=21.026$

$\chi^2_{0.95}(12)=5.226$

(2) t 分布

总体随机变量 $X\sim N(\mu,\sigma^2)$，$x_1,x_2,\cdots,x_n$ 为取自该总体的 n 个随机样本，当 σ 未知时，以样本标准差 s 替代，则

$$t=\frac{\bar{x}-\mu}{s/\sqrt{n}}\sim t(n-1) \tag{5.21}$$

是自由度为 $n-1$ 的 t 分布，记为 $t(n-1)$。

t 分布的统计特性：

第一，t 分布具有对称性，以 $t=0$ 为对称轴，其随机变量取值范围为 $(-\infty,+\infty)$。

第二，$t(n-1)$ 分布的期望值为 0，方差为 $(n-1)/(n-3)$ ，即

$$E(t(n-1))=0 \tag{5.22}$$

$$D(t(n-1))=\frac{n-1}{n-3},\quad n>3 \tag{5.23}$$

第三，$t(n-1)$ 分布的形状类似标准正态分布，但由于 $t(n-1)$ 的方差大于 1

（当 $n>3$ 时，$(n-1)/(n-3)>1$），所以 $t(n-1)$ 分布比标准正态分布更分散。即 $t(n-1)$ 的概率密度函数中间部分比标准正态分布低，而两尾部分则较标准正态分布高。

第四，当抽样数目 n 增大时，$t(n-1)$ 的方差越来越接近 1，其分布形状也越来越接近标准正态分布。理论上，当 $n\to+\infty$时 $t(n-1)$ 分布与标准正态分布完全一致。一般，$n\geqslant 30$ 就认为 $t(n-1)$ 分布与标准正态分布非常接近。

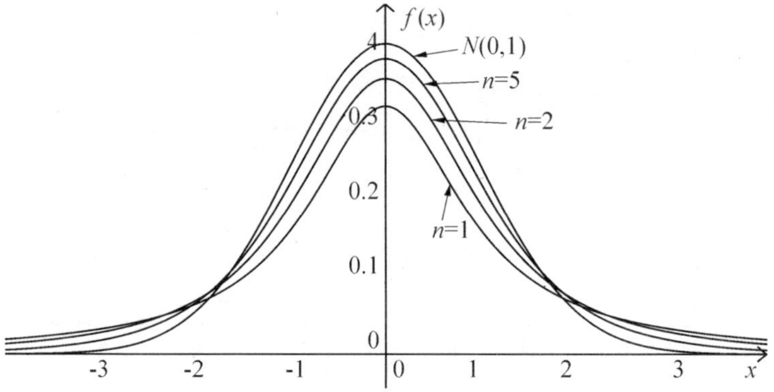

图 5.9　$t(n)$ 分布与标准正态分布的比较

对于给定的 α $(0<\alpha<1)$，称满足

$$P\{t>t_\alpha(n)\}=\alpha \tag{5.24}$$

的点 $t_\alpha(n)$ 为 $t(n)$ 分布的 α 分位点。

由对称性，有

$$t_{1-\alpha}(n)=-t_\alpha(n) \tag{5.25}$$

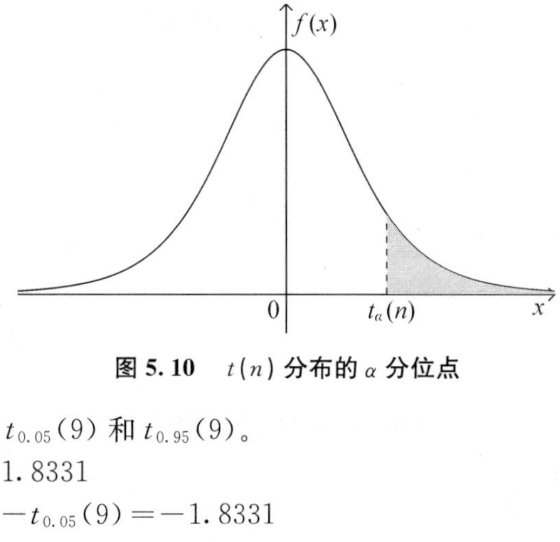

图 5.10　$t(n)$ 分布的 α 分位点

【例 5.4】 求 $t_{0.05}(9)$ 和 $t_{0.95}(9)$。

解：$t_{0.05}(9)=1.8331$

$t_{0.95}(9)=-t_{0.05}(9)=-1.8331$

(3) F 分布

设随机变量 $U \sim \chi^2(n_1)$，$V \sim \chi^2(n_2)$，且 U，V 独立，则随机变量

$$F = \frac{U/n_1}{V/n_2} \tag{5.26}$$

服从自由度为 (n_1, n_2) 的 F 分布，记为 $F \sim F(n_1, n_2)$。

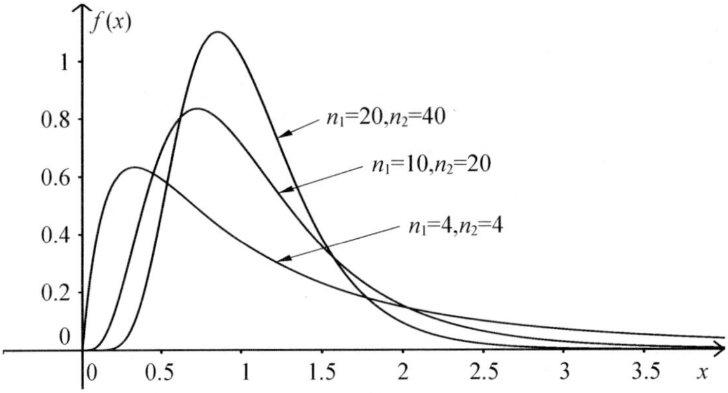

图 5.11 不同自由度的 F 分布

由定义可知，如果 $F \sim F(n_1, n_2)$，则 $1/F \sim F(n_2, n_1)$。

对于给定的 α $(0 < \alpha < 1)$，称满足

$$P\{F > F_\alpha(n_1, n_2)\} = \alpha \tag{5.27}$$

的点 $F_\alpha(n_1, n_2)$ 为 $F(n_1, n_2)$ 分布的 α 分位点。

容易证明

$$F_{1-\alpha}(n_1, n_2) = \frac{1}{F_\alpha(n_2, n_1)} \tag{5.28}$$

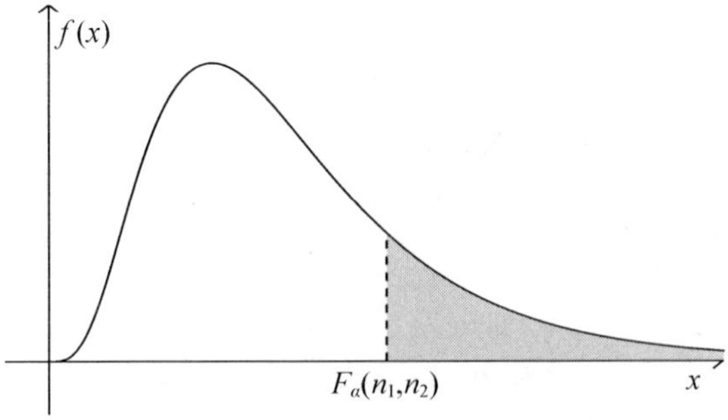

图 5.12 F 分布的 α 分位点

【例 5.5】 求 $F_{0.05}(10,5)$ 和 $F_{0.95}(5,10)$。

解：$F_{0.05}(10,5)=4.74$

$$F_{0.95}(5,10)=\frac{1}{F_{0.05}(10,5)}=\frac{1}{4.74}=0.211$$

(二)大数定律与中心极限定理

1. 大数定律

大数定律是阐述大量同类随机现象的平均结果稳定性的一系列定理的总称，本书主要介绍在抽样估计中比较重要的独立同分布大数定律和伯努利大数定律的结论，证明超出本书范围，在此略去。

定理 5.1 （独立同分布大数定律）设 $X_1,X_2,\cdots,X_n,\cdots$ 为独立同分布随机变量序列，且具有有限的期望 $E(X_i)=\mu\ (i=1,2,\cdots)$，则对任意 $\varepsilon>0$，有

$$\lim_{n\to\infty}P\left\{\left|\frac{1}{n}\sum_{i=1}^{n}X_i-\mu\right|<\varepsilon\right\}=1 \tag{5.29}$$

独立同分布大数定律表明，当 n 充分大时，相互独立且服从同一分布的一系列随机变量取值的算术平均数，与其数学期望 μ 的偏差任意小的概率接近 1。该定理给出了平均值具有稳定性的科学描述，提供了用样本均值估计总体均值的理论依据。

定理 5.2 （伯努利大数定律）设每次试验中事件 A 发生的概率为 p，n_A 表示 n 次独立试验中事件 A 发生的次数，则对任意 $\varepsilon>0$，有：

$$\lim_{n\to\infty}P\left\{\left|\frac{n_A}{n}-p\right|<\varepsilon\right\}=1 \tag{5.30}$$

伯努利大数定律表明，当重复试验次数 n 充分大时，事件 A 发生的频率 n_A/n 与事件 A 发生的概率 p 的偏差任意小的概率接近 1。该定理给出了频率具有稳定性的科学描述，提供了用频率估计概率的理论依据。

2. 中心极限定理

中心极限定理是阐述大量同类随机现象的平均结果极限概率分布的一系列定理的总称，本书主要介绍在抽样估计中比较重要的独立同分布中心极限定理和伯努利中心极限定理的结论，证明超出本书范围，同上略去。

定理 5.3 （独立同分布中心极限定理）设 $X_1,X_2,\cdots,X_n,\cdots$ 为独立同分布随机变量序列，且具有有限的期望 $E(X_i)=\mu$ 和方差 $D(X_i)=\sigma^2(i=1,2,\cdots)$，则当 $n\to\infty$时，

$$\sum_{i=1}^{n}X_i\sim N(n\mu,n\sigma^2) \tag{5.31}$$

或

$$\bar{x}=\frac{X_1+X_2+\cdots+X_n}{n}\sim N\left(\mu,\frac{\sigma^2}{n}\right) \tag{5.32}$$

独立同分布中心极限定理表明不管独立同分布随机变量序列服从什么分布，其 n 项总和的分布都趋近于正态分布，所以不论总体服从何种分布，只要其期望和方差存在，对这一总体进行重复抽样时，只要样本量 n 充分大，样本均值就近似服从正态分布。该定理为均值的抽样估计奠定了理论基础。

定理 5.4 （伯努利中心极限定理）设每次试验中事件 A 在发生的概率为 p，随机变量 X 表示 n 次独立试验中事件 A 发生的次数，则 $X \sim B(n,p)$，那么当 $n \to \infty$时，X 近似服从均值为 np、方差为 $np(1-p)$ 的正态分布，即

$$X \sim N(np, np(1-p)) \tag{5.33}$$

伯努利中心极限定理表明，当重复试验次数 n 充分大时，n 次独立试验中事件 A 发生的次数 X 近似服从正态分布，所以事件 A 发生的频率 X/n 也近似服从正态分布。该定理为频率估计概率奠定了理论基础。

5.2.2 抽样估计的基本概念

总体的数量特征称为总体参数，简称为参数，譬如总体均值 μ、总体方差 σ^2、总体比率 π 等。总体参数一般是未知的常数。

样本统计量是根据样本资料计算出来的，它的值随着样本的不同而变化，是一个关于样本的随机变量，譬如样本均值 $\bar{x}$、样本方差 s^2、样本比率 p 等。

表 5.2 总体参数与样本统计量

总体参数	样本统计量
总体均值：μ	样本均值：$\bar{x}$
总体比率：π	样本比率：p
总体方差：σ^2	样本方差：s^2
总体标准差：σ	样本标准差：s

抽样误差是抽样估计的过程中要重点控制的对象，主要分为三种：抽样实际误差、抽样平均误差和抽样极限误差。

抽样实际误差是指某一次具体抽样中，样本统计量的值与总体参数真实值之间的偏差。

抽样平均误差是指样本统计量的所有可能取值与总体指标之间的平均差异程度。譬如，样本均值 $\bar{x}$ 的抽样平均误差为 $\sqrt{\sum(\bar{x}_i-\mu)^2/m}$，样本比率 p 的抽样平均误差为 $\sqrt{\sum(p_i-\pi)^2/m}$，其中 m 为所有可能样本的个数。显然，当样本统计量的期望恰好等于被估计的总体参数时，其抽样平均误差就是该随机变量的标准差，称为抽样标准差。对于抽样平均误差，我们将在 5.3 节详细讨论。

抽样极限误差是指一定概率下抽样误差的可能范围，说明样本统计量在总体参数周围变动的范围，记作 Δ ，又称为允许误差。譬如，样本均值 $\bar{x}$ 的抽样极限误差为 $\Delta_{\bar{x}} = |\bar{x} - \mu|$ ，样本比率 p 的抽样极限误差为 $\Delta_p = |p - \pi|$ 。关于抽样极限误差，我们将在第6章中详细讨论。

5.3 抽样分布

抽样分布是抽样估计的理论基础，是一种理论分布。为了更好的了解这个概念，我们首先介绍两个平行概念：总体分布和样本分布。

5.3.1 总体分布

总体分布是指被研究对象中所有观察值所形成的分布。若将我们研究的现象设为随机变量 X ，则 X 的概率分布就是总体分布。总体分布是我们研究的目标，通常是未知的，但也是唯一的、确定的。

如果总体中的观测值可以全部得到，我们就用描述统计的方法来直接观察总体分布。但在现实生活中，由于各种客观条件的限制，我们一般无法得到总体的全部值，只能抽取样本对总体进行推断。我们往往根据经验，假定总体分布的类型。

5.3.2 样本分布

样本分布是指一个样本中 n 个观察值形成的分布，也称为经验分布。当样本容量 n 逐渐增大时，样本分布逐渐趋近于总体分布。注意，样本分布是随机的，每抽取一个样本就对应着一个样本分布。样本分布和总体分布的误差就是抽样误差。

5.3.3 抽样分布

抽样分布是由来自某总体样本的 n 个观测值计算出来的统计量的概率分布，是从同一个总体中重复选取容量为 n 的样本时，由该统计量的所有可能取值形成的概率分布。

从总体 N 个数据中随机抽取容量为 n 的样本

$$C_i = \{x_{i,1}, x_{i,2}, \cdots x_{i,n}\}, \quad i = 1,2,\cdots,m$$

式中：$m = \begin{cases} N^n, & \text{重复抽样} \\ C_N^n, & \text{不重复抽样} \end{cases}$

为样本的所有可能个数。显然，样本 C_i 的样本均值可有其 n 个观测值计算得出，即

$$\bar{x}_i = \frac{x_{i,1} + x_{i,2} + \cdots + x_{i,n}}{n}, \quad i = 1,2,\cdots,m$$

所以样本均值 $\bar{x}$ 是一个关于样本的随机变量，其取值随着所取样本的不同而不同。这些来自不同样本的样本均值的所有取值 $\bar{x}_1,\bar{x}_2,\cdots,\bar{x}_m$ 所形成的相对频数分布就是样本均值的抽样分布。类似地，其他样本统计量也有各自的抽样分布，譬如样本比率 p 有样本比率的抽样分布，样本方差 s^2 有样本方差的抽样分布。

【例 5.6】 考察从含有 3 个整数 2,4 和 6 的总体中重复均匀抽取，大小为 2 的一切可能样本。试计算：

(1)总体的均值和标准差；

(2)样本均值的抽样分布的均值和方差。

解：由于均匀抽取，所以总体随机变量 X 的分布如表 5.3 所示。

表 5.3 总体分布

$X=x_i$	2	4	6
$P\{X=x_i\}$	1/3	1/3	1/3

显然，总体均值为

$$\mu=\frac{\sum_{i=1}^{N}x_i}{N}=\frac{12}{3}=4$$

总体方差为

$$\sigma^2=\frac{\sum_{i=1}^{N}(x_i-\mu)^2}{N}=\frac{8}{3}$$

由于重复抽取样本容量 $n=2$ 的随机样本，共有 $3^2=9$ 个可能的样本，如表 5.4 所示。

表 5.4 所有可能的 $n=2$ 样本

第一个观测值	第二个观测值		
	2	4	6
2	(2,2)	(2,4)	(2,6)
4	(4,2)	(4,4)	(4,6)
6	(6,2)	(6,4)	(6,6)

对每个样本求均值，对应情形如表 5.5 所示。

表 5.5　对应的样本均值

第一个观测值	第二个观测值		
	2	4	6
2	2	3	4
4	3	4	5
6	4	5	6

频数统计可得样本均值的抽样分布如表 5.6 所示。

表 5.6　样本均值的抽样分布

$\bar{x}$	2	3	4	5	6
$P(\bar{x})$	1/9	2/9	3/9	2/9	1/9

显然，样本均值的均值

$$\mu_{\bar{x}}=\sum_{i=1}^{n}\bar{x}_i P(\bar{x}_i)=4=\mu$$

样本均值的方差

$$\sigma_{\bar{x}}^2=\sum_{i=1}^{n}(\bar{x}_i-\mu_{\bar{x}})^2 P(\bar{x}_i)=\frac{4}{3}=\frac{\sigma^2}{n}$$

由上面的分析，我们发现该例中样本均值的均值 $\mu_{\bar{x}}$ 恰好等于总体均值 μ，样本均值的方差 $\sigma_{\bar{x}}^2$ 恰好等于总体方差 σ^2 的 $1/n$。这是偶然现象，还是对所有的情形都成立？我们将在下面进一步讨论。

不难发现，计算抽样分布的工作量要比直接计算总体分布的工作量大得多，实际中不可能也没有必要计算抽样分布，它只是一个理论分布。我们只是根据统计分布的规律来推算抽样分布及其特征值，揭示样本统计量与总体参数之间的联系。

(一)样本均值的抽样分布

由定理 5.3，如果 n 充分大，当重复抽样时，样本均值 $\bar{x}$ 服从均值为 μ，方差为 σ^2/n 的正态分布，即

$$\bar{x}\sim N\left(\mu,\frac{\sigma^2}{n}\right)$$

所以

$$\frac{\bar{x}-\mu}{\sigma/\sqrt{n}}\sim N(0,1)$$

一般认为，样本容量 n 充分大的条件为 $n\geqslant 30$。

称 $\sigma_{\bar{x}}=\dfrac{\sigma}{\sqrt{n}}$ 为样本均值 $\bar{x}$ 的抽样标准差。由标准正态分布的性质，有

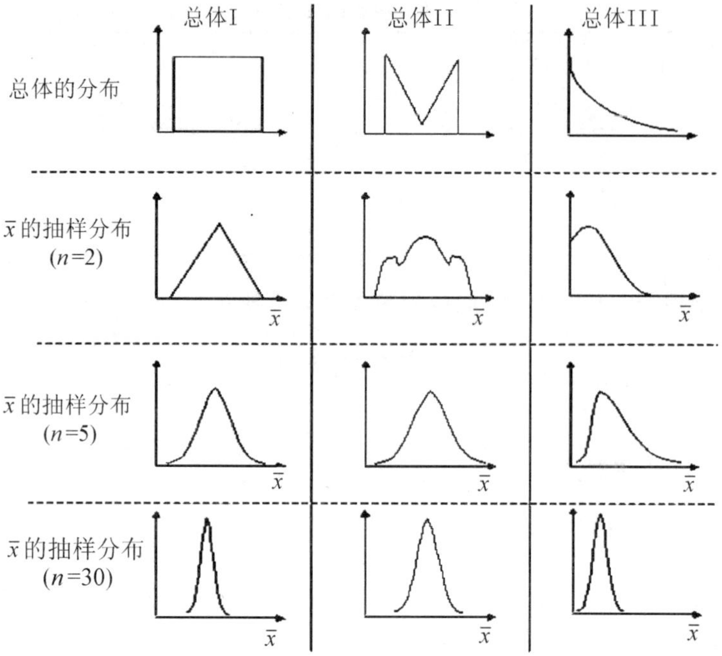

图 5.13　$\bar{x}$ 的抽样分布趋于正态分布的过程

$$P\left\{\left|\frac{\bar{x}-\mu}{\sigma/\sqrt{n}}\right|<k\right\}=2\Phi(k)-1 \tag{5.34}$$

所以查表可得当 $k=1$ 时，样本均值 $\bar{x}$ 在以总体均值 μ 为中心 1 倍抽样标准差区间内的概率为 68.27%；当 $k=2$ 时，样本均值 $\bar{x}$ 在以总体均值 μ 为中心 2 倍抽样标准差区间内的概率为 95.45%；当 $k=3$ 时，样本均值 $\bar{x}$ 在以总体均值 μ 为中心 3 倍抽样标准差区间内的概率为 99.73%。

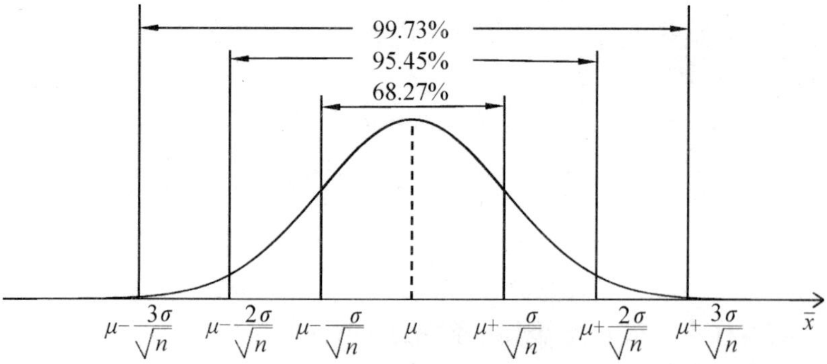

图 5.14　样本均值的抽样分布

当不重复抽样时，可以证明，样本均值 $\bar{x}$ 仍服从正态分布，其均值仍为总体均值 μ，而方差变为 $\frac{\sigma^2}{n}\cdot\frac{N-n}{N-1}$，其中：$\frac{N-n}{N-1}$ 为修正系数。当 $N \gg n$ 时，修正系数可取近似值 1，即 $\frac{N-n}{N-1}\approx 1$。

在样本均值的抽样分布中，当总体服从正态分布时，如果总体标准差 σ 未知，则用样本标准差 s 代替。由 t 分布的定义，统计量 $\frac{\bar{x}-\mu}{s/\sqrt{n}}$ 服从自由度为 $n-1$ 的 t 分布，即

$$\frac{\bar{x}-\mu}{s/\sqrt{n}} \sim t(n-1)$$

【例 5.7】 幼儿园里孩子的身高服从均值为 39 英寸、标准差为 2 英寸的近似正态分布。抽取大小为 25 的一个简单随机样本，并计算均值。

(1)求该均值在 38.5 与 40.0 英寸之间的概率。

(2)在什么样的正中央范围内样本容量为 100 的样本均值以 90%的概率落入其中？

解：(1)依题意，有样本均值 $\bar{x} \sim N(39,0.16)$，所以

$$\begin{aligned}
&P(38.5<\bar{x}<40)\\
&=P\left(\frac{38.5-39}{0.4}<\frac{\bar{x}-39}{0.4}<\frac{40-39}{0.4}\right)\\
&=P\left(-1.25<\frac{\bar{x}-39}{0.4}<2.5\right)\\
&=\Phi(2.5)-\Phi(-1.25)\\
&=0.8882.
\end{aligned}$$

(2)依题意，有样本均值 $\bar{x} \sim N(39,0.04)$。设 a 满足

$$P(|\bar{x}-39|<a)=0.9$$

$$P\left(\left|\frac{\bar{x}-39}{0.2}\right|<\frac{a}{0.2}\right)=0.9$$

$$2\Phi\left(\frac{a}{0.2}\right)-1=0.9$$

$$\Phi\left(\frac{a}{0.2}\right)=0.95$$

$$a=1.65\times 0.2=0.33$$

从而，以 90%的概率 $|\bar{x}-39|<0.33$，化简得 $38.67<\bar{x}<39.33$，所以样本均值以 90%的概率落入区间(38.67,39.33)。

(二)样本比率的抽样分布

样本比率是指样本中具有某种性质 A 的单位数 n_A 与样本容量 n 之比,记为 p。总体比率是指总体中具有某种性质 A 的单位数 N_A 与全部单位个数 N 之比,记为 π。

如果从总体中简单随机抽样,则每次抽中的单位具有性质 A 的概率为 π。从总体中抽取一个容量为 n 的简单随机样本,则该样本中具有性质 A 的单位的个数随机变量 X 服从参数为 (n,π) 的二项分布,即 $X \sim B(n,\pi)$。由定理 5.4,当 n 充分大时,随机变量 X 近似服从均值为 $n\pi$,方差为 $n\pi(1-\pi)$ 的正态分布,即

$$X \sim N(n\pi, n\pi(1-\pi))$$

所以样本比率 $p = X/n$ 近似服从均值为 π,方差为 $\pi(1-\pi)/n$ 的正态分布,即

$$p \sim N\left(\pi, \frac{\pi(1-\pi)}{n}\right)$$

样本比率抽样估计中,当 $np \geqslant 5$,且 $n(1-p) \geqslant 5$ 时,认为样本容量 n 充分大。

在不重复抽样的条件下,用修正系数对样本比率的方差加以修正

$$\sigma_p^2 = \frac{\pi(1-\pi)}{n} \cdot \frac{N-n}{N-1}$$

所以

$$p \sim N\left(\pi, \frac{\pi(1-\pi)}{n} \cdot \frac{N-n}{N-1}\right)$$

【例 5.8】 某地招录考试中,录取比率为 10%,现随机抽取了 100 名考生,并计算这 100 名考生的录取比率。

(1)试计算这 100 名考生中录取比率低于 7%的概率。

(2)在什么样的正中央范围内样本容量为 10000 的样本均值以 95%的概率落入其中?

解:(1)依题意,有总体比率 $\pi = 10\%$,样本容量 $n = 100$,所以样本比率 $p \sim N(0.1, 0.03^2)$。从而,

$$\begin{aligned}
&P(p < 0.07) \\
&= P\left(\frac{p-0.1}{0.03} < \frac{0.07-0.1}{0.03}\right) \\
&= \Phi(-1) \\
&= 1 - \Phi(1) \\
&= 0.1587
\end{aligned}$$

(2)依题意,当样本容量 $n = 10000$ 时,样本比率 $p \sim N(0.1, 0.003^2)$。设 a 满足

$$P(|p - 0.1| < a) = 0.95$$

$$P\left(\left|\frac{p-0.1}{0.003}\right|<\frac{a}{0.003}\right)=0.95$$

$$2\Phi\left(\frac{a}{0.003}\right)-1=0.95$$

$$\Phi\left(\frac{a}{0.003}\right)=0.975$$

$$a=0.003\times1.96=0.00588$$

从而，以95%的概率 $|p-0.1|<0.00588$，化简得 $0.09412<\bar{x}<0.10588$，所以样本比率以95%的概率落入区间(9.412%，10.588%)。

(三)样本方差的抽样分布

当用样本方差 s^2 估计总体方差 σ^2 时，我们必须知道样本方差 s^2 的抽样分布。由卡方分布的定义，对来自正态总体的简单随机样本，统计量 $\chi^2=(n-1)s^2/\sigma^2$ 服从自由度为 $n-1$ 的卡方分布，即 $\chi^2\sim\chi^2(n-1)$。

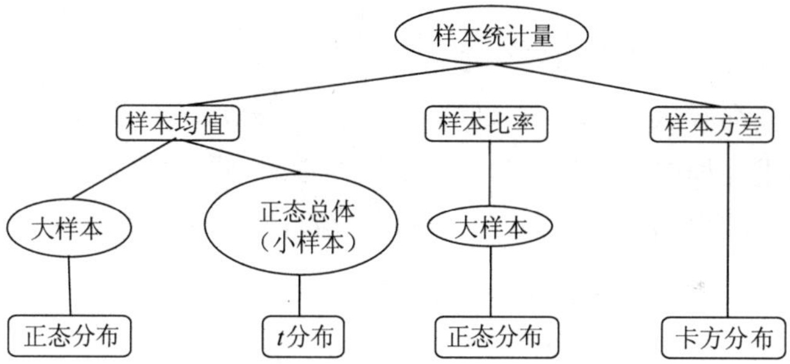

图5.15　抽样分布的形式

综上，我们不难发现，抽样分布给出了样本统计量和相应总体参数之间的联系，为抽样估计奠定了坚实的理论基础。

(四)两个样本统计量的抽样分布

在实际问题中，有时我们关心的是多个总体之间的关系，本书将简单介绍一下两个总体的情形。例如，我们在推断两个总体均值之差 $\mu_1-\mu_2$、两个总体比率之差 $\pi_1-\pi_2$ 和两个总体方差之比 σ_1^2/σ_2^2 时，就分别需要两个样本均值之差 $\bar{x}_1-\bar{x}_2$ 的抽样分布、两个样本比率之差 p_1-p_2 的抽样分布和两个样本方差之比 s_1^2/s_2^2 的抽样分布。下面，我们将分别介绍这三种情形的抽样分布。

1. 两个样本均值之差的抽样分布

设两个总体都服从正态分布，即 $X_1\sim N(\mu_1,\sigma_1^2)$，$X_2\sim N(\mu_2,\sigma_2^2)$。从两个总体中独立地重复抽取容量分别为 n_1，n_2 的样本时，，则两个样本均值之差 $\bar{x}_1-$

$\bar{x}_2$ 的抽样分布服从均值为 $\mu_1-\mu_2$，方差为 $\dfrac{\sigma_1^2}{n_1}+\dfrac{\sigma_2^2}{n_2}$ 的正态分布，即

$$\bar{x}_1-\bar{x}_2 \sim N\left(\mu_1-\mu_2,\frac{\sigma_1^2}{n_1}+\frac{\sigma_2^2}{n_2}\right)$$

当两个总体为非正态分布时，如果 n_1,n_2 都充分大(一般要求 $n_1\geqslant 30,n_2\geqslant 30$)，两个样本均值之差的抽样分布仍可用上述正态分布来近似。

2. 两个样本比率之差的抽样分布

设两个总体都服从两点分布，即 $X_1\sim B(1,\pi_1),X_2\sim B(1,\pi_2)$。从两个总体中独立地重复抽取容量分别为 n_1,n_2 的样本时，如果 n_1,n_2 都充分大(一般要求 $n_i\pi_i$ 和 $n_i(1-\pi_i)$ 都大于等于 30，$i=1,2$)，则两个样本比率之差 p_1-p_2 的抽样分布近似服从均值为 $\pi_1-\pi_2$，方差为 $\dfrac{\pi_1(1-\pi_1)}{n_1}+\dfrac{\pi_2(1-\pi_2)}{n_2}$ 的正态分布，即

$$p_1-p_2\sim N\left(\pi_1-\pi_2,\frac{\pi_1(1-\pi_1)}{n_1}+\frac{\pi_2(1-\pi_2)}{n_2}\right)$$

3. 两个样本方差之比的抽样分布

设两个总体都服从正态分布，即 $X_1\sim N(\mu_1,\sigma_1^2),X_2\sim N(\mu_2,\sigma_2^2)$。从两个总体中独立地重复抽取容量分别为 n_1,n_2 的样本时，两个样本方差之比 s_1^2/s_2^2 的抽样分布服从自由度为 (n_1-1,n_2-1) 的 F 分布，即

$$\frac{s_1^2}{s_2^2}\sim F(n_1-1,n_2-1)$$

5.4 SPSS 在概率论中的应用

很多统计方法都只适用于正态分布或近似正态分布的数据，因此在应用这些方法之前，我们需要判断数据是否服从正态分布。本节将介绍 SPSS 中几种常用的正态性检验方法。

5.4.1 P—P 图法

【例 5.9】 100 只灯泡的使用寿命(小时)如表 5.7 所示，试判断这 100 只灯泡的使用寿命是否服从正态分布。

运用 P—P 图法进行正态性检验的操作过程如下：

- 选择菜单："Analyze"→"Descriptive Statistics"→"P—P Plots"；
- 在弹出对话框的左侧变量列表中选择变量"灯泡使用寿命"，单击 ➜ 将变量"灯泡使用寿命"选入到"Variables"的变量列表中，如图 5.16；

表 5.7　100 只灯泡使用寿命的测定结果　　单位:小时

700	716	728	719	685	709	691	684	705	718
706	715	712	722	691	708	690	692	707	701
708	729	694	681	695	685	706	661	735	665
668	710	693	697	674	658	698	666	696	698
706	692	691	747	699	682	698	700	710	722
694	690	736	689	696	651	673	749	708	727
688	689	683	685	702	741	698	713	676	702
701	671	718	707	683	717	733	712	683	692
693	697	664	681	721	720	677	679	695	691
713	699	725	726	704	729	703	696	717	688

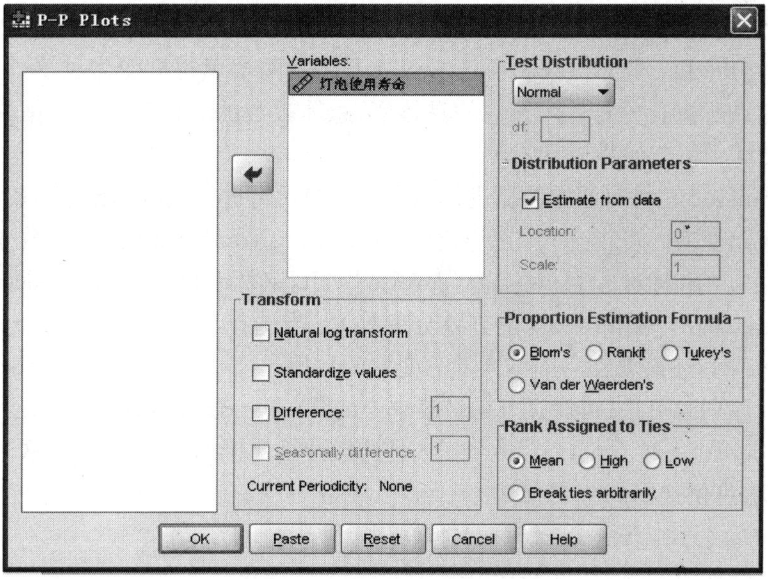

图 5.16　P—P 图分析对话框

- 使用弹出对话框的默认选项,直接单击[OK]按钮,输出结果如图 5.17。

弹出对话框(图 5.16 中)中各项含义如下:

“Test Distribution”是检验分布类型,默认为 Normal(正态分布),在下拉菜单中可供选择的有:Chi—square(χ^2 分布)、Half—Normal(半正态分布)、Lognormal(对数正态分布)、Student t (t 分布)、Uniform(均匀分布)等等。当选择检验分布为“Chi-square”和“Student t ”时,下方“df”后的填写框变为可填,用户需要在其中填入所检验分布的自由度。

“Distribution Parameters”是定义所检验分布参数,默认选择“Estimate from

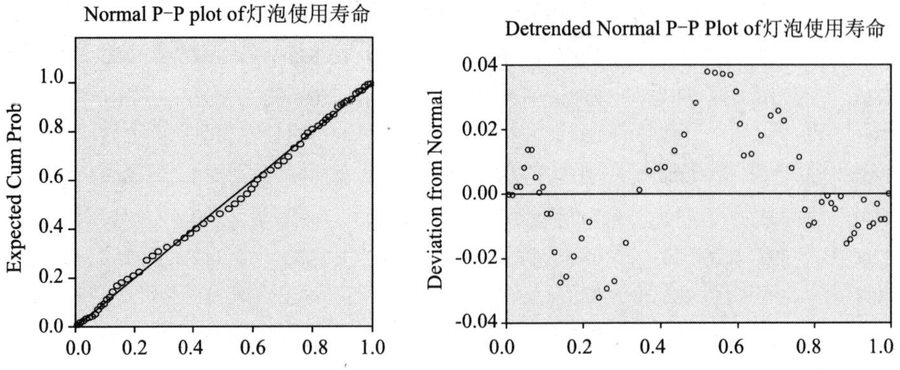

（a）正态P-P图　　（b）趋势的正态P-P图

图 5.17　P—P 图分析结果

data”，即根据样本数据估计总体参数。如果去除“Estimate from data”前面的勾（对于 χ^2 分布和 t 分布该项不可选），该项下面的两个填写框变为可填，用户需要在框内填入所检验分布总体参数的具体值，总体参数的名称和数量根据具体的分布而改变。

“Transform”是对原始数据进行一定的变换后再进行相应的分布检验，默认是不进行任何变换。可供选择的变换有：Natural log transform（自然对数变换）、变换为均值为 0 和标准差为 1 的 Standardized values（标准化值）、Difference（差分变换）和 Seasonally difference（季节差分变换）。当选择“Difference”和“Seasonally difference”时，还需要在后面填入差分变换的数值。“Seasonally difference”仅当数据为时间序列时可选（可通过“Data”菜单中的“Define datas”选项定义）。

“Proportion Estimation Formula”是选择计算比例的计算公式，每次只能选择一个公式，可供选择的公式有：

Blom′s 公式：$(r-3/8)/(n+1/4)$

Rankit 公式：$(r-1/2)/n$

Tukey′s 公式：$(r-1/3)/(n+1/3)$

Van der Waerden’s 公式：$r/(n+1)$

式中：r 为数据排序后的从 1 到 n 秩次，n 为样本容量。默认为 Blom’s 公式。

“Rank Assigned to Ties”是指定为数值相同的那些观测分配秩次的方法，每次只能选择一种方法，可供选择的方法有：Mean（平均秩次）、High（最高秩次）、Low（最低秩次）和 Break ties arbitrarily（任意分配）。默认为 Mean。

从图 5.17(a)可以看出，数据点基本分布在对角线上，表明实际累积频率与期望累积概率十分吻合，说明灯泡的使用寿命服从正态分布。为了进一步考察实际累积频率与期望累积概率的差别，从趋势的正态 P—P 图（5.17(b)）中，即累加概率的残差图可以看出，残差基本上在 $Y=0$ 上下均匀分布，且绝大多数残差的绝对值都小于 0.04，说明数据显著服从正态分布。

5.4.2　Q—Q 图法

运用 Q—Q 图法进行正态性检验的操作过程如下：

- 选择菜单："Analyze"→"Descriptive Statistics"→"Q—Q Plots"；
- 在弹出对话框的左侧变量列表中选择变量"灯泡使用寿命"，单击 ➜ 将变量"灯泡使用寿命"选入到"Variables"的变量列表中，如图 5.18；

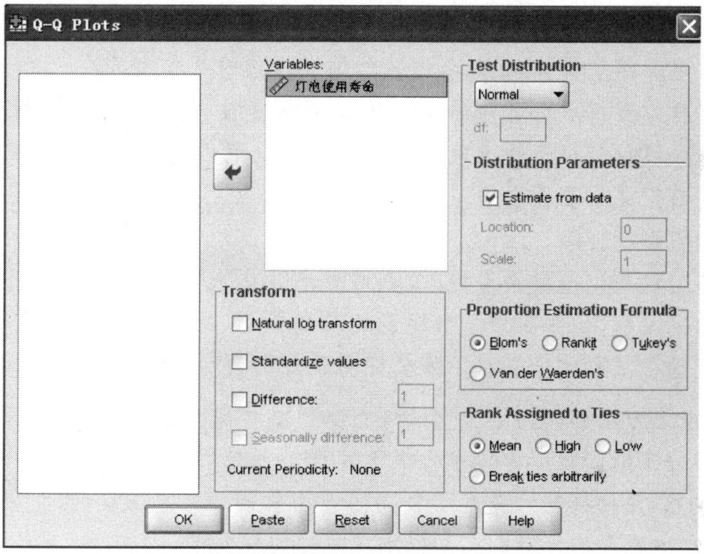

图 5.18　Q—Q 图分析对话框

- 使用弹出对话框的默认选项，直接单击[OK]按钮，输出结果如图 5.19。

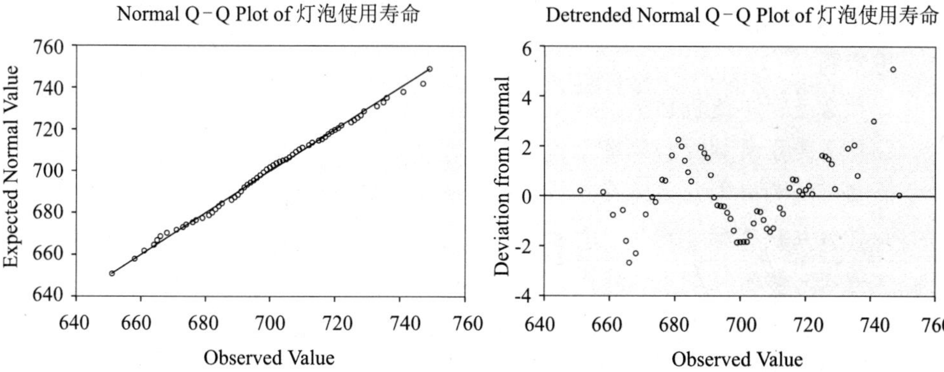

(a)正态 Q—Q 图　　(b)趋势的正态 Q—Q 图

图 5.19　Q—Q 图分析结果

弹出对话框(图 5.18)中各选项同 P—P 图法,在此不再赘述。

从图 5.19(a)可以看出,Q—Q 图的显示结果与 P—P 图基本一致,只不过 Q—Q 图的横轴和纵轴分别是实际的分位数和被检验分布的理论分位数。数据点都分布在对角线周围,说明灯泡的使用寿命服从正态分布。从趋势的正态 Q—Q 图(5.19(b))中,即分位数的残差图可以看出,残差基本上在 $Y=0$ 上下均匀分布,且绝大多数残差的绝对值都小于 6,说明数据显著服从正态分布。

本章小结

本章主要介绍了抽样调查、概率论和抽样分布的基本知识。

1. 只有样本数据才需要抽样推断,样本数据是抽样推断的基础,其质量的好坏直接关系着最终抽样推断的准确性。抽样调查是取得样本数据的方式,对样本数据的质量有着至关重要的影响。本章主要介绍了常用的简单随机抽样、分层抽样、系统抽样和整群抽样等。

2. 抽样估计是以概率论为桥梁,利用样本数据来估计总体参数。本章介绍了抽样估计的基本概念,并回顾了概率论的基础知识,特别是分布理论、大数定律和中心极限定理。从总体上介绍了随机变量的分布理论,重点介绍了二项分布和正态分布,并以此为基础介绍了 χ^2 分布、t 分布和 F 分布。

3. 抽样分布以大数定律和中心极限定理为基础,给出了样本统计量和总体参数之间的关系,为抽样估计奠定了坚实的理论基础。本章主要介绍了样本均值的抽样分布、样本比率的抽样分布和样本方差的抽样分布。

思考与练习

思考题

1. 什么是简单随机抽样。
2. 什么是重复抽样和非重复抽样。
3. 抽样调查有哪几类主要方法? 它们各自的特点是什么。
4. 什么是样本统计量?
5. 简述大数定律和中心极限定理。
6. 简述三大抽样分布。
7. 什么是参数?
8. 抽样误差有哪几种类型,它们的含义是什么?
9. 简述总体分布、样本分布和抽样分布的含义。

10. 在怎样的条件下，样本均值的抽样分布可以看成正态分布。

11. 若总体标准差 s 未知，应怎样估计样本均值 $\bar{x}$ 的抽样分布？

12. 设总体中具有某种属性的单位占全部总体的比例为 π，现抽取 N 个样品，并用样本比率 p 去推断总体的比率。请问在重复和不重复抽样条件下，p 的均值和方差分别为多少？

13. 对于来自正态总体的简单随机样本，如何确定样本标准差 s^2 的抽样分布？

14. 简述 F 分布的定义，并分析如何用其来研究两样本方差之比的抽样分布。

练习题

1. 对某区25户家庭的月收支情况进行抽样调查，发现平均每户每月用于书报费支出为45元，总体标准差为10元，假设月支出服从正态分布，试问：(1)每户每月书报费在41.08元至48.92元之间的概率为多少？(2)若总体标准差未知，仅知道样本标准差为10元，此时应用什么分布计算上述概率？

2. 一个具有 $n=64$ 个观察值的随机样本抽自于均值 $\mu=20$、标准差 $\sigma=16$ 的总体。

(1)请给出 $\bar{x}$ 的抽样分布（重复抽样）的均值和标准差。

(2)你认为 $\bar{x}$ 至多偏离 μ 多远？

(3)为回答(2)，必须要知道 μ 吗？为什么？

3. 对某产品进行重量测试，抽取10袋产品，称得重量如下（单位：克）：48，47，49，48，46，50，51，46，49，45。试计算产品重量的抽样平均误差。

4. 为确定灯泡寿命，在10000只灯泡中随机抽取100只进行试验，其结果如下：

按使用寿命分组（小时/h）	灯泡数（只）
650～670	7
670～690	20
690～710	44
710～730	23
730～750	6
合计	100

(1)试计算灯泡样品的抽样误差；

(2)按照质量规定，灯泡使用寿命在670小时以上为合格，试根据以上资料计算合格率的抽样误差。

5. 某小组五个工人的周工资分别为560、560、720、800、880元，现用重复抽样法从中抽取 2 人的工资构成样本。试求：

(1)总体工人的平均工资和标准差；

(2)样本平均工资的抽样分布；

(3)计算样本平均工资的平均数，并检验是否等于总体平均工资；

(4)分别计算抽样误差和样本平均工资的标准差，并检验两者是否相等；

(5)若采用不重复抽样，请重新计算以上(2)～(4)。

6. 某酒店根据其客流量测算，要求其电梯的设计最大载客量为 18 人。已知酒店游客及其行李的平均重量为 70 千克，标准差为 6 千克。要使随机进入电梯 18 人时总重量超载的概率不超过 0.005，则电梯的设计最大载重应为多少千克？(假设游客及行李的重量服从正态分布)。

7. 某市最新人口普查表明该市 65 岁以上老年人口比例为 15.7%，为检验数据真实性，又随机抽取 400 名市民，试问：(1)该组样本中 65 岁以上老年人比例近似服从什么分布？(2)据此，该组样本中 65 岁以上老人在 62 人以上的概率为多少？

8. 为调查甲乙证券公司投资者的投资存款数，分别从两家公司抽选由 25 名投资者组成的随机样本，两个样本均值分别为 45000 元和 32500 元，根据以往经验知道两个总体均服从正态分布，且方差分别为 920 元和 960 元，请问 $\bar{x}_1-\bar{x}_2$ 服从什么分布？

9. 某公司测试新电池的使用寿命，下表列出了一百个电池样品的连续使用时数，试检验其是否符合正态分布。

74	70	85	61	65	81	75	62	94	71	85	84	83	63	92	68	81	62	79	83
79	98	63	65	66	62	79	86	68	74	61	82	65	98	63	71	62	96	65	88
81	71	85	99	59	92	94	62	68	72	77	60	87	84	75	77	51	45	63	72
77	73	68	97	76	79	94	59	98	57	73	81	54	65	71	80	84	88	62	61
93	61	65	62	92	65	64	66	83	70	70	81	77	72	84	67	59	58	73	83

第 6 章　参数估计

本章开始我们进入推断统计学部分。推断统计学的两大核心内容是参数估计和假设检验，两者都是基于样本资料，运用统计科学理论和方法，对研究对象总体（或一个模型）的数值特征做出具有一定可靠程度的估计和推断。在本章我们将要介绍参数估计的基本方法，其内容包括参数估计的评价标准、参数的点估计和区间估计，着重讨论总体均值 μ、总体比例 π、总体方差 δ^2 的置信区间及参数估计中样本容量的确定方法。

学习目的与要求

- 掌握参数估计、估计量和估计值等基本概念；
- 了解参数估计量的特性——无偏性、有效性和一致性；
- 做到在不同的置信水平下，在不同的情形下，都能够熟练求出一个总体均值 μ、总体比例 π 和总体方差 σ^2 的置信区间；
- 了解不同情形下两个总体均值之差、总体比例之差和总体方差比的置信区间的求法。掌握总体均值和总体比例估计时样本容量的确定。

6.1　参数与参数估计的概念

统计学中的参数是总体（或一个模型）的数值特征，是一个非随机的、确定的值，但却是未知的（不过，贝叶斯统计学中的参数则常被看作是随机变量），比如总体的均值、比例和方差以及回归模型中的系数（第 9 章中加以介绍）等。

所谓参数估计，指的是利用样本所获得的一些数量特征（常称为样本统计量）来估计总体参数。常用的样本统计量包括样本均值、样本比例和样本方差等。这里我们有必要搞清楚估计和估计量的概念，所谓估计是指根据样本统计量的观测值来确定参数的值，而估计量则是利用样本统计量来估计总体参数。例如利用样本均值 $\bar{x}$ 来估计总体均值 μ ，这个 $\bar{x}$ 就是总体均值参数的估计量。而假如我们根据一个样本所计算出的均值 $\bar{x}$ 为 85，即样本均值 $\bar{x}$ 的一个观测值为 85，用数值 85 来估计总体均值 μ 这个参数，这就是估计。简言之，估计量是一个随机变量，而估计是估计量在一次抽样中的观测值。一般情况下,我们对此不加区分而统称为参数估计。

实际中,我们通常是要得到总体参数的估计值,这就需要先获取一个随机样本,进而根据样本统计量的观测值来估计参数的值。具体的参数估计的步骤为:选定一个样本;收集样本有关信息;计算样本统计量的值;估计总体参数。

要注意的是,样本的选取必须是随机的,否则总体参数的估计将极为复杂,这里不再细说。

6.1.1 点估计与区间估计

参数估计分位点估计和区间估计,我们首先来介绍点估计。

所谓点估计是指直接用估计量 $\hat{\theta}$ 来估计未知的总体参数 θ。统计中经常使用的点估计有:

$$\hat{\mu}=\bar{x}, \quad \hat{\pi}=p, \quad \hat{\sigma}^2=s^2=\frac{\sum_{i=1}^{n}(x_i-\bar{x})^2}{n-1}$$

式中:$\hat{\mu}$,$\hat{\pi}$,$\hat{\sigma}^2$ 为总体均值、总体比例和总体方差的估计;x_i 为样本值;$\bar{x}$,p,s^2 是样本统计量,分别表示样本均值、样本比例和样本方差。

例如,若我们想要了解某地区 2011 年本科毕业生的平均签约月工资,这是总体均值 μ,为了估计这个未知的参数,我们可以通过抽取一个样本,计算样本均值 $\bar{x}$ 的观测值,用这个值作为总体均值的点估计。假设我们随机抽取了该地区 500 名 2011 届本科毕业生,得到签约工资的平均值为 2580 元,那么这 2580 元就是该地区 2011 年本科毕业生的平均签约工资的点估计。

再比如,若要了解某校男女生比例,这是总体比例参数 π,则我们可以利用样本比例 p 的观测值来估计。假设随机抽取某校 150 名学生,得到男女学生的比例为 25%,那么该校男女学生比例的点估计就是 25%。

至于总体参数的区间估计,和点估计不同,它不是给出总体参数的一个具体值,而是利用实际样本资料,构造出一个基于点估计的区间,用这个区间来表明总体参数可能存在的范围,同时给出这个区间估计相应的概率保证程度(置信水平)。

例如,对于前面我们提到的某地区 2011 年毕业生平均签约工资的点估计为 2580 元,在这个值的基础上加减一个数可以得到一个区间,我们说这个区间包含总体均值 μ。具体地说,假设在 2580 元的基础上加减 230 元得到 [2350,2810] 这样一个区间,我们说这个区间可能包含均值参数 μ 的真实值。这里的 2350 元为区间下限,2810 元为区间上限,加减的这个 230 元称为极限误差,也称为允许误差。

对于上面总体均值的置信区间,我们利用公式可表示为:

$$\bar{x}-\Delta_{\bar{x}} \leqslant \mu \leqslant \bar{x}+\Delta_{\bar{x}}$$

式中：$\Delta_{\bar{x}}$ 为极限误差，它与 $\bar{x}$ 的标准差 $\sigma_{\bar{x}}$ 的大小和置信水平 $(1-\alpha)$ 的高低相关，且都成正比例关系。

我们再给出置信区间严格的统计学定义：若被估计总体均值参数 μ 在区间 $[\bar{x}-\Delta_{\bar{x}}, \bar{x}+\Delta_{\bar{x}}]$ 内的概率为 $(1-\alpha)$，即：

$$P\{\bar{x}-\Delta_{\bar{x}} \leqslant \mu \leqslant \bar{x}+\Delta_{\bar{x}}\}=1-\alpha$$

则称 $[\bar{x}-\Delta_{\bar{x}}, \bar{x}+\Delta_{\bar{x}}]$ 为置信区间。所谓置信区间就是在一定置信水平下所构造的区间，可以反映总体参数区间估计的精确性。式中：$(1-\alpha)$ 为置信水平，表示区间估计的可靠程度。尽管可以取任何置信水平值来构造置信区间，但常用的是 0.9、0.95 和 0.99，习惯上常称为置信水平分别是 90%、95%和 99%。例如，若 $1-\alpha=0.95$，则说明估计区间有 95%的可能包括总体参数。但就基于一个具体的样本而得到的置信区间来说，比如前面提到的毕业生平均签约工资的置信区间 [2350,2810]，这个可能是 $(1-\alpha)100\%$ 的包含真实平均签约工资的区间中的一个，也有可能是 $\alpha \times 100\%$ 的不包含真实总体均值的区间之一。

6.1.2　估计量优劣的评价标准

估计总体参数时，估计量一般不是唯一的，可能会有多个。如估计总体平均数时，可以用样本平均数，也可以用样本中位数、众数等等。那么，究竟应当以哪一种样本统计量来估计总体参数才是最优的呢？为解决这一问题，需要给出一定的评价标准，以下就是统计学家在实际中常用来评价估计量优良与否的一些标准。

（一）无偏性

无偏性是指估计量的期望值（平均数）等于被估计的总体参数。例如，假设总体参数为 θ，估计量为 $\hat{\theta}$，若 $E(\hat{\theta})=\theta$，则称 $\hat{\theta}$ 为参数 θ 的无偏估计。

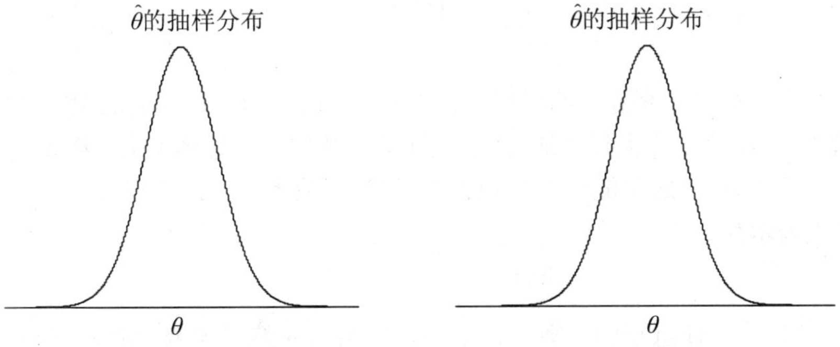

图 6.1　估计量的无偏和有偏情形（左图是无偏）

图 6.1 说明了点估计的无偏和有偏的情形。在无偏估计量的图中，估计量 $\hat{\theta}$

的期望值等于总体参数θ。而在有偏估计的情形下,估计量$\hat{\theta}$的期望值不等于总体参数θ。

由于样本均值的期望值等于总体均值,样本比例的期望值等于总体比例,样本方差的期望等于总体方差。即:

$$E(\bar{x})=\mu, E(p)=\pi, E(s^2)=\sigma^2$$

这表明,样本平均数、样本比例和样本方差分别为总体平均数、总体比例和总体方差的无偏估计量。

(二)有效性

假设$\hat{\theta}_1$和$\hat{\theta}_2$都是参数θ的无偏估计量,若$\sigma^2_{\hat{\theta}_1}<\sigma^2_{\hat{\theta}_2}$,则说明估计量$\hat{\theta}_1$比$\hat{\theta}_2$更有效。即作为优良估计量的方差应该比其他估计量的方差小。

对于同一总体参数的两个不同的无偏点估计,我们会偏好于采用方差较小的点估计,因为它给出的估计更为精确。图6.2给出了同一总体参数的两个无偏估计的情形,由于估计量$\hat{\theta}_1$比$\hat{\theta}_2$的方差小,因此估计量$\hat{\theta}_1$比$\hat{\theta}_2$更为有效。

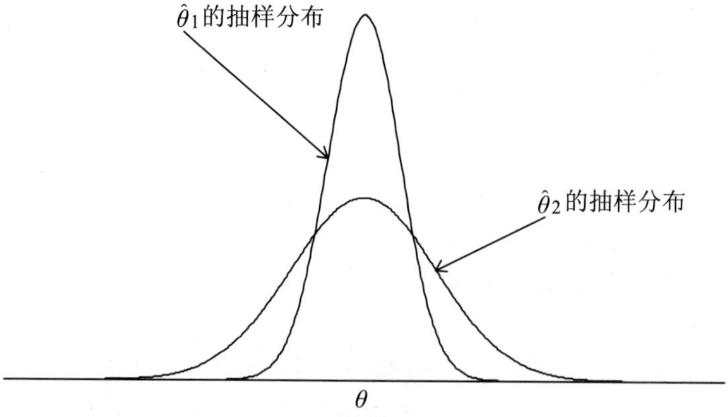

图6.2 两个无偏点估计的抽样分布

(三)一致性

当样本容量达到充分大的时候,样本统计量也会越来越接近总体参数。就是说,随着样本容量n的无限增加,样本统计量和被估计的总体参数之差的绝对值小于任意小的正数,它的可能性也将趋近于必然性,或者说实际上是几乎肯定的。用公式可以表示为:

$$\lim_{n\to\infty}P\{|\hat{\theta}-\theta|<\varepsilon\}=1$$

式中:ε为一任意小的正数。这个公式表明当n趋于无穷大时,估计量$\hat{\theta}$依概率收敛于参数θ。

一般地,如果当样本容量充分大时,点估计的值更接近于总体参数,那么该点估计是一致的。例如，对于样本均值，它是总体均值的无偏估计，其标准差为 $\sigma_{\bar{x}}$ ，与样本容量 n 的平方根成反比，表明样本容量越多则这个标准差就越小，这样大样本容量给出的点估计更接近于总体均值。也就是说样本均值作为总体均值的估计是符合一致性原则的。同样样本比例是总体比例的一致估计，样本方差也是总体方差的一致估计。

6.2　总体均值的估计

本节中我们来对总体均值进行估计，分为总体方差已知和未知情况，及一个总体均值和两个总体均值差的估计。

6.2.1　一个总体均值的估计

前面已经介绍了总体均值的点估计是样本均值，因此这里只对总体均值的区间估计进行分析，后面两节的总体比例和总体方差的估计也是如此。对于总体均值的区间估计，我们主要分两种情况来分别进行讨论，即总体方差已知和总体方差未知。

（一）总体方差 σ^2 已知

由抽样分布理论我们知道，若总体服从正态分布，则样本均值也服从正态分布，为 $\bar{x} \sim N(\mu, \sigma_{\bar{x}}^2)$ ，式中：$\sigma_{\bar{x}}^2 = \sigma^2/n$ 是样本均值的方差；若总体不是服从正态分布，但样本容量 n 充分大时，则样本均值也近似地服从正态分布 $\bar{x} \sim N(\mu, \sigma_{\bar{x}}^2)$ 。

根据样本均值的分布，我们可以得到：

$$z = \frac{\bar{x} - \mu}{\sigma_{\bar{x}}} \sim N(0,1)$$

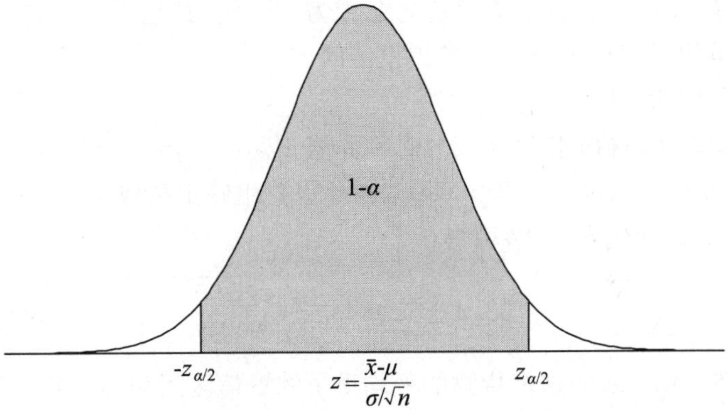

图 6.3　总体均值的置信区间

这样，对于给定的置信水平 $(1-\alpha)$，我们可以利用标准正态分布表得到临界值 $z_{\alpha/2}$，使得下式成立（见图 6.3）：

$$P\{-z_{\alpha/2} \leqslant z \leqslant z_{\alpha/2}\} = 1-\alpha$$

对括号里的不等式进行整理，便得到总体均值在置信水平为 $(1-\alpha)$ 时的置信区间为：

$$\bar{x} \pm z_{\alpha/2}\sigma/\sqrt{n} \tag{6.1}$$

这里假设抽样比 $n/N < 0.05$。对于有限总体不重复抽样，抽样比 $n/N \geqslant 0.05$ 时，由于 $\sigma_{\bar{x}} = \frac{\sigma}{\sqrt{n}}\sqrt{\frac{N-n}{N-1}}$，因此，在置信水平为 $(1-\alpha)$ 时，总体均值的置信区间为：

$$\bar{x} \pm z_{\alpha/2}\frac{\sigma}{\sqrt{n}}\sqrt{\frac{N-n}{N-1}} \tag{6.2}$$

【例 6.1】 某公司为了对运来的一批原料货物的平均重量进行估计，从一批 2000 包原料货物中随机抽取 20 包，测得的数据为（单位：千克）：

38 48 35 39 61 52 52 54 47 60 59 47 43 76 65 51 50 60 52 57

假设这批货物的重量服从正态分布，标准差为 10 千克，试给出这批货物的平均重量的置信区间，置信水平取 95%。

解：已知 $\sigma=10$，$n=20$，置信水平为 95%时临界值 $z_{\alpha/2}=1.96$

由样本数据计算的样本均值为 $\bar{x}=52.3$

代入公式得：

$$\bar{x} \pm z_{\alpha/2}\sigma/\sqrt{n} = 52.3 \pm 1.96 \times 10/\sqrt{20} = 52.3 \pm 4.38$$

即 [47.92,56.68]，表明这批货物的平均重量的置信区间为 47.92～56.68 千克。

【例 6.2】 若[例 6.1]中这批货物总量为 100 包，其它数据一样，试给出这批货物平均重量的置信水平为 95%的置信区间。

解：根据[例 6.1]知：

$\sigma=10$，$n=20$，置信水平为 95%时临界值 $z_{\alpha/2}=1.96$，$\bar{x}=52.3$

由于 $n/N=20/100=0.2>0.05$，因此需要用修正系数对样本均值的方差进行修正，把相关数据代入公式，可得：

$$\bar{x} \pm z_{\alpha/2}\frac{\sigma}{\sqrt{n}}\sqrt{\frac{N-n}{N-1}} = 52.3 \pm 1.96 \times \frac{10}{\sqrt{20}}\sqrt{\frac{100-20}{100-1}} = 52.3 \pm 3.94$$

即 [48.36,56.24]，表明这批货物的平均重量的置信区间为 48.36～56.24 千克。这也说明了在同样的置信水平下，抽样比越大，给出的置信区间宽度越窄。

（二）总体方差 σ^2 未知

若总体方差 σ^2 未知，在大样本情形下，则可以利用样本方差 s^2 来代替总体方差 σ^2，这样总体均值在置信水平为 $(1-\alpha)$ 时的置信区间为：

$$\bar{x} \pm z_{\alpha/2} s / \sqrt{n} \tag{6.3}$$

但在小样本情形下则有所不同，我们需要用到概率论数理统计中的结论：当 x 服从标准正态分布，y 服从自由度为 n 的 χ^2 分布时，若 x 和 y 独立，则 $x/\sqrt{y/n}$ 服从自由度为 n 的 t 分布。现在假设总体服从正态分布，在小样本情形下，当总体方差 σ^2 未知时，利用样本方差 s^2 来代替总体方差 σ^2，此时我们有：

$$\frac{(\bar{x}-\mu)/(\sigma/\sqrt{n})}{\sqrt{((n-1)s^2/\sigma^2)/(n-1)}} = \frac{\bar{x}-\mu}{s/\sqrt{n}} \sim t(n-1)$$

式中：$(\bar{x}-\mu)/(\sigma/\sqrt{n})$ 服从标准正态分布，$(n-1)s^2/\sigma^2$ 服从自由度为 $(n-1)$ 的 χ^2 分布，且两者互相独立。即在样本均值标准化式子里，若利用样本标准差来代替总体标准差后，则其服从自由度为 $(n-1)$ 的 t 分布。

t 分布也是对称分布，类似于标准正态分布，不过比标准正态分布平坦，尾部一般比标准正态分布厚。t 分布的形状依赖于自由度参数，随着自由度的增大，t 分布逐渐趋于标准正态分布，参见图 6.4。

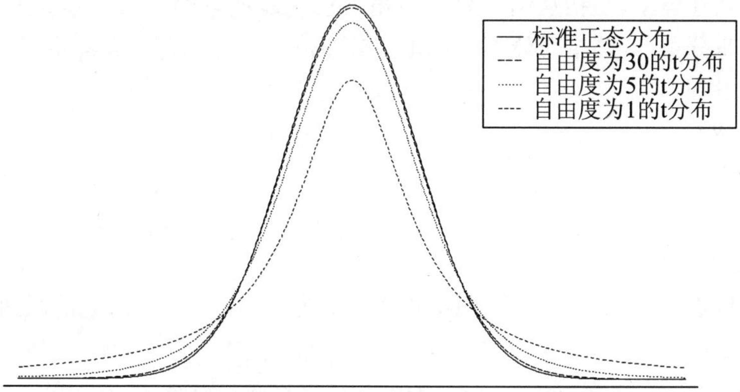

图 6.4　自由度不同的 t 分布和标准正态分布的比较

因此，在正态总体小样本方差未知的情形下，总体均值 μ 的置信水平为 $(1-\alpha)$ 的置信区间为：

$$\bar{x} \pm t_{\alpha/2}(n-1)\, s / \sqrt{n} \tag{6.4}$$

【例 6.3】　对于[例 6.1]中，若不知道总体标准差，其它数据一样，试给出这批货物平均重量的置信水平为 95%的置信区间。

解：由[例 6.1]知：

$n=20$，$\bar{x}=52.3$，置信水平为95%时自由度为19的 t 分布临界值 $t_{\alpha/2}=2.09$

$$s=\sqrt{\frac{\sum(x-\bar{x})^2}{n-1}}=\sqrt{\frac{1836.2}{19}}=9.83$$

代入置信区间计算公式得：

$$\bar{x}\pm t_{\alpha/2}(n-1)s/\sqrt{n}=52.3\pm 2.09\times 9.83/\sqrt{20}=52.3\pm 4.59$$

即这批货物平均重量的置信水平为95%的置信区间为 47.71 ~ 56.89 千克。

6.2.2 两个总体均值差的估计

设两个总体的均值分别为 μ_1 和 μ_2，从两个总体中分别抽取出两个随机样本，样本容量分别为 n_1 和 n_2，其样本均值分别是 $\bar{x}_1$ 和 $\bar{x}_2$。和一个总体均值点估计为样本均值类似，两个总体均值之差的点估计是 $(\bar{x}_1-\bar{x}_2)$。下面我们分析两个总体均值之差的区间估计，分别考虑方差已知和方差未知，及独立样本和配对样本等情形。

(一)总体方差 σ_1^2 和 σ_2^2 已知

1.独立样本

所谓独立样本，是指从两个总体中相互独立地抽取的两个样本。若两个总体都服从正态分布，或两个总体不服从正态分布但两个样本都是大样本(样本容量不小于30)，由抽样分布理论知，两个样本均值之差服从正态分布：

$$(\bar{x}_1-\bar{x}_2)\sim N(\mu_1-\mu_2,\sigma_1^2/n_1+\sigma_2^2/n_2)$$

标准化后有：

$$z=\frac{(\bar{x}_1-\bar{x}_2)-(\mu_1-\mu_2)}{\sqrt{\sigma_1^2/n_1+\sigma_2^2/n_2}}\sim N(0,1)$$

在置信水平为 $(1-\alpha)$ 时，两个总体均值之差 $(\mu_1-\mu_2)$ 的置信区间为：

$$(\bar{x}_1-\bar{x}_2)\pm z_{\alpha/2}\sqrt{\sigma_1^2/n_1+\sigma_2^2/n_2} \qquad (6.5)$$

【例6.4】 为了了解两个地区居民收入水平的差异情况，从两个地区独立抽出两个随机样本进行分析，两个地区居民收入的样本均值分别为2860元和2500元，样本容量分别是25和30。假设两个地区居民收入服从正态分布，且标准差分别为150元和180元。建立两个地区居民收入差的置信水平为95%的置信区间。

解：已知 $\sigma_1=150$，$\sigma_2=180$，$\bar{x}_1=2860$，$\bar{x}_2=2500$，$n_1=25$，$n_2=30$，$\alpha=0.05$ 时 $z_{\alpha/2}=1.96$

代入公式得：

$$(2860-2500)\pm 1.96\sqrt{150^2/25+180^2/30}=160\pm 87.2$$

即两个地区居民收入差的95%的置信区间为 72.8 ~ 247.2 元。

2. 配对样本

有时候采用独立样本来估计两个总体均值之差时会存在弊端，比如考察新旧两种治疗方法对某种病人的治疗效果是否存在显著性差异，现在从两个总体中分别随机抽取 50 名病人采用新旧两种治疗方法，若对于自我免疫能力较强的病人采用旧式治疗法，而对免疫能力弱的病人采用新式疗法，则即使新式疗法有显著的改进而我们依然最终可能会得出两种治疗方法没有显著性差异的结论。

为解决这一问题，我们可以使用配对样本来处理，即一个样本中的数据和另一个样本中的数据相对应，比如对 50 名病人先采用旧式疗法获取一组数据，再采用新式疗法得到一组数据，这样得到的数据就是配对数据。对于配对数据，计算出数据的差，把问题转化为类似一个总体的情形，这样两个总体均值的差在 $(1-\alpha)$ 的显著性水平下的置信区间为：

$$\bar{d} \pm z_{\alpha/2}\sigma_d / \sqrt{n} \tag{6.6}$$

式中：d 表示两个配对样本对应数据的差，$\bar{d}$ 是这些差值的均值，σ_d 为这些差值的标准差。

【例 6.5】 给 25 名高血压病人服用新旧两种不同的降压药，测得服药后的血压舒张压，数据见表 6.1。假设新旧药服用后舒张压数据都服从正态分布，且已知差值的标准差 $\sigma_d=6$，试给出患者服用新旧药物后舒张压差 $\mu_d=\mu_1-\mu_2$ 的置信水平为 95％的置信区间。

表 6.1　25 名高血压患者服药后的舒张压　　单位：mmHg

病人编号	旧药	新药	差值	病人编号	旧药	新药	差值
1	91	92	−1	14	92	93	−1
2	89	98	−9	15	85	90	−5
3	95	95	0	16	75	98	−23
4	93	99	−6	17	105	90	15
5	106	94	12	18	93	89	4
6	94	94	0	19	103	90	13
7	111	89	22	20	92	90	2
8	100	96	4	21	105	94	11
9	85	83	2	22	102	91	11
10	111	92	19	23	88	84	4
11	91	92	−1	24	88	89	−1
12	102	90	12	25	105	94	11
13	110	89	21				

解:根据表 6.1 中数据可得:

$\bar{d}=4.64$

$\alpha=0.05$ 时 $z_{\alpha/2}=1.96$

由公式 $\bar{d}\pm z_{\alpha/2}\sigma_d/\sqrt{n}$ 可得:

$4.64\pm1.96\times6/\sqrt{25}=4.64\pm2.352$

即患者在服用新旧降压药物后的舒张压差在置信水平为 95%时的置信区间为 2.288 ~ 6.992。

(二)总体方差 σ_1^2 和 σ_2^2 未知

1.独立样本

总体方差 σ_1^2 和 σ_2^2 未知,在大样本时,可以利用样本方差 s_1^2 和 s_2^2 来代替,这时两个总体均值之差 $(\mu_1-\mu_2)$ 在置信水平为 $(1-\alpha)$ 时的置信区间为:

$$(\bar{x}_1-\bar{x}_2)\pm z_{\alpha/2}\sqrt{s_1^2/n_1+s_2^2/n_2} \tag{6.7}$$

当两个样本为小样本时,为了能够估计两个总体均值之差,需要再假设两个总体服从正态分布。

(1)两个总体方差未知但相等。由于

$$t=\frac{(\bar{x}_1-\bar{x}_2)-(\mu_1-\mu_2)}{s_w\sqrt{\dfrac{1}{n_1}+\dfrac{1}{n_2}}}\sim t(n_1+n_2-2)$$

式中:$s_w=\sqrt{\dfrac{(n_1-1)s_1^2+(n_2-1)s_2^2}{n_1+n_2-2}}$

这样,对于给定的置信水平 $(1-\alpha)$,两个总体均值之差 $(\mu_1-\mu_2)$ 的置信区间为:

$$(\bar{x}_1-\bar{x}_2)\pm t_{\alpha/2}(n_1+n_2-2)\,s_w\sqrt{\frac{1}{n_1}+\frac{1}{n_2}} \tag{6.8}$$

【例 6.6】 某工厂有 2 台生产金属棒的机器。一个随机样本由机器 A 生产的 11 根金属棒组成,另一个随机样本由机器 B 生产的 16 根金属棒组成。2 个样本分别给出 2 台机器所生产金属棒的长度数据如下:$\bar{x}_1=6.2\text{cm}$,$\bar{x}_2=5.9\text{cm}$;$s_1^2=0.019$,$s_2^2=0.022$。假定 2 个总体近似服从正态分布,且总体方差相等,试以 95% 的置信水平建立两组金属棒的平均长度差的置信区间。

解:先计算两个样本的混合标准差:

$$s_w=\sqrt{\frac{(n_1-1)s_1^2+(n_2-1)s_2^2}{n_1+n_2-2}}$$

$$=\sqrt{\frac{(11-1)\times0.019+(16-1)\times0.022}{11+16-2}}=0.141$$

置信水平为 95%时，自由度为 25 的 t 分布的临界值为 2.06。

代入置信区间计算公式得：

$$(\bar{x}_1-\bar{x}_2)\pm t_{\alpha/2}(n_1+n_2-2)s_w\sqrt{\frac{1}{n_1}+\frac{1}{n_2}}$$

$$=(6.2-5.9)\pm 2.06\times 0.141\times\sqrt{\frac{1}{11}+\frac{1}{16}}=0.3\pm 0.114$$

两组金属棒的平均长度差置信水平为 95%的置信区间为 0.186 ～ 0.414cm。

(2)两个总体方差未知且不相等。当两个总体的方差未知且不相等时，两个样本均值之差标准化后近似服从自由度为 υ 的 t 分布。自由度 υ 的计算公式为：

$$\upsilon=\frac{(s_1^2/n_1+s_2^2/n_2)^2}{(s_1^2/n_1)^2/(n_1-1)+(s_2^2/n_2)^2/(n_2-1)}$$

为此，两个总体均值之差 $(\mu_1-\mu_2)$ 的置信水平为 $(1-\alpha)$ 的置信区间为：

$$(\bar{x}_1-\bar{x}_2)\pm t_{\alpha/2}(\upsilon)\sqrt{\frac{s_1^2}{n_1}+\frac{s_2^2}{n_2}} \tag{6.9}$$

【例 6.7】 为了估计磷肥对某种农作物的产量影响情况，分别选了 10 块和 8 块土地来做施肥和不施肥的试验，所得数据如表 6.2。假设两种情形下农作物产量都服从正态分布，且方差不等。取置信水平为 95%，求施肥和不施肥的平均亩产之差 $(\mu_1-\mu_2)$ 的置信区间。

解：已知 $n_1=10, n_2=8$

根据表 6.2 中数据计算可得，$\bar{x}_1=597.3, s_1^2=30.23, \bar{x}_2=545, s_2^2=113.71$。

表 6.2　施肥和不施肥时的农作物产量　　单位：千克

施肥		不施肥	
590	598	555	538
601	597	531	533
601	594	553	558
588	603	540	
605	596	552	

计算自由度：

$$\upsilon=\frac{(s_1^2/n_1+s_2^2/n_2)^2}{(s_1^2/n_1)^2/(n_1-1)+(s_2^2/n_2)^2/(n_2-1)}$$

$$=\frac{(30.23/10+113.71/8)^2}{(30.23/10)^2/(10-1)+(113.71/8)^2/(8-1)}$$

$$\approx 10$$

自由度为10的 t 分布置信水平为95%时的临界值为2.23。

因此，施肥和不施肥的平均亩产之差 $(\mu_1-\mu_2)$ 的置信区间为：

$$(\bar{x}_1-\bar{x}_2)\pm t_{\alpha/2}(\upsilon)\sqrt{\frac{s_1^2}{n_1}+\frac{s_2^2}{n_2}}=(597.3-545)\pm 2.23\times\sqrt{\frac{30.23}{10}+\frac{113.71}{8}}$$
$$=52.3\pm 9.26$$

即施肥和不施肥的平均亩产之差的置信区间为43.04～61.56千克。

2. 配对样本

对于配对样本，若总体 σ_d 未知时，在大样本情形下，可以用样本差值的标准差 s_d 来代替。两个总体均值的差在 $(1-\alpha)$ 的置性水平下的置信区间为：

$$\bar{d}\pm z_{\alpha/2}s_d/\sqrt{n} \tag{6.10}$$

在小样本情形下，假设两个总体观测值的配对差服从正态分布。这样，在 $(1-\alpha)$ 的置性水平下，两个总体均值的差 $\mu_d=(\mu_1-\mu_2)$ 的置信区间为：

$$\bar{d}\pm t_{\alpha/2}(n-1)s_d/\sqrt{n} \tag{6.11}$$

【例6.8】 考虑[例6.5]中不知道差值的标准差 σ_d 的情况，而其它数据和假设条件保持不变，试给出患者服用新旧药物后舒张压差 $\mu_d=\mu_1-\mu_2$ 的置信水平为95%的置信区间。

解：由[例6.5]：

$\bar{d}=4.64, s_d=10.25$

当 $\alpha=0.05$ 时，自由度为24的 t 分布临界值为 $t_{\alpha/2}(24)=2.06$

由公式 $\bar{d}\pm t_{\alpha/2}(n-1)s_d/\sqrt{n}$ 可得：

$4.64\pm 2.06\times 10.25/\sqrt{25}=4.64\pm 4.223$

即患者在服用新旧降压药物后的舒张压差在置信水平为95%时的置信区间为0.417～8.863。

6.3 总体比例的估计

对于总体比例的区间估计，我们只考虑大样本情形。本节中分析一个总体比例的估计和两个总体比例差的估计。

6.3.1 一个总体比例的估计

由样本比例的抽样分布知道，当样本量足够大时（一般为 $np\geqslant 5$ 和 $n(1-p)\geqslant 5$），样本比例 p 的抽样分布可以用均值为 π，方差为 $\pi(1-\pi)/n$ 的正态分布来近似。由此可得：

$$z = \frac{p - \pi}{\sqrt{\pi(1-\pi)/n}} \sim N(0,1)$$

由于总体比例 π 未知，方差 $\pi(1-\pi)/n$ 中的 π 用样本比例 p 来代替，即总体比例的方差用样本比例的方差来代替。这样，类似于总体均值的区间估计，可以得到置信水平 $(1-\alpha)$ 的总体比例 π 的置信区间为：

$$p \pm z_{\alpha/2}\sqrt{p(1-p)/n} \tag{6.12}$$

如果所研究的总体是有限的，尤其是抽样比重较大时，即 $n/N > 0.05$ 时，就要采用有限总体修正系数，从而总体比例 π 的区间估计公式为：

$$p \pm z_{\alpha/2}\sqrt{\frac{p(1-p)}{n}}\sqrt{\frac{N-n}{N-1}} \tag{6.13}$$

【例 6.9】 想要估计某高校学生中男女学生所占比例，现随机抽取了 100 名学生，其中女生有 70 人，试以 95%的置信水平估计该校中女生比例的置信区间。

解：已知 $n=100$，$\alpha=0.05$ 时 $z_{\alpha/2}=1.96$

由抽样结果知样本比例为 $p=0.7=70\%$

代入总体比例的置信区间公式得：

$$p \pm z_{\alpha/2}\sqrt{p(1-p)/n} = 0.7 \pm 1.96\sqrt{0.7\times 0.3/100} = 0.7 \pm 0.09$$

即该校中女生比例 95%的置信区间为 61%～79%。

【例 6.10】 某一大公司的人事处长希望知道本公司内专业不对口的职员究竟占多大比例。于是，他从 2000 名具有大专以上学历的职员中随机抽取了一个由 150 人组成的样本进行研究。结果表明，其中有 45 人说他们从事的工作与所学专业不对口。试在 95%的置信水平下构造出专业不对口人员所占真正比例的置信区间。

解：已知 $n=150$，$N=2000$，$\alpha=0.05$ 时 $z_{\alpha/2}=1.96$

由抽样结果知样本比例为 $p=45/150=0.3=30\%$

由于 $n/N=150/2000=0.075>0.05$，所以利用有限总体情形的公式。

$$p \pm z_{\alpha/2}\sqrt{\frac{p(1-p)}{n}}\sqrt{\frac{N-n}{N-1}} = 0.3 \pm 1.96\sqrt{\frac{0.3(1-0.3)}{150}}\sqrt{\frac{2000-150}{2000-1}}$$
$$= 0.3 \pm 0.071$$

即该公司中专业不对口人员所占真正比例 95%的置信区间为 22.9%～37.1%。

6.3.2　两个总体比例差的估计

根据抽样分布理论，大样本情形下，从两个二项总体中抽出两个独立样本，两个样本比例之差的抽样分布服从正态分布。即：

$$(p_1 - p_2) \sim N(\pi_1 - \pi_2, \pi_1(1-\pi_1)/n_1 + \pi_2(1-\pi_2)/n_2)$$

方差 $\pi_1(1-\pi_1)/n_1$ 和 $\pi_2(1-\pi_2)/n_2$ 中的 π_1 和 π_2 未知，用样本比例 p_1 和 p_2 来代替，这样总体比例差 $(\pi_1-\pi_2)$ 的置信水平为 $(1-\alpha)$ 的置信区间为：

$$(p_1-p_2)\pm z_{\alpha/2}\sqrt{p_1(1-p_1)/n_1+p_2(1-p_2)/n_2} \tag{6.14}$$

【例 6.11】 某饮料公司为了对其所做的报纸广告在两个城市的效果进行比较，从两个城市分别随机抽取了 1000 个人和 800 个人进行调查，其中看过该广告的比率分别为 $p_1=0.2$ 和 $p_2=0.15$，试求两城市中看过该广告的人的比例之差的 95%的置信区间。

解：已知 $n_1=1000, n_2=800, p_1=0.2, p_2=0.15, z_{0.025}=1.96$

显然这是大样本情形，代入置信区间计算公式得：

$$\begin{aligned}&(p_1-p_2)\pm z_{\alpha/2}\sqrt{p_1(1-p_1)/n_1+p_2(1-p_2)/n_2}\\&=(0.2-0.15)\pm 1.96\sqrt{0.2(1-0.2)/1000+0.15(1-0.15)/800}\\&=0.05\pm 0.035\end{aligned}$$

即两城市中看过该广告的人的比例差的 95%的置信区间为 1.5%～8.5%。

6.4 总体方差的估计

本节讨论总体方差的区间估计，只讨论正态总体方差的估计，内容分为一个总体方差的估计和两个总体方差比的估计。

6.4.1 一个总体方差的估计

由抽样分布理论可知，样本方差服从自由度为 $(n-1)$ 的 χ^2 分布（卡方分布）。χ^2 分布和正态分布及 t 分布不一样，不是对称分布，置信区间的构造如图 6.5 所示。

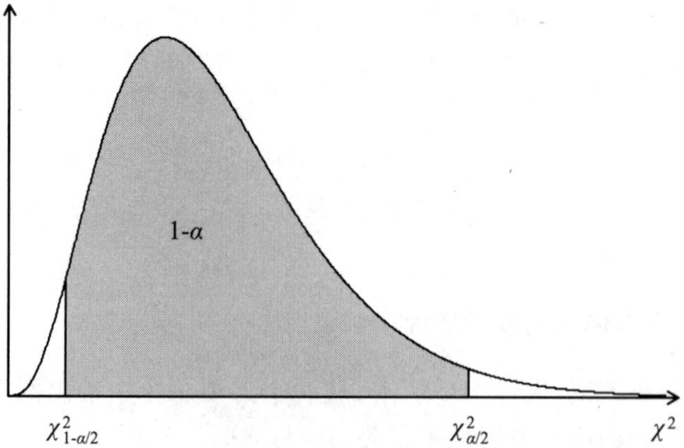

图 6.5 χ^2 分布置信水平为 $(1-\alpha)$ 时对应的置信区间

由图 6.5 可知，建立总体方差 σ^2 的置信区间，就是找到临界值 $\chi^2_{1-\alpha/2}$ 和 $\chi^2_{\alpha/2}$。因为 $\frac{(n-1)s^2}{\sigma^2} \sim \chi^2(n-1)$，因此对于给定的置信水平 $(1-\alpha)$，我们有：

$$\chi^2_{1-\alpha/2}(n-1) \leqslant \frac{(n-1)s^2}{\sigma^2} \leqslant \chi^2_{\alpha/2}(n-1)$$

这样我们得到总体方差 σ^2 在 $(1-\alpha)$ 的置信水平下的置信区间为：

$$\frac{(n-1)s^2}{\chi^2_{\alpha/2}(n-1)} \leqslant \sigma^2 \leqslant \frac{(n-1)s^2}{\chi^2_{1-\alpha/2}(n-1)} \tag{6.15}$$

【例 6.12】 从一批食盐中随机抽取 18 袋，称得重量为(单位：克)：

503　490　502　494　501　493　490　504　492

501　501　490　504　498　497　495　502　497

假设袋装食盐重量服从正态分布，试给出总体方差置信水平为 95%的置信区间。

解：已知 $n=18$，当 $\alpha=0.05$ 时有 $\chi^2_{0.025}(17)=30.19$，$\chi^2_{1-0.025}(17)=7.56$

$\bar{x}=497.44$，$s^2=25.32$

代入公式：

$$\frac{(n-1)s^2}{\chi^2_{\alpha/2}(n-1)} \leqslant \sigma^2 \leqslant \frac{(n-1)s^2}{\chi^2_{1-\alpha/2}(n-1)}$$

可得：$\left[\frac{17\times25.32}{30.19}, \frac{17\times25.32}{7.56}\right]=[14.26, 56.94]$

这样，总体方差置信水平为 95%的置信区间为 14.26～56.94。

6.4.2　两个总体方差比的估计

在实际中时常涉及到比较两个总体方差的问题，即方差齐性问题，如对不同工

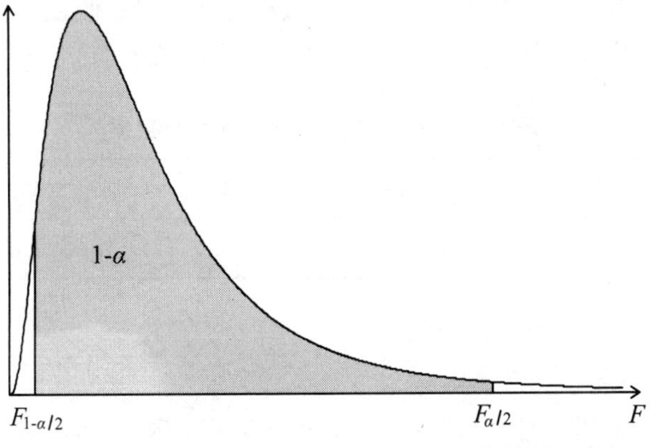

图 6.6　F 分布置信水平为 $(1-\alpha)$ 时对应的置信区间

艺生产的两批同类产品的质量指标的比较。

两个样本方差比的抽样分布服从分子自由度为 (n_1-1) 分布自由度为 (n_2-1) 的 F 分布，因此两个总体方差比 σ_1^2/σ_2^2 的置信区间采用 F 分布来构造。F 分布的置信区间如图 6.6 所示。

两个总体方差比 σ_1^2/σ_2^2 的置信区间计算分为两种情形，两个总体均值 μ_1 和 μ_2 已知及未知。

（一）两个总体均值 μ_1 和 μ_2 已知

由于 $F=\dfrac{\sum\limits_{i=1}^{n_1}(x_{1i}-\mu_1)^2/n_1\sigma_1^2}{\sum\limits_{i=1}^{n_2}(x_{2i}-\mu_2)^2/n_2\sigma_2^2}\sim F(n_1,n_2)$

因此，对于给定的置信水平 $(1-\alpha)$，两个总体方差比 σ_1^2/σ_2^2 的置信区间为：

$$\frac{\sum\limits_{i=1}^{n_1}(x_{1i}-\mu_1)^2/n_1}{F_{\alpha/2}\sum\limits_{i=1}^{n_2}(x_{2i}-\mu_2)^2/n_2}\leqslant\frac{\sigma_1^2}{\sigma_2^2}\leqslant\frac{\sum\limits_{i=1}^{n_1}(x_{1i}-\mu_1)^2/n_1}{F_{1-\alpha/2}\sum\limits_{i=1}^{n_2}(x_{2i}-\mu_2)^2/n_2} \tag{6.16}$$

（二）两个总体均值 μ_1 和 μ_2 未知

由于 $F=\dfrac{s_1^2/\sigma_1^2}{s_2^2/\sigma_2^2}\sim F(n_1-1,n_2-1)$

因此，对于给定的置信水平 $(1-\alpha)$，两个总体方差比 σ_1^2/σ_2^2 的置信区间为：

$$\frac{s_1^2}{F_{\alpha/2}s_2^2}\leqslant\frac{\sigma_1^2}{\sigma_2^2}\leqslant\frac{s_1^2}{F_{1-\alpha/2}s_2^2} \tag{6.17}$$

【例 6.13】 为了了解温度对某物体断裂强度的影响，在 70℃与 80℃时分别重复做了 10 次和 8 次试验，测得断裂强度的数据见表 6.3。假设不同温度下该物体断裂强度都服从正态分布，试给出方差比 σ_1^2/σ_2^2 置信水平为 95%的置信区间。

表 6.3 不同温度某物体断裂强度数据 单位：MPa

70℃	21.2	21.4	19.8	21.4	20.8	21.1	19.8	20.3	21.0	19.5
80℃	18.8	19.6	20.6	19.7	19.2	20.9	17.7	20.8		

解：根据表 6.3 中数据计算可得：

$s_1^2=0.518, s_2^2=1.217$

当置信水平为 95%时，已知 $n_1=10, n_2=8$，得：$F_{0.025}(9,7)=4.823$

$F_{1-0.025}(9,7)=0.238$

$$\frac{s_1^2}{s_2^2}=\frac{0.518}{1.217}=0.426$$

因此，利用公式 $\frac{s_1^2}{F_{\alpha/2}s_2^2}\leqslant\frac{\sigma_1^2}{\sigma_2^2}\leqslant\frac{s_1^2}{F_{1-\alpha/2}s_2^2}$ ，求得：

$[0.426/4.823, 0.426/0.238]=[0.099, 1.790]$

因此，$\frac{\sigma_1^2}{\sigma_2^2}$的置信区间为 0.099～1.790。

6.5　样本容量的确定

为了对总体的参数进行估计，需要抽取适当的样本，其中样本容量的选择是一个重要的问题。在一定的样本容量下，要提高估计的可靠程度，就要扩大置信区间，但在实际中过宽的置信区间没有多少实用价值。因此，要想缩小置信区间，同时又能保证精度，就需要增加样本量，不过，较大的样本虽然可以提供较高的精度，但费用和工作量会增加。这样选择样本量时，需要对调查费用、工作量和精度进行权衡。实际中，样本容量应该选取足够大来满足规定的置信水平。

下面我们介绍估计总体均值和总体比例时，如何确定所必需的样本容量。

6.5.1　估计总体均值时样本容量的确定

（一）重复抽样和无限总体抽样

总体均值的置信区间由样本均值和允许误差构成，在重复抽样和无限总体抽样条件下，允许误差为 $\Delta_{\bar{x}}=z_{\alpha/2}\sigma/\sqrt{n}$ ，由此可得确定样本量的公式为：

$$n=z_{\alpha/2}^2\sigma^2/\Delta_{\bar{x}}^2 \tag{6.18}$$

式中：若 σ 未知，则可以用以前相同或类似样本的标准差代替，或通过试验调查的方法，先抽取一个样本，以该样本的样本标准差作为 σ 的估计。

显然，影响样本容量大小的因素有：总体方差、可靠程度和允许误差。总体方差大，抽样误差大，则样本容量应大一些，反之，则可以少抽一些；可靠性程度越高，所必需的样本容量就越大；若要求推断比较精确，允许误差应该低一些，则抽取的样本容量也要求多一些。

（二）不重复抽样

在不重复抽样时，允许误差的公式为：

$$\Delta_{\bar{x}}=z_{\alpha/2}\frac{\sigma}{\sqrt{n}}\sqrt{\frac{(N-n)}{(N-1)}}$$

由此可以得到样本量的计算公式为：

$$n=\frac{Nz_{\alpha/2}^{2}\sigma^{2}}{(N-1)\Delta_{\bar{x}}^{2}+z_{\alpha/2}^{2}\sigma^{2}} \tag{6.19}$$

【例 6.14】 一家广告公司想要估计某类商店去年所花的平均广告费。经验表明，总体方差约为 1800000 元。若置信水平取 95%，允许误差为 500 元，则这家广告公司应取多大的样本？

解：已知 $\sigma^2=1800000$，$\alpha=0.05$ 时 $z_{\alpha/2}=1.96$，$\Delta_{\bar{x}}=500$，代入样本量计算公式，可得：

$n=z_{\alpha/2}^{2}\sigma^{2}/\Delta_{\bar{x}}^{2}=1.96^{2}\times1800000/500^{2}=27.65\approx28$

即这家广告公司应抽取的样本容量为 28 个。

6.5.2 估计总体比例时样本容量的确定

(一)重复抽样和无限总体抽样

和估计总体均值时样本容量的确定方法一样，根据允许误差公式：

$$\Delta_{p}=z_{\alpha/2}\sqrt{\frac{\pi(1-\pi)}{n}}$$

可得：

$$n=\frac{z_{\alpha/2}^{2}\pi(1-\pi)}{\Delta_{p}^{2}} \tag{6.20}$$

式中：需要知道总体比率 π，但一般情况下 π 是未知的。因此，要想确定样本容量，必须首先估计出 π，一般有以下几种方式：用以往的资料估计；在正式抽样之前，先抽一个实验样本，用此样本比率来代替；当研究者对某一总体比率有很大把握时，则可用它作为的估计值；如果什么资料也没有，那么可以令 $\pi=0.5$，此时 $\pi(1-\pi)$ 达到最大，从而所需的样本也比较可靠。

(二)不重复抽样

在不重复抽样条件下，允许误差为：

$$\Delta_{p}=z_{\alpha/2}\sqrt{\frac{\pi(1-\pi)}{n}}\sqrt{\frac{(N-n)}{(N-1)}}$$

由此可得在估计总体比例时所需的样本容量为：

$$n=\frac{Nz_{\alpha/2}^{2}\pi(1-\pi)}{(N-1)\Delta_{p}^{2}+z_{\alpha/2}^{2}\pi(1-\pi)} \tag{6.21}$$

【例 6.15】 某市场调查公司希望估计某地区有私人家庭轿车的家庭所占的比例。该公司希望对总体比例 π 的估计允许误差为 0.07，置信水平为 95%，但没有可利用的 π 的估计值。试问应该抽取多大容量的样本？

解：由于没有 π 的估计值可以利用，因此取 $\pi=0.5$，将有关数据代入公式得：

$$n=\frac{z_{\alpha/2}^{2}\pi(1-\pi)}{\Delta_{p}^{2}}=\frac{1.96^{2}\times0.5\times(1-0.5)}{0.07^{2}}=196$$

即应该抽取的样本容量为 196。

6.6　SPSS 在推断统计中的应用——参数估计

本节中我们介绍如何利用 SPSS 进行统计推断中的参数估计，重点介绍一个总体均值和总体比例的估计。

6.6.1　一个总体均值的估计

以[例 6.1]中的数据为例，设数据为“stat61. xls”，存放于 F 盘中。

打开 SPSS 17，导入数据“stat61. xls”，见图 6.7（导入数据时需关闭文件 stat61. xls）。

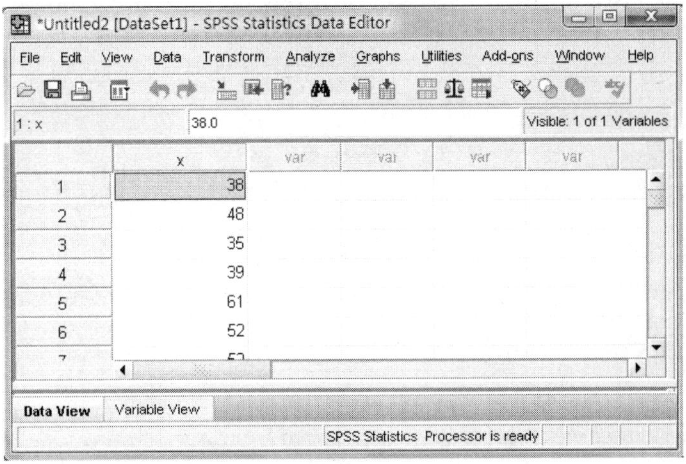

图 6.7　数据编辑器中导入的数据

首先进行参数的均值估计，可以在“Explore”（探索）和“One-Semple T Test”（单样本 T 检验）菜单中实现。利用“Explore”（探索）菜单，选择“Analyze”（分析）→“Descriptive Statistics”（描述统计）→“Explore”（探索），见图 6. 8。

在弹出的“Explore”（探索）窗口中选择 x 入因变量列表，见图 6. 9。

点击[Statistics]（统计量）按钮，选择“Descriptives”（描述性），均值的置信区间选 95%，见图 6. 10。

点击[Continue]（继续），“Explore”（探索）窗口中点击[OK]，这样在输出窗口中出现描述结果，见图 6. 11。

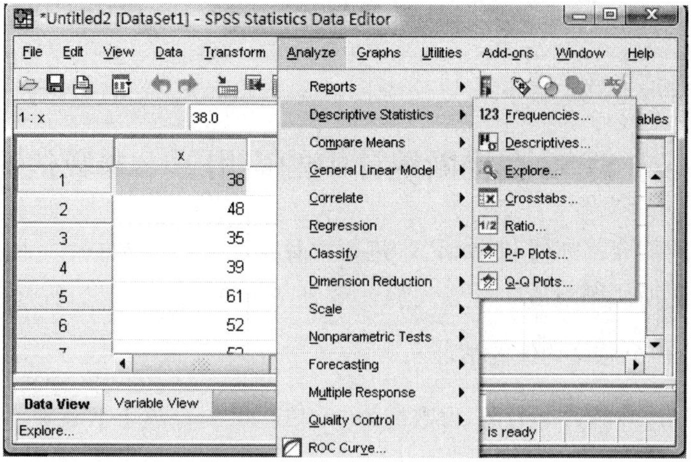

图 6.8 进行探索分析

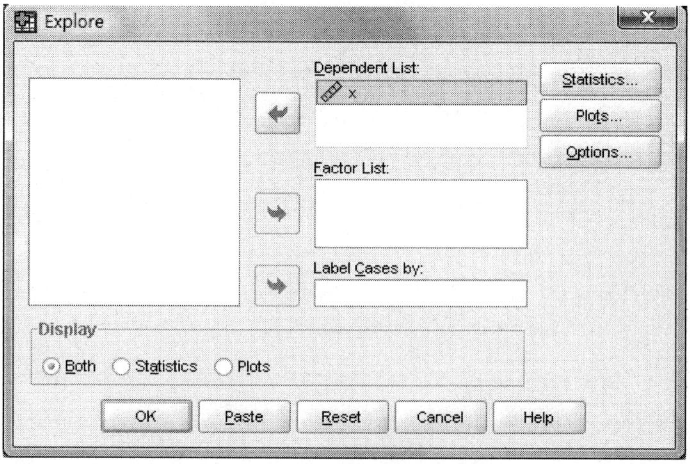

图 6.9 探索分析设置

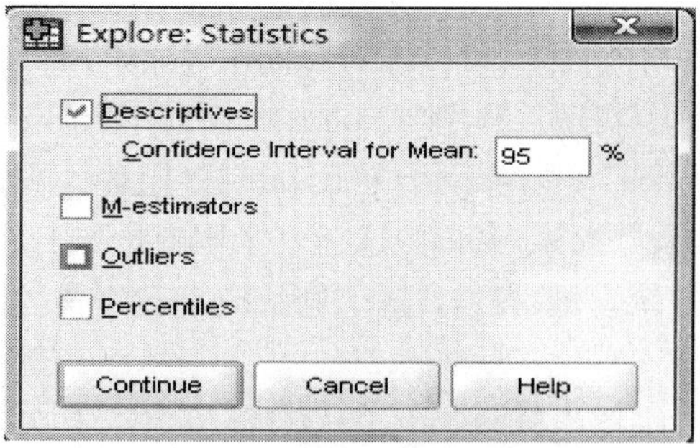

图 6.10 探索分析中统计量设置

Descriptives

			Statistic	Std. Error
x	Mean		52.30	2.198
	95% Confidence Interval for Mean	Lower Bound	47.70	
		Upper Bound	56.90	
	5% Trimmed Mean		51.94	
	Median		52.00	
	Variance		96.642	
	Std. Deviation		9.831	
	Minimum		35	
	Maximum		76	
	Range		41	
	Interquartile Range		13	
	Skewness		.350	.512
	Kurtosis		.552	.992

图 6.11　数据的描述结果

从中可以得到均值的点估计为 52.3，置信区间为 47.70 ～ 56.90。

除了这种方法获得参数的估计及置信区间外，利用“One-Semple T Test”(单样本 T 检验)菜单也能得到相同结果。在数据编辑器窗口选择“Analyze”(分析)→“Compare Means”(比较均值)→“One-Semple T Test”(单样本 T 检验)，如图 6.12。

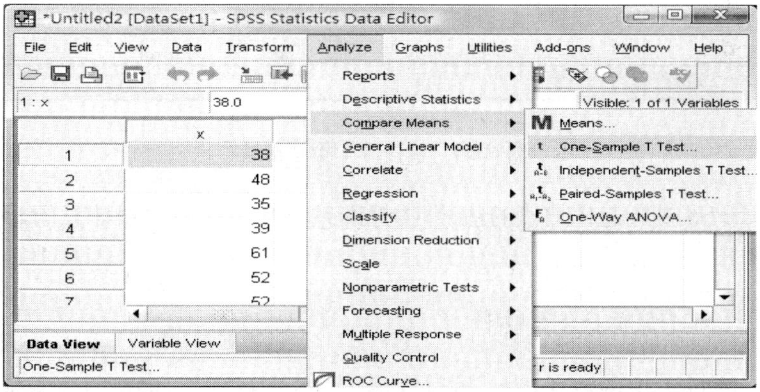

图 6.12　单样本 T 检验

在“One-Semple T Test”(单样本 T 检验)窗口中的检验变量选择 x ，点击[Options](选项)按钮可以更改置信水平，缺省为 95%，由于我们这里所给的置信水平就是 95%，无需改动，点击[OK]，见图 6.13。

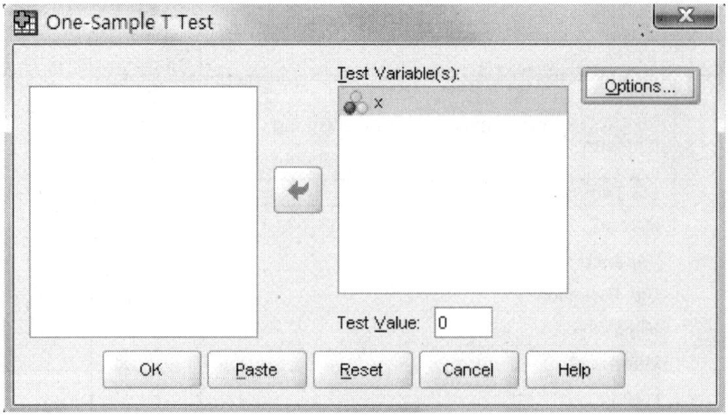

图 6.13 单样本 T 检验设置

输出窗口中有检验结果，如图 6.14，其中包括均值的点估计和区间估计，与第一种方法得到的结果一致。

One-Sample Statistics

	N	Mean	Std. Deviation	Std. Error Mean
x	20	52.30	9.831	2.198

One-Sample Test

	Test Value = 0					
					95% Confidence Interval of the Difference	
	t	df	Sig. (2-tailed)	Mean Difference	Lower	Upper
x	23.792	19	.000	52.300	47.70	56.90

图 6.14 单样本 T 检验结果

利用 SPSS 进行总体均值的估计时，标准差是利用样本数据计算的，因此软件给出和[例 6.3]一致的结果。

6.6.2 一个总体比例的估计

对于[例 6.9]中的数据，为了可以利用 SPSS 进行分析，构造两个变量 x ，y ，数据为“stat62. xls”。

把数据导入 SPSS，变量 x 表示性别变量，1 表示女性，设置变量 y 是为了样本比例的计算，其值全部取 1，导入结果见图 6.15。

选择“Analyze”(分析)→“Descriptive Statistics”(描述统计)→“Ratio”(比率)，见图 6.16。

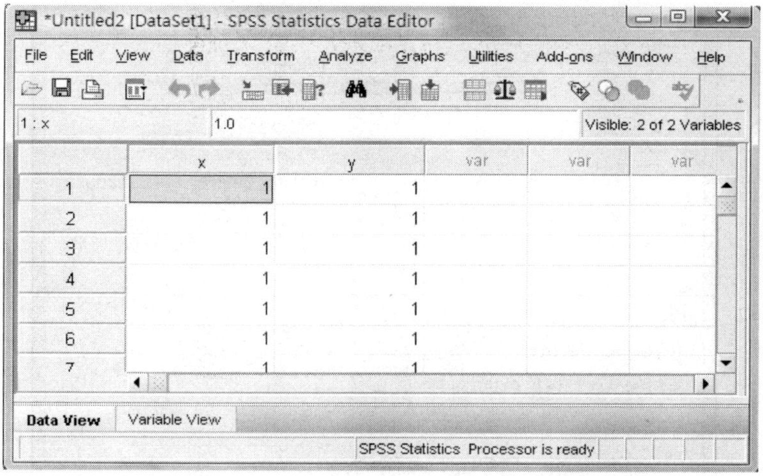

图 6.15　导入的用于总体比例估计的数据

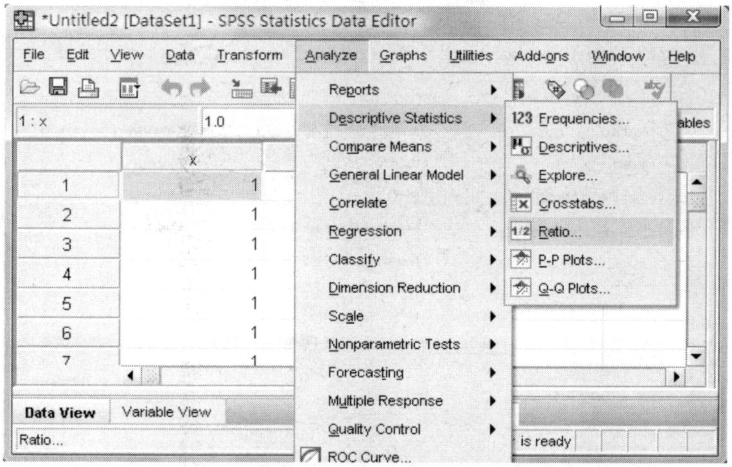

图 6.16　总体比例估计

在"Ratio Statistics"(比值统计量)窗口中分子选 x，分母选 y，参见图 6.17，再点击[Statistics](统计量)按钮。

在"Statistics"(统计量)窗口中，"Central Tendency"(集中趋势)中勾选"Mean"(均值)、"Confidence intervals"(置信区间)，置信区间设为 95%，其它都不选，见图 6.18，点击[Continue](继续)，"Ratio Statistics"(比值统计量)窗口点击[OK]。

在输出窗口中出现我们需要的结果，见图 6.19。

表明总体比例的点估计为 70%，95%的置信区间为 61%～79%，和[例 6.9]

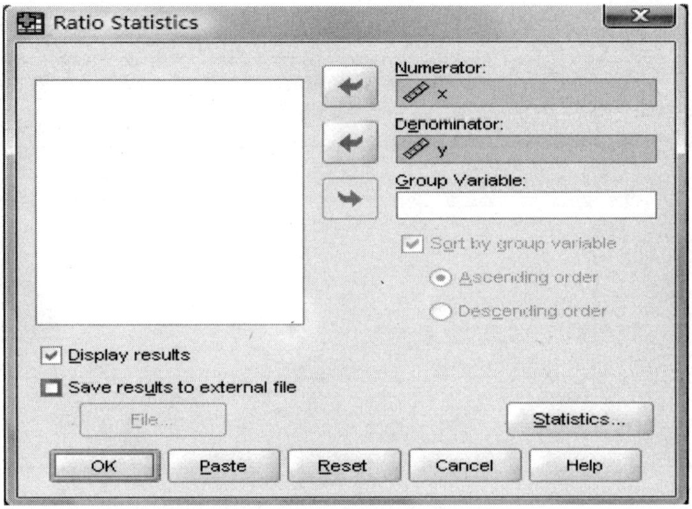

图 6.17 比值统计量窗口

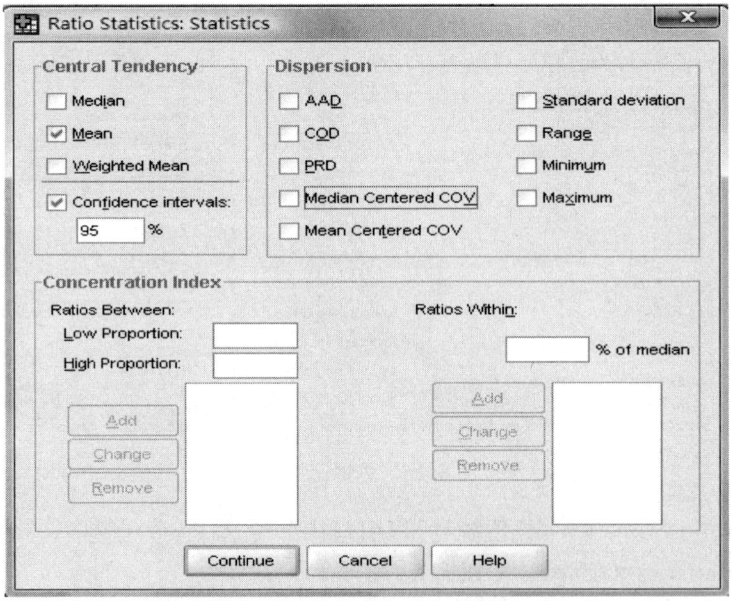

图 6.18 比值统计量中统计量的设置

一致。

我们这里详细介绍了如何利用统计软件 SPSS 进行一个总体均值和总体比例的估计，对于两个总体均值之差和总体比例差也可以利用 SPSS 来操作，只是为了便于利用 SPSS 进行分析需要对数据进行相应处理。比如，对于前面[例 6.7]中的

Ratio Statistics for x / y

Mean		.700
95% Confidence Interval for Mean	Lower Bound	.609
	Upper Bound	.791

The confidence intervals are constructed by assuming a Normal distribution for the ratios.

图 6.19 比值统计量的结果

数据，通过设置一个分组变量 group 来区分不同样本数据，取 1 表示施肥组，取 2 为未施肥组，再把两组产量放入同一个变量中。数据导入 SPSS 软件后如图 6.20 所示。

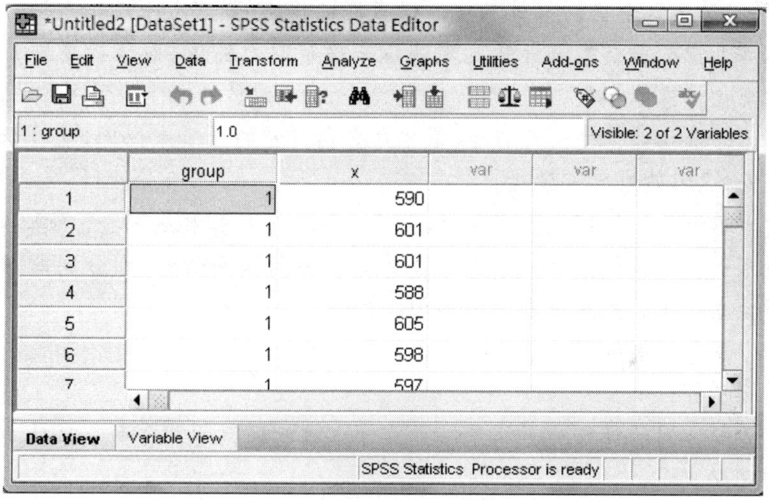

图 6.20 两个总体均值之差的估计数据

通过分析菜单中的独立样本 T 检验，设置好分组变量 group，可得到[例 6.7]中一样结果。参见图 6.21 的右下角，这里不给出详细过程，感兴趣的同学可以自己操作。

Independent Samples Test

		Levene's Test for Equality of Variances		t-test for Equality of Means						
									95% Confidence Interval of the Difference	
		F	Sig.	t	df	Sig. (2-tailed)	Mean Difference	Std. Error Difference	Lower	Upper
x	Equal variances assumed	11.928	.003	13.495	16	.000	52.300	3.876	44.084	60.516
	Equal variances not assumed			12.597	9.945	.000	52.300	4.152	43.042	61.558

图 6.21 独立样本 T 检验结果

对于配对样本的情况，做法和独立样本一样，不再讨论。

本章小结

本章介绍了参数、参数估计、估计量和估计、估计量的性质等一些基本概念;及不同情形下置信区间的计算和一定允许误差范围内的样本容量的确定等内容。

1. 参数是总体(或一个模型)的数值特征,是一个非随机的、确定的值,但却是未知的,比如总体的均值、比例和方差以及回归模型中的系数等。参数估计指的是利用样本统计量来估计总体参数。

2. 点估计是指直接用估计量 $\hat{\theta}$ 来估计未知的总体参数 θ。区间估计是利用实际样本资料,构造出一个基于点估计的区间,用这个区间来表明总体参数可能存在的范围,同时给出这个区间估计相应的概率保证程度(置信水平)。

3. 估计是指根据样本统计量的观测值来确定参数的值,而估计量则是利用样本统计量来估计总体参数。

4. 为了评价估计量的优良与否,需要结合估计量的性质来评判,估计量的性质包括有无偏性、有效性和一致性。

5. 对于单个总体均值的区间估计,分为总体方差已知和未知、大样本和小样本等不同情形进行了分析。而对于两个总体均值差的区间估计,则分别对方差已知和未知下独立样本和配对样本等情形加以讨论。

6. 对于总体比例的区间估计仅考虑大样本情形下单个总体比例和两个总体比例差的区间估计。

7. 方差的区间估计部分介绍了一个总体方差的区间估计和两个总体方差比估计的置信区间。

8. 在估计总计均值和总体比例时样本容量的确定时,考虑了重复抽样和无限总体抽样及不重复抽样等不同情形。

9. 本章的最后部分介绍了如何利用统计软件 SPSS 来进行一个总体均值和总体比例的估计。

思考与练习

思考题

1. 为什么样本统计量是随机变量?
2. 点估计和区间估计各自的作用是什么?
3. 评价估计的优良性有哪些标准。
4. 95%置信区间的含义是什么?

5. 在实际工作中，如何提高置信水平？置信水平的提高要付出怎样的代价？

6. 简述样本容量的确定方法。

练习题

1. 麦当劳餐厅连续三周抽查了49名顾客，以了解顾客的平均消费额，得到样本平均消费额为25.5元，要求：(1)已知总体的标准差为10.5元，求样本平均数的标准差？(2)求总体平均消费额的95%置信区间。

2. 某企业生产袋装方便面，规定每袋重量为100克。为对产品质量进行监测，企业质检部门经常要进行抽检，以分析每袋重量是否符合要求。现从某天生产的某批次120袋方便面中随机抽取了25袋，测得每袋重量如下表(单位：克)。已知产品重量服从正态分布，且总体标准差为10克。试估计该批产品平均重量的置信区间，置信水平为95%。

112.5	101.0	103.0	102.0	100.5
102.6	107.5	95.0	108.8	115.6
100.0	123.5	102.0	101.6	102.2
116.6	95.4	97.8	108.6	105.0
136.8	102.8	101.5	98.4	93.3

3. 某工厂有1500名工人，现用简单随机抽样法抽取50个工人调查其工资水平，结果见下表。

周工资(元)	524	534	540	550	560	580	600	660
工人数	4	6	9	10	8	6	4	3

要求：(1)计算样本平均数及其标准差；

(2)估计该厂工人周工资的95%置信区间。

4. 已知某种木材的抗压力实验值服从正态分布，现对十个样品做抗压力实验得到如下数据(单位：Mpa)：

48.2，49.3，45.7，47.1，51.0，44.6，43.5，41.8，39.4，46.9

试对该木材平均抗压力进行区间估计($\alpha=0.05$)。

5. 某城市调查队分别从甲乙两市随机抽取400户和300户职工家庭进行统计调查。调查表明：甲乙两市职工家庭每日每人平均支出分别为36元和28元，另据其他已有资料可知，甲乙两市职工家庭每日每人平均支出标准差为6.74元和6.94元，试求两市职工家庭每日每人平均支出差异的95%置信区间。

6. 某厂家生产豪华型和普通型两种洗衣机，销售部门建议豪华型的售价比普通型高1000元，为说明这一建议，销售部门从有关零售点抽取两种型号各20台，得到以下数据：豪华型，$\bar{x}_1=3100$元，$s_1=410.9$元，普通型$\bar{x}_2=2400$元，$s_2=413.9$元。假定两种型号的零售价均服从正态分布，且方差相等，试推断两种型号零售价之差的95%置信区间。

7. 设两总体X，Y独立，都服从正态分布，分别为$N(\mu_1,\sigma_1^2)$，$N(\mu_2,\sigma_2^2)$，现从X中抽取容量为75的样本，从Y中抽取容量为50的样本，算得$\bar{x}=82$，$s_1^2=64$，$\bar{y}=76$，$s_2^2=36$。求$\mu_1-\mu_2$的95%置信区间。

8. 随机地从甲批导线中抽取4根，从乙批导线中抽取5根，测得电阻（欧姆）为

甲批：0.143，　0.142，　0.143，　0.137

乙批：0.140，　0.142，　0.136，　0.138，　0.140

设测试数据都服从正态分布，分别为$N(\mu_1,\sigma_1^2)$，$N(\mu_2,\sigma_2^2)$，已知$\sigma_1^2\neq\sigma_2^2$，求$\mu_1-\mu_2$的95%置信区间。

9. 为检验某杂交作物的两种新处理方案的优劣，在同一地区随机挑选8个地块，在各试验地段分别按两种方案处理新作物，这八块地段的单位面积产量（单位：kg）分别为：

甲方案：86，　87，　56，　93，　84，　93，　75，　79

乙方案：80，　79，　58，　91，　77，　82，　74，　66

设这两种产量都服从正态分布，分别为$N(\mu_1,\sigma_1^2)$，$N(\mu_2,\sigma_2^2)$，已知$\sigma_1^2\neq\sigma_2^2$，求$\mu_1-\mu_2$的95%置信区间。

10. 电视台对某档节目的收视率进行调查，在抽取的400名观众中，收看该档节目的观众为200人，试以95%的置信度估计该节目的收视率范围。

11. 从两个总体中各抽取一个$n_1=n_2=250$的独立随机样本，来自总体一的样本比率为$p_1=40\%$，来自总体二的样本比率为$p_2=30\%$，请构造$\pi_1-\pi_2$的95%置信区间。

12. 随机地取某种炮弹9发做试验，得到炮口速度的样本标准差为11米/秒，设炮口速度服从正态分布，求这种炮弹的炮口速度的标准差σ的95%置信区间。

13. 甲乙两位化验员独立地对某种聚合物含氮量用相同方法各作10次测定，其测定值的样本方差分别为$s_1^2=0.5419$，$s_2^2=0.6065$。设σ_1^2，σ_2^2分别为甲乙测定值的总体方差，且总体均为正态分布。求方差比σ_1^2/σ_2^2的95%置信区间。

14. 一家市场调查公司欲估计某城市中有电脑家庭所占的比例，该公司希望对比例p的估计误差不超过0.05，且置信度为95%，则应抽取多大的样本容量？

15. 今从一批零件中随机抽取10个，测量其直径与标准尺寸之间的偏差（单位：毫米），分别为：2，1，−2，3，2，4，−2，5，3，4。假设零件直径尺寸的偏差服从正态$N(\mu,\sigma^2)$，试求μ及σ^2的无偏估计，及其置信水平为$\alpha=0.1$的区间估计。

16. 现有一项针对上海部分大专院校大学生的抽样调查数据，抽取 68 名男性大学生，得到其身高数据如下(单位：cm)：

172	186	169	165	176	165	174	177	170	165	159	175
177	173	175	171	171	170	174	175	170	175	170	167
168	180	170	174	182	180	177	170	178	182	175	175
171	175	175	184	183	173	174	182	170	169	176	175
175	169	171	178	181	188	167	178	179	170	177	178
180	175	178	177	180	177	170	175				

试对平均身高做出区间估计。

第 7 章 假设检验

本章介绍关于推断统计的第二个重要问题——假设检验。推断统计的目的是判断利用足够的统计证据能否得到关于参数服从某一假设的结论。通过本章的学习将会发现假设检验不但在商业和经济中，而且在其他领域也有着极高的应用价值。这一章将为学习本书后续章节知识奠定一定的基础，同时也将对统计学实践应用者产生十分重要的影响。在这一章里，主要讨论如何建立关于总体均值 μ 、总体比例 π 、总体方差 σ^2 的假设，以及怎样根据样本观察资料对提出的假设做出是接受还是拒绝的判断等问题。

学习目的与要求

- 理解假设检验的基本概念及种类；
- 熟悉假设检验中原假设与备择假设、拒绝域和接受域等基本问题；
- 掌握假设检验的判别规则和基本步骤；
- 掌握总体均值 μ 、总体比例 π 、总体方差 σ^2 的假设检验。

7.1 假设检验的基本概念

7.1.1 问题的提出

生活中存在大量的非统计应用的假设检验，法律界一个众所周知的例子就是对罪犯的审讯。在国外，当一个人被控告为罪犯时，他将面临审讯。控告方提出控诉后，陪审团(英美法系中)必须根据证据做出裁决。事实上，陪审团就进行了假设检验。这里有两个要被证明的假设。第一个称为原假设，用 H_0 表示(发音为 H—nought，nought 是零的英国表示方法)。它表示

H_0：被告无罪

第二个假设称为备择假设或研究假设，用 H_1 表示。在罪犯审讯中，它表示

H_1：被告有罪

当然，陪审团不知道哪个假设是正确的，他们根据控辩双方所提供的证据做出

判断。这里只有两种可能:判定被告有罪或无罪。在统计应用中,判定被告有罪就相当于拒绝原假设,接受备择假设;而判定被告无罪也就相当于不能拒绝原假设去接受备择假设。应当注意,在罪犯审判中,我们并不能接受原假设,接受原假设意味着发现被告无罪,在我们司法系统中,不允许这样的判定。

当进行假设检验时,存在两类可能的错误。第一类错误是当原假设正确时,我们却拒绝了它。第二类错误被定义为原假设有错误时,我们却没有拒绝。在上面这个例子中,第一类错误就是一个无罪的人判定有罪。当一个有罪的被告被判定为无罪时,第二类错误就发生了。我们把发生第一类错误的概率记为 α ,通常它也被称作显著性水平。第二类错误发生的概率记为 β。 发生错误的概率 α 和 β 是相反的关系,这就意味着任何尝试减少某一类错误的方法都会使另外一类错误发生的概率增加。

在司法系统中,第一类错误被认为是更加严重的。这样,就要求第一类错误发生的概率要很小。要达到这样的结果,往往会对起诉证据进行限制(原告必须证明罪犯有罪,而被告则不需要证明什么),同时要求陪审团只具有"并非想象的证据"时才能判定被告有罪。在缺少大量证据的情况下,尽管有一些犯罪证据,陪审团也必须判定其无罪。这样的安排必然使有罪的人被判为无罪的概率比较大。美国最高法院法官奥利佛·温德尔·霍姆斯(Oliver Wendell Holmes)曾经用下面的一段话描述第一类错误发生的概率与第二类错误发生概率之间的关系。他说:"判定100 个有罪的人无罪,要比判一个无罪的人有罪好得多。"在霍姆斯看来,发生第一类错误的概率应该是第二类错误概率的 1/100。

这里一些关键的概念如下:

- 这里有两个假设,一个叫做原假设,另一个叫做备择假设。
- 这个检验过程从假设原假设是正确的开始。
- 这个过程的目的是判定是否有足够的证据推断备择假设是正确的。
- 这里有两个推断,拒绝原假设,赞成备择假设;接受(不拒绝)原假设。
- 在任何的检验中,有两类可能的错误。第一类是原假设正确却拒绝它,第二类错误是当原假设不正确时却未能拒绝。它们所发生的概率表示为:

P(第一类错误)$=\alpha$, P(第二类错误)$=\beta$

下面我们把这些概念引申到统计假设检验中。

7.1.2 假设检验的基本问题

假设检验是对统计总体的分布、数量特征及总体之间关系等提出各种推测,抽取随机样本,然后以样本的观察资料来验证相应的假设是否成立。假设检验分为参数假设检验和非参数假设检验两大类型。参数假设检验是在已知总体分布的前提下，根据样本统计量推断总体参数的一种检验。

在学习参数假设检验方法之前，我们首先对有关假设检验的几个基本问题做一个介绍（由上面法律方面的例子提出的），它们是：原假设与备择假设、假设检验的原理、拒绝域和接受域、假设检验的两类错误。除此之外，还将介绍显著性水平、假设检验结果的解释、假设检验的程序等基础知识。

（一）原假设与备择假设

在现实生活中，人们经常要对某个“假设”做出判断，决定它是真的还是假的。这是一般意义上的假设检验。用统计的语言来说，“假设”是关于总体参数的一个猜想。但无论是使用通俗的还是专业的表达方式，某一个假设的提出都应该是有一定的理由为基础的，而同时这些理由又不是完全充分的，因而产生了一个检验的需求，也就是要进行判断。

【例 7.1】 对刚刚运到的一批货物，质量检验员必须决定是接受这批货物，还是以这批货物不符合供应合同要求将它们退还给供应商。假设合同规定，供应商提供的零件内径平均为 1.5cm。

【例 7.2】 在对某一品牌洗衣粉的抽检中，抽检人员需要判断其净含量是否达到了说明书中所声明的重量 500g。

在统计学中，我们需要将类似于上述这样的实际问题转化为规范的假设检验问题。一般地，原假设(null hypothesis)是要进行检验的假设，用一个等式或大于等于、小于等于式来表示，通过样本观测信息，以获得量化的分析结果来推断它是否成立。

在[例 7.1]中，原假设采用等式的方式，$H_0: \mu = 1.5(\text{cm})$。

由于原假设的下标用 0 修饰，有的文献将此称为“零假设”。μ 是我们关心的参数。如果原假设不成立，就要拒绝原假设，需要在另一个假设中做出选择，这个假设称为备择假设(alternative hypothesis)。也有的文献将此称为“替换假设”，表明当原假设不成立时的替换。

在[例 7.1]中，备择假设的表达式为，$H_1: \mu \neq 1.5(\text{cm})$。

原假设与备择假设是互斥的，它们构成一个完备事件组。也就是说，在假设检验中，原假设与备择假设只有一个成立，而且必有一个成立。那么，所谓的统计假设检验，就是根据样本信息在原假设 H_0 和备择假设 H_1 之间做出选择。

也许会有这样的疑问：对两个相互排斥的假设，究竟应该把哪一个作为原假设，哪一个作为备择假设呢？实际上，在假设检验中区分原假设和备择假设是非常重要的。从人们的情理出发，由于原假设是作为检验的前提提出来的，所以其通常应该受到保护，在没有充足的证据时是不能遭到拒绝的。但遗憾的是，很多场合下，原假设和备择假设的选择仍然是比较模糊的。

关于一个总体参数 μ 的假设检验有三种基本形式：

$H_0:\mu=\mu_0 \quad H_1:\mu\neq\mu_0$

$H_0:\mu\geqslant\mu_0 \quad H_1:\mu<\mu_0$

$H_0:\mu\leqslant\mu_0 \quad H_1:\mu_1>\mu_0$

假设表达式中的等号部分(包括=、≥以及≤)一般出现在原假设中，这是我们需要遵循的。

在[例7.2]中，原假设与备择假设为：$H_0:\mu\geqslant 500 \quad H_1:\mu<500$。

(二)假设检验的原理

假设检验的基本思想是基于小概率原理，即小概率事件在一次试验或观察中不会发生。事件发生的概率小，说明事件出现的可能性小，那么这样的事件在一次或少量观察中，往往是不会出现的。假设检验是依据这一原理，对提出的假设做出拒绝与否的判断。假定某经销商承诺他的这批货中，不合格品率在1‰以下，即平均1000件里面最多只有1件不合格品。为检验经销商的说法是否可靠，从这批货中随机抽出1件，我们知道不合格品出现的概率为1‰，如果抽出的这件样品经检查发现是不合格品，则有理由认为经销商的承诺是值得怀疑的。原因是1‰的概率是个很小的数，可以断言，随机抽出一件产品恰好是不合格品几乎是不可能的事情，但事实却相反，那么就等于找到了一个比较有说服力的证据，表明这批货物的不合格品率不可能小于1‰，从而推断出经销商的承诺存在虚假。

概率值为多小才称得上是小概率呢？应根据检验问题的具体情况来定。在进行假设检验的时候，人们总是视问题的要求，规定一个小概率的参考值 $\alpha(0<\alpha<1)$，然后把事件发生的概率 P 与 α 进行比较。如果 $P\leqslant\alpha$，则可以认为该事件发生的概率很小，在一次试验或观察中基本上不可能出现。显然，我们可以得出一条结论，若 α 的值定得越小，则拒绝原假设 H_0 的说服力就越强，反之则相反。但事件发的概率小，只是说该事件发生的可能性小，并不能表明小概率事件永远也不会发生。因此，依据小概率原理做假设检验，有可能检验结果出错。我们在学习统计学时，必须清晰地认识到这一点。

(三)拒绝域和接受域

怎样检验原假设 H_0 呢？我们依据抽样分布定理，以正态分布为例，先确定显著性水平 α，然后根据相应的统计量在正态分布的情况下找出分位点(临界点)，将整个样本的取值区间分为两大部分：一部分是接受域，另一部分是拒绝域(有时称临界域)。当统计量的值落入接受域时就接受 H_0，反之就拒绝 H_0 接受 H_1。

如果临界域在两端位置，称为双侧检验(见图7.1)。如果临界域只在一端，称为单侧检验，可以在左侧，也可以在右侧(见图7.2、图7.3)。在何时选用单侧还是双侧，一般的做法是，在建立假设时，若能定出方向，待检验的参数大于或小于某一

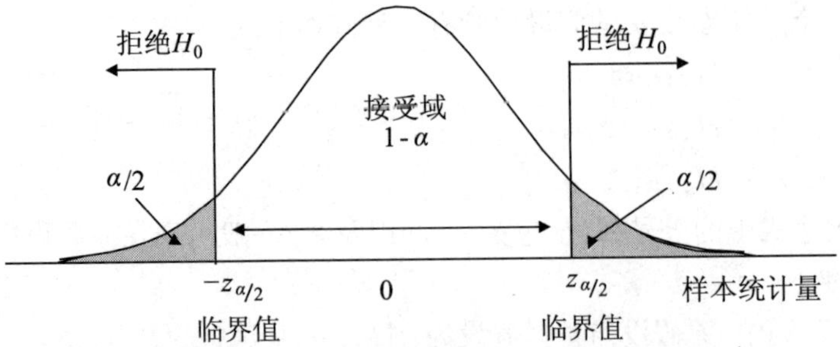

图 7.1 双侧检验的拒绝域和接受域示意图

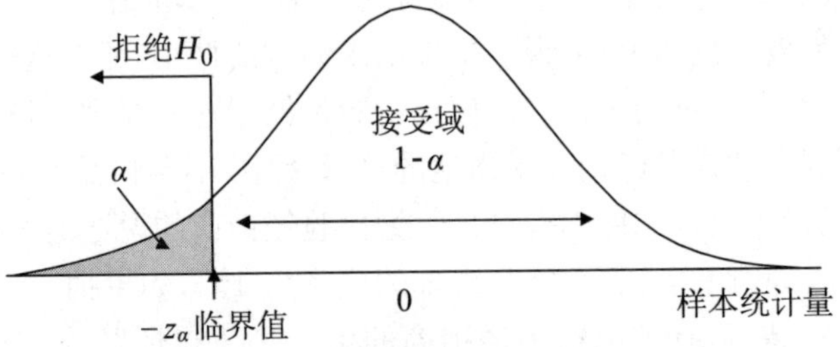

图 7.2 左侧检验的拒绝域和接受域示意图

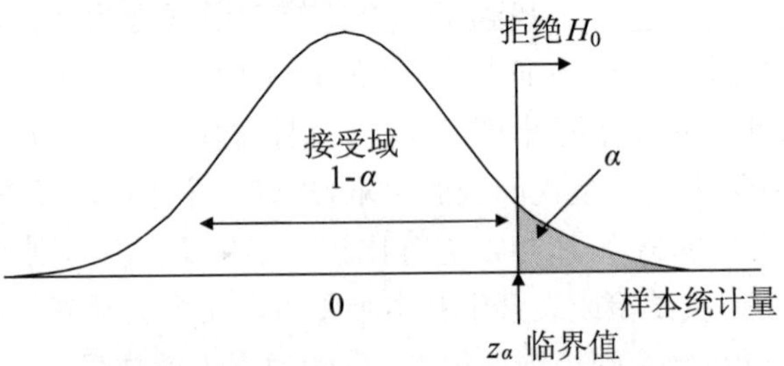

图 7.3 右侧检验的拒绝域和接受域示意图

个数用单侧检验,若不能定出方向用双侧检验。

进行假设检验,需要建立一个判别规则。这一规则能够帮助我们把假设是真是伪识别出来,实际上是根据随机样本的取值划分两个对立的集合。由样本资料计算出来的检验统计量的值如果落在接受域,表明还未找到理由拒绝原假设 H_0,所以只好接受(不拒绝) H_0。这里,接受 H_0 并不代表 H_0 一定为真,只是表示目前没有充分证据可以拒绝 H_0。如果检验统计量的值落在拒绝域,表明小概率事件发生了,则可以拒绝 H_0。由于样本是随机的,根据样本资料计算出来的检验统计量的值,可能落在接受域,也可能落在拒绝域。有可能出现 4 种情况(见表 7.1)。

通常我们将注意力放在拒绝域上。事实上,在拒绝原假设和接受原假设之间还存在一个模糊域,如今我们把它并入接受域(见图 7.1~图 7.3),所以接受域是复杂的，将之称为保留域（或称不拒绝域）也许更恰当，但习惯上已把它称为接受域，没有必要再进行改变，只是应注意它的含义。

在样本容量 n 一定的条件下，若要减少犯第一类错误（弃真错误）的概率 α，必然会增加犯第二类错误（取伪错误）的概率 β；要同时减少犯两类错误的概率是不大可能的，即 α 与 β 不可能同时减小。只有增大样本容量，才是使两类风险同时减少的唯一途径。由于第一类错误产生的原因是，在原假设 H_0 为真的情况下，检验统计量不巧落入小概率的拒绝区域，使得我们下了拒绝原假设的结论，导致犯第一类错误的发生。因此，犯第一类错误的概率大小就等于显著性水平的大小。实际中往往考虑由选定的显著性水平 α 来控制犯第一类错误的概率。

表 7.1　假设检验的可能结果

检验结果		总　体	
		H_0 为真	H_0 为假
决　策	接受 H_0	判断正确	第二类错误（取伪错误 β）
	拒绝 H_0	第一类错误（弃真错误 α）	判断正确

7.1.3　假设检验的步骤

在明确上述基本概念后，为便于操作，将介绍假设检验的一般步骤，但这不是绝对的规则，实际操作时步骤的划分可粗可细。

第一步，根据问题的要求，提出原假设与备择假设。

第二步，构造出适当的检验统计量及其分布，这一步所考虑的因素与参数估计相同。

第三步，由样本统计的资料和已知的参数值，计算出检验统计量的具体数值。

第四步，在给定显著性水平 α 的基础上，找出检验的临界值。

根据统计量所服从的分布，查表确定临界值，决定拒绝域和接受域。不过要注意，所给定的显著性水平不同，拒绝域就不同，拒绝域愈小就愈难否定原假设 H_0。再者，对于有的社会经济现象，双侧检验比单侧检验更难否定原假设 H_0。

第五步，把检验统计量的值与临界值进行比较，作出决策。

根据计算的结果，当检验统计量的数值落入接受域，就接受原假设 H_0；反之就拒绝原假设 H_0，而接受备择假设 H_1。这一步一般称为统计决策。有了统计决策还要付诸于行动，即最后要根据统计决策做出行动决策。

7.2 总体均值的假设检验

7.2.1 单个总体均值的假设检验

在进行总体均值的假设检验时，为了确定相应的统计量的分布，需要考虑总体的分布类型，考虑总体的方差是否已知，还要考虑样本容量的大小。下面我们分三种情况讨论总体均值的假设检验：

（一）设总体 $X \sim N(\mu,\sigma^2)$，σ^2 已知，总体均值 μ 的假设检验

首先讨论双侧检验，按照上述假设检验的步骤来进行。

第一步，建立假设：$H_0:\mu=\mu_0 \quad H_1:\mu\neq\mu_0$

第二步，构造检验统计量。由于 σ^2 已知，根据第 5 章抽样分布定理 5.3 有：

$$z=\frac{\bar{x}-\mu_0}{\sigma/\sqrt{n}}\sim N(0,1) \tag{7.1}$$

第三步，计算检验统计量的值：$z=\dfrac{\bar{x}-\mu_0}{\sigma/\sqrt{n}}$

第四步，给定显著性水平 α，查正态分布表，确定临界值 $z_{\alpha/2}$，从而确定拒绝域为 $(-\infty,-z_{\alpha/2}]$ 和 $[z_{\alpha/2},+\infty)$；接受域为 $(-z_{\alpha/2},+z_{\alpha/2})$。

第五步，统计决策：若 $|z|\geqslant z_{\alpha/2}$，拒绝 H_0，否则接受 H_0。

对于单侧检验有下面两种情形。

右侧检验：$H_0:\mu\leqslant\mu_0 \quad H_1:\mu>\mu_0$，拒绝域为 $[z_\alpha,+\infty)$；接受域为 $(-\infty,z_\alpha)$。

左侧检验：$H_0:\mu\geqslant\mu_0 \quad H_1:\mu<\mu_0$，拒绝域为 $(-\infty,-z_\alpha]$；接受域为 $(-z_\alpha,+\infty)$。

其余检验过程仿上述步骤进行。

【例 7.3】 一个百货公司打算为公司的信用卡客户安装一套新的账户系统。在进行了全面的财务分析后，发现只有当平均每人每月的账单上的消费超过 1700 元时，安装这个新系统才能回收成本。抽取了 400 个每月账单构成随机样本，它们的平均数是 1780 元。这个公司知道公司账单近似服从标准差为 650 元的正态分布。那么管理者能从这些信息中推断出新系统是成本有效(即安装新系统是可行)的吗？($\alpha=0.05$)

解：在这个例子中，百货公司的信用卡账户是总体，为了推断这个系统是否是成本有效的，公司需要考察所有客户的平均账单 μ 是否高于 1700 元。因此我们建立如下的备择假设来描述这个情况：

$$H_1: \mu > 1700$$

原假设为：

$$H_0: \mu \leqslant 1700$$

已知总体标准差 $\sigma = 650$，$n = 400$，根据给定的样本数据，有：$\bar{x} = 1780$。

计算检验统计量：$z = \dfrac{\bar{x} - \mu}{\sigma / \sqrt{n}} = \dfrac{1780 - 1700}{650 / \sqrt{400}} = 2.46$

由于 $z_\alpha = z_{0.05} = 1.645$

因而，$z = 2.46 > z_\alpha = z_{0.05} = 1.645$，所以拒绝 H_0。

故我们有足够的证据可推断每月账单均值大于 1700 元，即安装新系统是可行的。

（二）设总体 $X \sim N(\mu, \sigma^2)$，σ^2 未知，总体均值 μ 的假设检验

考虑样本容量的大小，若总体方差 σ^2 未知，在大样本情形下，则可以利用样本方差 s^2 来代替总体方差 σ^2，构造检验统计量

$$z = \frac{\bar{x} - \mu}{s / \sqrt{n}}$$

检验过程按照上述（一）中 σ^2 已知，μ 的假设检验的步骤来进行。

但在小样本情形下则有所不同，由第 5 章 t 分布公式(5.21)知：

$$t = \frac{\bar{x} - \mu}{s / \sqrt{n}} \sim t(n-1)$$

构造检验统计量：

$$t = \frac{\bar{x} - \mu_0}{s / \sqrt{n}} \tag{7.2}$$

在双侧检验（$H_0: \mu = \mu_0 \quad H_1: \mu \neq \mu_0$）中，当 $|t| \geqslant t_{\frac{\alpha}{2}}(n-1)$ 时，拒绝 H_0，否则接受 H_0。

在右侧检验（$H_0: \mu \leqslant \mu_0 \quad H_1: \mu > \mu_0$）中，当 $t > t_\alpha(n-1)$ 时，拒绝 H_0，否则接受 H_0。

在左侧检验（$H_0: \mu \geqslant \mu_0 \quad H_1: \mu < \mu_0$）中，当 $t < -t_\alpha(n-1)$ 时，拒绝 H_0，否则接受 H_0。

【例 7.4】 某房地产总公司给其一家子公司下达的指标任务是每一套住宅的平均销售时间为 40 天或更少。假设每一套住宅的平均销售时间服从正态分布，抽取子公司 20 套住宅，发现其平均销售时间是 45 天，而样本标准差是 10 天。问：以 5%的显著性水平来检验，该子公司是否完成了母公司的指标任务？

解：建立假设，$H_0: \mu \leqslant 40 \quad H_1: \mu > 40$

σ^2 未知，已知 $s = 10$，$\bar{x} = 45$，$n = 20$。

计算检验统计量的值：$t=\frac{\bar{x}-\mu_0}{s/\sqrt{n}}=2.24$

当 $\alpha=0.05$ 时，查 t 分布表 $t_\alpha(19)=1.729$。

由于 $t=2.24>t_\alpha(19)=1.729$，所以拒绝 H_0。

这表明该子公司没有完成总公司的指标任务。

（三）非正态总体或总体分布未知时，总体均值 μ 的假设检验

当总体为非正态分布，或不知道总体的分布时，只要知道总体的方差 σ^2，根据中心极限定理 5.3 有：当 n 充分大时（或 n 大于等于 30），样本均值近似服从正态分布，即近似地有：$\bar{x}\sim N(\mu,\sigma^2/n)$，$z=\frac{\bar{x}-\mu_0}{s/\sqrt{n}}\sim N(0,1)$，所以构造检验统计量

$$z=\frac{\bar{x}-\mu_0}{\sigma/\sqrt{n}} \tag{7.3}$$

在实际中，总体方差往往是未知的。应用时，只要样本容量充分大，仍然可以用样本标准差 s 代替统计量 z 中总体标准差 σ。

【例 7.5】 某电器产品的平均功率一直保持在 2.6W。改变加工工艺后，测得 100 个产品的平均功率为 2.68W，标准差为 0.06W。问新工艺对该产品的平均功率有无显著影响（$\alpha=0.01$）。

解：这个问题是大样本下双侧检验问题：

$H_1:\mu\neq 2.6$

在这个备择假设下，原假设指定均值等于给出的值，即

$H_0:\mu=2.6$

因为 $\alpha=0.01$，$\alpha/2=0.005$，$z_{\alpha/2}=2.58$

计算检验统计量值：

$$z=\frac{\bar{x}-\mu}{s/\sqrt{n}}=\frac{2.68-2.6}{0.06/\sqrt{100}}=13.33$$

因为 $z=13.33>z_{\alpha/2}=2.58$，我们拒绝原假设。故认为新工艺对产品的平均功率有显著影响。

（四）P 值

在上述讨论中，我们是通过比较统计量的值或绝对值与临界值的大小，来判断是接受 H_0 还是拒绝 H_0。例如，在双侧检验的 z 检验中，当 $|z|\geqslant z_{\alpha/2}$ 时，拒绝 H_0，否则接受 H_0。显然，临界值的大小与显著性水平 α 有关，因而拒绝 H_0 还是接受 H_0 也与显著性水平 α 有关。如果在显著性水平 α 下，拒绝 H_0，当 $\alpha_0>\alpha$ 时，在显著性水平 α_0 下，仍然拒绝 H_0，我们自然希望找到拒绝 H_0 的最低显著性水平。

P 值是一个与假设检验相联系的概率。国际通用的统计软件 SPSS，SAS 等在

某种计算的结果中都有 P 值。P 值为拒绝 H_0 的最低显著性水平。

我们用一个例子来说明如何计算 P 值。[例 7.3]中，P 值就是当总体均值是 1700 时，观测到样本均值至少和 1780 一样大的概率。因此，

$$P\text{ 值}=P(\bar{x}>1780)=P\left(\frac{\bar{x}-\mu}{\sigma/\sqrt{n}}>\frac{1780-1700}{650/\sqrt{400}}\right)=P(z>2.46)=0.0069$$

如图 7.4。

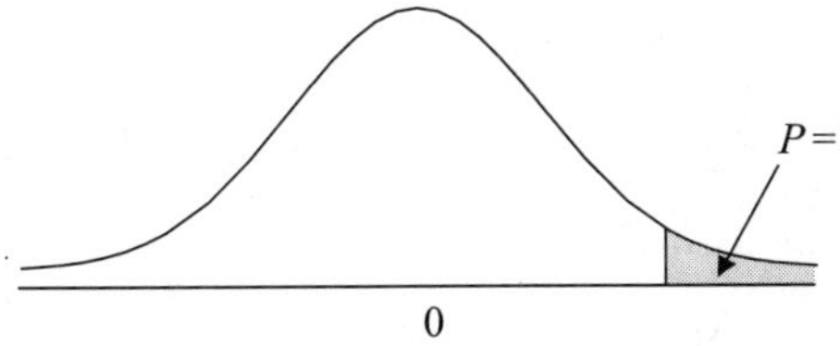

图 7.4　例 7.3 的 P 值

正确解释一个推断程序的结果，从技术上来说是基于抽样分布。抽样分布允许我们在已知总体参数的前提下，对样本统计量做一个概率陈述。从一个均值为 1700 的总体中观测到样本均值至少是 1780 的概率是 0.0069，这个概率是很小的。换言之，我们观测到了，该不可能事件，该事件不足以使我们必须怀疑开始的假定。我们假定原假设是真的是为了计算检验统计量的值。从而我们有理由拒绝原假设，支持备择假设。

检验的 P 值提供了有用的信息，因为它度量了支持备择假设的证据的强度。为了充分理解这个解释，参考下表，在那里列出了 $\bar{x}$ 的几个值以及它们的 z 统计量和对于[例 7.3]的 P 值。注意，$\bar{x}$ 越接近假设的均值(1700)，P 值越大，$\bar{x}$ 越远离 1700，P 值越小。$\bar{x}$ 的值大于 1700 暗示着备择假设是真的。因此，P 值越小，就有越多的统计证据来支持备择假设。

表 7.2　例 7.3 的检验统计量的 P 值

样本均值	$z=\frac{\bar{x}-\mu}{\sigma/\sqrt{n}}>\frac{1780-1700}{650/\sqrt{400}}$	P 值
1700	0	0.5000
1720	0.62	0.2674
1740	1.23	0.1093
1760	1.85	0.0322
1780	2.46	0.0069
1800	3.08	0.0010

同样在 t 检验的双侧检验中，假设已算出统计量的值，记为 $|t|$，我们定义 t 统计量的 P 值为：

$$\frac{P}{2}=P(T\geqslant t)\text{（见图 7.5 左图）}$$

在单侧检验中，假设已算出统计量的值，记为 t，我们定义 t 统计量的 P 值为：

$$P=P(T\geqslant t)\text{（见图 7.5 右图）}$$

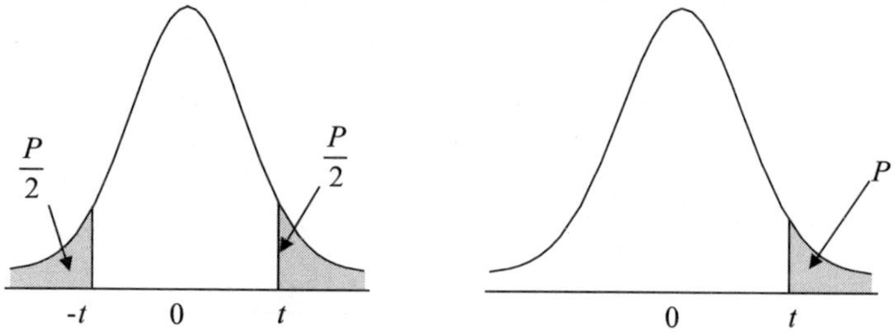

图 7.5　t 统计量的 P 值

在双侧检验中，对给定的显著性水平 α：

当 $P<\alpha$ 时，有 $t_{\alpha/2}<t$，表明 t 落在由 α 确定的临界值的外侧，应当拒绝 H_0，接受 H_1。

当 $P\geqslant\alpha$ 时，有 $t_{\alpha/2}>t$，表明 t 落在由 α 确定的临界值的内侧，应当接受 H_0。

当然，除了可以针对 t 统计量定义 P 值外，还可以针对其他统计量，比如 z 统计量、χ^2 统计量、F 统计量等类似地定义 P 值。在 SPSS 软件中，是用 P 值判别规则来判别是接受还是拒绝 H_0。

P 值判别规则：

当 $P<\alpha$ 时，拒绝 H_0，接受 H_1。

当 $P\geqslant\alpha$ 时，接受 H_0。

（五）假设检验和置信区间估计

检验统计量和置信区间估计都可以通过样本分布得到，所以我们利用区间估计来进行假设检验也就不足为奇了。［例 7.5］，总体均值 95%的置信区间估计为

$$\bar{x}\pm z_{\alpha/2}\frac{\sigma}{\sqrt{n}}=2.68\pm 2.57\frac{0.06}{\sqrt{100}}=2.68\pm 0.015$$

$LCL=2.665$，$UCL=2.695$

我们检验的 μ 值（$\mu=2.6$），位于［2.665，2.695］区域之外，所以我们能得到下面的结论：有足够的证据可以推断总体均值不等于 2.6。故认为新工艺对产品的平均功率有显著影响。

正如我们所观察到的，置信区间估计可以用来进行假设检验。这个过程等同于拒绝域方法。但是，无需计算拒绝域的临界值并检验统计量是否落进拒绝域，我们只须计算出区间估计，然后再看这个均值的检验值是否落进这个区间。

用区间估计进行假设检验非常简单。但是，置信区间估计不产生 P 值。我们已经讨论过对一个参数做统计推断时，P 值是一个非常好的方法。用置信区间估计进行假设检验会强迫决策者做出拒绝/接受的决策，而不是告诉他们，有多少统计证据可用来和其他因素一起帮助他们在决策过程中做出判断。

7.2.2　两个总体均值差异的假设检验

比较两个总体均值是否有显著差异是统计学应用中较常见的问题。实际中，分别从两个总体中相互独立地抽取样本：$x_1, x_2, \cdots, x_{n_1}$ 和 $y_1, y_2, \cdots, y_{n_2}$，通过比较其样本均值 $\bar{x}$ 和 $\bar{y}$，来判断总体均值是否有显著差异，检验 $H_0: \mu_1 = \mu_2, H_1: \mu_1 \neq \mu_2$，分下面几种情况来研究。

（一）当两个总体为正态分布，且已知总体方差 σ_1^2 和 σ_2^2

设 $X \sim N(\mu_1, \sigma_1^2), Y \sim N(\mu_2, \sigma_2^2)$。

根据第 5 章两个样本统计量的抽样分布，有：$\bar{x} \sim N(\mu_1, \sigma_1^2/n_1), \bar{y} \sim N(\mu_2, \sigma_2^2/n_2)$。由正态分布的性质有：$\bar{x} - \bar{y} \sim N(\mu_1 - \mu_2, \sigma_1^2/n_1 + \sigma_2^2/n_2)$。

所以，构造检验统计量：$$z = \frac{(\bar{x} - \bar{y}) - (\mu_1 - \mu_2)}{\sqrt{\frac{\sigma_1^2}{n_1} + \frac{\sigma_2^2}{n_2}}} \sim N(0,1) \tag{7.4}$$

当 $|z| \geqslant z_{\alpha/2}$ 时，拒绝 H_0，说明两个总体均值 μ_1 和 μ_2 有显著差异。

当 $|z| < z_{\alpha/2}$ 时，接受 H_0，说明两个总体均值 μ_1 和 μ_2 无显著差异。

（二）当两个总体为正态分布，且未知总体方差 σ_1^2 和 σ_2^2，假定 $\sigma_1^2 = \sigma_2^2 = \sigma^2$

根据第 5 章两个样本统计量的抽样分布及卡方分布的性质，有：

$$\bar{x} - \bar{y} \sim N(\mu_1 - \mu_2, \sigma_1^2/n_1 + \sigma_2^2/n_2)$$

$$\frac{(n_1 - 1)s_1^2}{\sigma^2} \sim \chi^2(n_1 - 1)$$

$$\frac{(n_2 - 1)s_2^2}{\sigma^2} \sim \chi^2(n_2 - 1)$$

进一步有：

$$\frac{(n_1 - 1)s_1^2}{\sigma^2} + \frac{(n_2 - 1)s_2^2}{\sigma^2} \sim \chi^2(n_1 + n_2 - 2)$$

构造检验统计量：

$$t = \frac{(\bar{x} - \bar{y}) - (\mu_1 - \mu_2)}{\sqrt{s_w^2\left(\frac{1}{n_1} + \frac{1}{n_2}\right)}} \sim t(n_1 + n_2 - 2) \tag{7.5}$$

式中：$s_w^2 = \frac{(n_1 - 1)s_1^2 + (n_2 - 1)s_2^2}{n_1 + n_2 - 2}$，$s_w^2$ 称为联合方差估计，它是对两个方差

的加权平均。s_1^2 和 s_2^2 分别为两个总体的样本方差。

当 $|t| \geqslant t_{\alpha/2}(n_1+n_2-2)$ 时，拒绝 H_0，说明两个总体均值 μ_1 和 μ_2 有显著差异。

当 $|t| < t_{\alpha/2}(n_1+n_2-2)$ 时，接受 H_0，说明两个总体均值 μ_1 和 μ_2 无显著差异。

【例 7.6】 一家调查公司想要调查近来大学毕业生们所获得的工作职位，尤其想要知道不同专业获得的薪水(年薪)的差别。在调查中随机抽取了 50 名大学毕业生，其中一半主修金融，另一半主修营销，调查了每一个毕业生得到的最高薪水，见表 7.3。假定 2 个总体近似服从正态分布，且总体方差相等。调查公司能否从中得出主修金融的学生获得的薪水比主修营销的学生的薪水更高。

表 7.3 毕业生获得的薪水情况

毕业生小组	金融专业	营销专业	毕业生小组	金融专业	营销专业
1	61228	73361	14	63196	63567
2	51836	36956	15	64358	69423
3	20620	63627	16	47915	56276
4	73356	71069	17	86792	47510
5	84186	40203	18	75155	58925
6	79782	97097	19	65948	78704
7	29523	49442	20	29392	62553
8	80645	75188	21	96382	81931
9	76125	59854	22	80644	30867
10	62531	79816	23	51389	49091
11	77073	51943	24	61955	48843
12	86705	35272	25	63573	59925
13	70286	60631			

解：建立假设，$H_0: \mu_1 - \mu_2 \leqslant 0 \quad H_1: \mu_1 - \mu_2 > 0$

根据以上数据，我们可以得出下面的统计量：

$\bar{x} = 65624$，　$\bar{y} = 60083$

$s_1^2 = 360433294$，　$s_2^2 = 259453114$

$$s_w^2 = \frac{(n_1-1)s_1^2 + (n_2-1)s_2^2}{n_1+n_2-2}$$

$$= \frac{24 \times 360433294 + 24 \times 259453114}{25+25-2} = 309943204$$

计算检验统计量的值：$t=\dfrac{(\bar{x}-\bar{y})-(\mu_1-\mu_2)}{\sqrt{s_w^2(\dfrac{1}{n_1}+\dfrac{1}{n_2})}}=\dfrac{(65624-60083)-(0)}{\sqrt{309943204\times(\dfrac{1}{25}+\dfrac{1}{25})}}$

$=1.143$

检验统计量的自由度是：

$\nu=n_1+n_2-2=25+25-2=48$

当 $\alpha=0.05$ 时，查 t 分布表 $t_{0.05}(48)\approx 1.676$。

由于 $t<t_\alpha(n_1+n_2-2)=t_{0.05}(48)\approx 1.676$，所以接受 H_0，说明两个总体均值 μ_1 和 μ_2 无显著差异。故没有充分证据表明，主修金融的学生能够获得薪水更高的位置。

(三)在小样本情形，两个总体为正态分布，且未知总体方差 σ_1^2 和 σ_2^2，但 $\sigma_1^2\neq\sigma_2^2$

构造检验统计量：

$$t=\frac{(\bar{x}-\bar{y})-(\mu_1-\mu_2)}{\sqrt{\dfrac{s_1^2}{n_1}+\dfrac{s_2^2}{n_2}}}\sim t(\upsilon) \tag{7.6}$$

此时的抽样分布已不服从自由度为 (n_1+n_2-2) 的 t 分布，而是近似服从自由度为 υ 的 t 分布。υ 的计算公式如下：

$$\upsilon=\frac{(\dfrac{s_1^2}{n_1}+\dfrac{s_2^2}{n_2})^2}{\dfrac{(s_1^2/n_1)^2}{n_1-1}+\dfrac{(s_2^2/n_2)^2}{n_2-1}}$$

当 $|t|\geqslant t_{\alpha/2}(\upsilon)$ 时，拒绝 H_0，说明两个总体均值 μ_1 和 μ_2 有显著差异。

当 $|t|<t_{\alpha/2}(\upsilon)$ 时，接受 H_0，说明两个总体均值 μ_1 和 μ_2 无显著差异。

上述两种情形，首先需要检验两个总体的方差是否相等，即作方差齐次性检验，我们将在本章7.4节中介绍其方法。根据方差齐次性检验的结果，再构造检验统计量，由于其分布较为复杂，我们一般通过SPSS软件来完成。

(四)总体分布未知，对大样本情形：$n_1\geqslant 30$ 和 $n_2\geqslant 30$，已知总体方差 σ_1^2 和 σ_2^2

构造检验统计量：

$$Z=\frac{(\bar{x}-\bar{y})-(\mu_1-\mu_2)}{\sqrt{\dfrac{\sigma_1^2}{n_1}+\dfrac{\sigma_2^2}{n_2}}}\sim N(0,1) \tag{7.7}$$

当 $|z|\geqslant z_{\alpha/2}$ 时，拒绝 H_0，说明两个总体均值 μ_1 和 μ_2 有显著差异。

当 $|z|<z_{\alpha/2}$ 时，接受 H_0，说明两个总体均值 μ_1 和 μ_2 无显著差异。

实际中，总体的方差往往是未知的，大样本情形可以用样本方差 s_1^2 和 s_2^2 分别替代总体方差 σ_1^2 和 σ_2^2。

对于单侧检验,同样分各种不同的情形,选择相应的检验统计量,主要是临界值有所不同(z_α 或 t_α),接受域和拒绝域有所不同。

【例 7.7】 据调查,在科研机构中具有工作流动倾向的人一般都是一些特别优秀的科技人员。为了考察在企业中业绩与流动性之间是否有关系,一调查机构考察了一家大型国有企业的人事记录。样本由 174 名"留下者"职工和 355 名"离去者"职工组成。企业对这两类职工业绩评估结果汇总见表 7.4(业绩按 5 分制评定:1=差,5=优),问"留下者"职工和"离去者"职工业绩的平均分是否有显著差异(显著性水平 $\alpha=0.01$)?

表 7.4 雇员工作业绩汇总表

留下者	离去者
$n_1=174$	$n_2=355$
$\bar{x}=3.51$	$\bar{y}=3.24$
$s_1=0.51$	$s_2=0.52$

解:建立假设, $H_0:\mu_1=\mu_2 \quad H_1:\mu_1\neq\mu_2$

这是一个大样本的双侧检验,根据 7.7 式,用样本方差去替代总体方差。

计算检验统计量的值:

$$z=\frac{(\bar{x}-\bar{y})-(\mu_1-\mu_2)}{\sqrt{\frac{\sigma_1^2}{n_1}+\frac{\sigma_2^2}{n_2}}}\approx\frac{3.51-3.24}{\sqrt{\frac{0.51^2}{174}+\frac{0.52^2}{355}}}=5.68$$

当 $\alpha=0.01$ 时,查正态分布表 $z_{0.005}=2.58$。

由于 $|z|=5.68>z_{0.005}=2.58$,所以拒绝 H_0,接受 H_1。

"留下者"职工和"离去者"职工业绩的平均分有显著差异,即工作业绩与流动性之间是有关系的。

7.2.3 配对样本的 t 检验

在某些对比实验中,数据总是成对出现的,例如,用两套问卷测试同一实验组的每个人,所得到的两套问卷的测试成绩就是成对出现的,每个被测试的人员有两个分值(x_i,y_i), $i=1,2,\cdots,n$,不能独立地颠倒其中任何一组样本的顺序。这时就不再用上述方法进行两个总体均值差异的检验,而是简单地令: $\mu_i=X_i-Y_i(i=1,2,\cdots,n)$,然后用单样本的 t 检验方法,检验 μ_i 的均值与 0 是否有显著的差异,从而得出两个总体的均值是否有显著差异。这种检验方法,称为配对样本 t 检验。

假定两个总体配对差值构成的总体服从正态分布,而且配对差是由差值总体中随机抽取的。对于小样本情形,配对差值服从 t 分布。

构造检验统计量：

$$t=\frac{\bar{d}-(\mu_1-\mu_2)}{S_d/\sqrt{n}}\sim t(n-1) \tag{7.8}$$

式中：d_i 表示配对样本的差值，即 $d_i=x_i-y_i$；

$\bar{d}$ 表示配对样本的差值的均值，即 $\bar{d}=\frac{\sum_{i=1}^{n}(x_i-y_i)}{n}$；

S_d 表示配对样本的差值的标准差，$S_d=\sqrt{\frac{\sum_{i=1}^{n}(d_i-\bar{d})^2}{n-1}}$。

当 $|t|\geqslant t_{\alpha/2}(n-1)$ 时，拒绝 H_0，说明两个总体均值 μ_1 和 μ_2 有显著差异。

当 $|t|<t_{\alpha/2}(n-1)$ 时，接受 H_0，说明两个总体均值 μ_1 和 μ_2 无显著差异。

【例 7.8】 某校随机抽取了 10 名学生，调查他们在新教学法实施前后成绩的变化，结果如表 7.5 所示，那么新教学法是否对学生的学习成绩有显著影响（显著性水平 $\alpha=0.05$）？

表 7.5　实验前后的学生成绩

编号	实验前成绩（x_i）	实验后成绩（y_i）	$d_i=x_i-y_i$
1	60	65	−5
2	72	80	−8
3	86	80	6
4	75	75	0
5	83	80	3
6	68	72	−4
7	87	90	−3
8	56	60	−4
9	78	80	−2
10	90	92	−2

解：建立假设，$H_0: \mu_1=\mu_2 \quad H_1: \mu_1\neq\mu_2$

因为显著性水平 $\alpha=0.05$，自由度 $df=n-1=9$，查附录 t 分布表，$t_{\alpha/2}=2.262$。根据表中的数据计算得：$\bar{d}=-1.9$，$S_d=4.04$。

计算检验统计量的值：$t=\frac{\bar{d}}{S_d/\sqrt{n}}=\frac{-1.9}{4.04/\sqrt{10}}=-1.41$

由于 $|t|<t_{\alpha/2}=2.262$，所以接受原假设 H_0。故新教学法对提高学生的学习成绩并没有帮助。

7.3 总体比例的假设检验

7.3.1 单个总体比例的假设检验

从统计学的角度来说，构成总体比例的假设检验与总体均值的假设检验实质上具有相同的思路，区别只在于参数和检验统计量的形式不同。所以，总体比例检验可以参考总体均值检验来进行，甚至有很多内容是可以完全“照搬”的。基于这一点，本节将尽可能综合地介绍总体比例的假设检验方法。

总体比例假设检验的三种基本形式：

$H_0:\pi=\pi_0 \quad H_1:\pi\neq\pi_0$

$H_0:\pi\geqslant\pi_0 \quad H_1:\pi<\pi_0$

$H_0:\pi\leqslant\pi_0 \quad H_1:\pi>\pi_0$

与总体比例的区间估计类似，我们只考虑大样本情形。当 n 充分大时，总体比例 π 的假设检验，构造检验统计量

$$z=\frac{p-\pi_0}{\sqrt{\pi_0(1-\pi_0)/n}} \tag{7.9}$$

z 近似服从标准正态分布 $N(0,1)$。

式中：p 是样本比例，π_0 是原假设的总体比例。

对双侧检验：$H_0:\pi=\pi_0 \quad H_1:\pi\neq\pi_0$，当 $|z|\geqslant z_{\alpha/2}$ 时，拒绝 H_0，接受 H_1，否则接受 H_0。

对右侧检验：$H_0:\pi\leqslant\pi_0 \quad H_1:\pi>\pi_0$，当 $z>z_\alpha$ 时，拒绝 H_0，接受 H_1，否则接受 H_0。

对左侧检验：$H_0:\pi\geqslant\pi_0 \quad H_1:\pi<\pi_0$，当 $z<-z_\alpha$ 时，拒绝 H_0，接受 H_1，否则接受 H_0。

【例 7.9】 某单位调查职工对现在居住环境是否满意，抽查了 157 人，其中有 110 人表示更加满意。问总体满意的百分比是否超出去年的百分比(去年只有 58%的职工表示满意)(显著性水平 $\alpha=0.05$)。

解：建立假设，$H_0:\pi\leqslant0.58 \quad H_1:\pi>0.58$

又有 $p=110/157=0.7$

计算检验统计量：

$$Z=\frac{p-\pi_0}{\sqrt{\pi_0(1-\pi_0)/n}}=\frac{0.7-0.58}{\sqrt{0.58(1-0.58)/157}}=3.05$$

当 $\alpha=0.05$ 时，查正态分布表 $z_{0.05}=1.645$。

由于 $z=3.05>z_{0.05}=1.645$，所以拒绝 H_0。

可认为目前职工对居住环境更加满意。

7.3.2　两个总体比例之差的假设检验

检验两个总体中具有某种特性的比例是否有显著性差异，可在两个总体中，相互独立地抽取数量足够大的样本 $x_1,x_2,\cdots,x_{n_1}$ 和 $y_1,y_2,\cdots,y_{n_2}$，构造检验统计量：

$$z=\frac{(p_1-p_2)-(\pi_1-\pi_2)}{\sqrt{\frac{\pi_1(1-\pi_1)}{n_1}+\frac{\pi_2(1-\pi_2)}{n_2}}} \tag{7.10}$$

z 近似地服从标准正态分布 $N(0,1)$。式中：p_1 和 p_2 分别是两个样本的样本比例，π_1 和 π_2 分别是原假设的两个总体的总体比例。

当假设 $H_0:\pi_1=\pi_2$ 成立时，有 $\pi_1=\pi_2=\pi$，先要解决 π 的估计问题。

设样本 $x_1,x_2,\cdots,x_{n_1}$ 中，具有某种特性的单位数为 $m_1(m_1=n_1p_1)$，样本 $y_1,y_2,\cdots,y_{n_2}$ 中，具有某种特性的单位数为 $m_2(m_2=n_2p_2)$，则我们用两组样本的综合比例来估计 π 值：$\pi=\frac{m_1+m_2}{n_1+n_2}$。

于是有：$z=\frac{p_1-p_2}{\sqrt{\frac{\pi(1-\pi)}{n_1}+\frac{\pi(1-\pi)}{n_2}}}$，近似服从标准正态分布 $N(0,1)$。

对双侧检验：$H_0:\pi=\pi_0$　$H_1:\pi\neq\pi_0$，当 $|z|\geqslant z_{\alpha/2}$ 时，拒绝 H_0，接受 H_1，否则接受 H_0。

对右侧检验：$H_0:\pi\leqslant\pi_0$　$H_1:\pi>\pi_0$，当 $z>z_\alpha$ 时，拒绝 H_0，接受 H_1，否则接受 H_0。

对左侧检验：$H_0:\pi\geqslant\pi_0$　$H_1:\pi<\pi_0$，当 $z<-z_\alpha$ 时，拒绝 H_0，接受 H_1，否则接受 H_0。

【例 7.10】　一家保险机构称，人们对于新出台的某一险种，沿海地区人们的喜好程度要高于内地。为了进一步了解事实，它进行了一次抽样调查，了解两地喜好该险种的人数比例。调查结果如下表，试以 $\alpha=0.01$ 的显著性水平来检验。

表 7.6　调查数据统计表

	沿　海	内　地
样本数	$n_1=300$	$n_2=400$
喜好险种的人数	$m_1=195$	$m_2=220$
样本比例	$p_1=0.65$	$p_2=0.55$

解:建立假设,$H_0: \pi_1 \leqslant \pi_2 \quad H_1: \pi_1 > \pi_2$

$$\pi = \frac{m_1 + m_2}{n_1 + n_2} = \frac{195 + 220}{300 + 400} = 0.59$$

计量检验统计量:

$$z = \frac{p_1 - p_2}{\sqrt{\frac{\pi(1-\pi)}{n_1} + \frac{\pi(1-\pi)}{n_2}}} = \frac{0.65 - 0.55}{\sqrt{\frac{0.59(1-0.59)}{300} + \frac{0.59(1-0.59)}{400}}} = 3.45$$

当 $\alpha = 0.01$ 时,查正态分布表 $z_{0.01} = 2.323$。由于 $z = 3.45 > z_{0.01} = 2.323$,所以拒绝 H_0。可认为沿海地区人们喜好该险种的程度要高于内地。

7.4 总体方差的假设检验

7.4.1 单个总体方差的假设检验

在假设检验中,有时不仅需要检验总体的均值、比例,而且需要检验总体的方差。例如,在产品质量检验中,质量标准是通过不同类型的指标反映的,有些属于均值类型,如尺寸、重量、产量等;有些属于比例类型,如产品合格率、废品率等;有些属于方差类型,如尺寸的方差、重量的方差、产量的方差等。在这里,方差反映产品的稳定性。方差大,说明产品的性能不稳定、波动大。凡与均值有关的指标,通常也与方差有关,方差从另一个方面说明研究现象的状态。例如,居民的平均收入说明了收入达到的一般水平,这是衡量经济发展阶段的一个重要指标。而收入的方差则反映了收入分配的情况,可以用于评价收入的合理性。对方差进行检验的程序,与均值检验、比例检验是一样的,它们之间的主要区别是选择的检验统计量不同。类似于前面的区间估计,对正态总体 $N(\mu, \sigma^2)$,由于统计量 $\frac{(n-1)s^2}{\sigma^2}$ 服从自由度为 $(n-1)$ 的 χ^2 分布,所以方差检验所使用的是 χ^2 检验统计量:

$$\chi^2 = \frac{(n-1)s^2}{\sigma^2} \tag{7.11}$$

对双侧检验 $H_0: \sigma^2 = \sigma_0^2 \quad H_1: \sigma^2 \neq \sigma_0^2$,当 $\chi^2_{1-\alpha/2}(n-1) < \chi^2 < \chi^2_{\alpha/2}(n-1)$ 时,接受 H_0,否则拒绝 H_0。

对右侧检验 $H_0: \sigma^2 \leqslant \sigma_0^2 \quad H_1: \sigma^2 > \sigma_0^2$,当 $\chi^2 > \chi^2_\alpha(n-1)$ 时,拒绝 H_0,接受 H_1,否则接受 H_0。

对左侧检验 $H_0: \sigma^2 \geqslant \sigma_0^2 \quad H_1: \sigma^2 < \sigma_0^2$,当 $\chi^2 < \chi^2_{1-\alpha}(n-1)$ 时,拒绝 H_0,接受 H_1,否则接受 H_0。

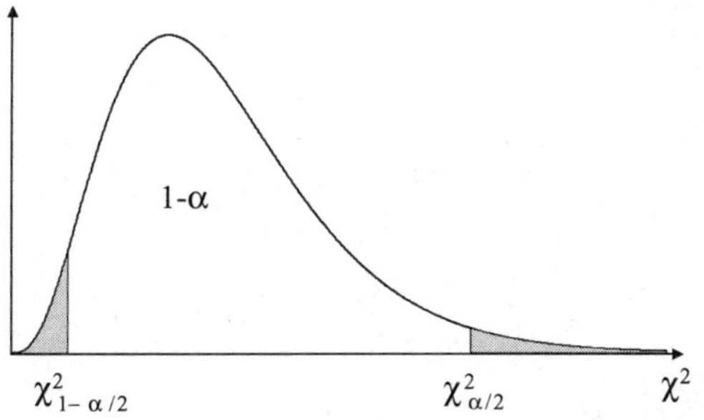

图 7.6　χ^2 双侧检验示意图

【例 7.11】 啤酒生产企业采用自动生产线灌装啤酒，每瓶的灌装量为 640ml，但由于受某些不可控因素的影响，每瓶的灌装量会有差异。此时，不仅每瓶的平均灌装量很重要，灌装量的方差同样很重要。如果方差很大，会出现灌装量太多或太少的情况，这样要么生产企业不划算，要么消费者不满意。假定生产标准规定每瓶灌装量的标准差不应超过和不应低于 4ml。企业质检部门抽取了 10 瓶啤酒进行检验，得到的样本标准差为 $s=3.8$ml。试以 0.10 的显著性水平检验灌装量的标准差是否符合要求？

解：建立假设，$H_0:\sigma^2=4^2$　$H_1:\sigma^2\neq 4^2$

又有 $n=10$

计算检验统计量：

$$\chi^2=\frac{(n-1)s^2}{\sigma^2}=\frac{9\times 3.8^2}{4^2}=8.1225$$

当 $\alpha=0.10$ 时，查 χ^2 分布表得$\chi^2_{1-\alpha/2}(9)=3.325$，$\chi^2_{\alpha/2}(9)=16.919$。由于$\chi^2_{1-\alpha/2}(9)=3.325<\chi^2=8.1225<\chi^2_{\alpha/2}(9)=16.919$，所以接受 H_0。可以认为灌装量的标准差是符合要求的。

7.4.2　两个总体方差比的假设检验

要检验两个总体方差是否相等，可以通过检验两个方差之比是否等于 1 来进行。实际中会遇到关于两个总体方差是否相等的问题，如比较两个生产过程的稳定性，比较两种投资方案的风险等。前面讨论两个总体均值之差检验时，假定两个总体方差相等或不相等。实际上，在许多情况下总体方差是否相等事先往往并不知道，因此在进行两个总体均值之差检验之前，可以先进行两个总体方差是否相等的检验，由此获得所需要的信息。

比较两个未知的总体方差 σ_1^2 和 σ_2^2，我们用两个样本方差的比来判断，如果 s_1^2/s_2^2 接近于 1，说明两个总体方差 σ_1^2 和 σ_2^2 很接近；如果比值结果远离于 1，说明 σ_1^2

和 σ_2^2 之间有较大的差异。

假设检验 $H_0:\sigma_1^2=\sigma_2^2 \quad H_1:\sigma_1^2\neq\sigma_2^2$

根据第5章 F 分布，有：

$$\frac{(n_1-1)s_1^2}{\sigma^2}\sim\chi^2(n_1-1)$$

$$\frac{(n_2-1)s_2^2}{\sigma^2}\sim\chi^2(n_2-1)$$

所以，构造检验统计量：

$$F=\frac{s_1^2/\sigma_1^2}{s_2^2/\sigma_2^2}\sim F(n_1-1,n_2-1) \tag{7.12}$$

当 $F_{1-\alpha/2}(n_1-1,n_2-1)<F<F_{\alpha/2}(n_1-1,n_2-1)$ 时，接受 H_0，否则拒绝 H_0。

这里我们应该注意到，在单侧检验中，一般把较大的方差设为 s_1^2，因此 $F>1$。所以，对右侧检验 $H_0:\sigma_1^2\leqslant\sigma_2^2 \quad H_1:\sigma_1^2>\sigma_2^2$，当 $F\geqslant F_\alpha(n_1-1,n_2-1)$ 时，拒绝 H_0，接受 H_1，否则接受 H_0。

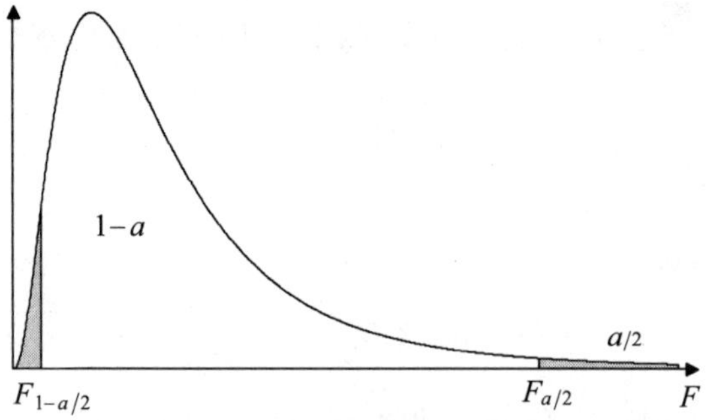

图 7.7　F 双侧检验示意图

【例 7.12】 为了研究男女学生在生活费支出(元)上的差异，在某大学各随机抽取25名男学生和25名女学生，得到下面的结果：

男学生：$\bar{x}_1=520, s_1^2=260$

女学生：$\bar{x}_2=480, s_2^2=280$

取 $\alpha=0.10$ 的显著性水平检验男女两个总体方差是否存在差异？

解：建立假设 $H_0:\sigma_1^2=\sigma_2^2 \quad H_1:\sigma_1^2\neq\sigma_2^2$

又有 $n_1=n_2=25$，

计算检验统计量：$F=\dfrac{s_1^2/\sigma_1^2}{s_2^2/\sigma_2^2}=\dfrac{260}{280}=0.9285$

由于 $F_{\alpha/2}(n_1-1,n_2-1)=1.98$，$F_{1-\alpha/2}(n_1-1,n_2-1)=0.505$。

所以，$F_{1-\alpha/2}(n_1-1,n_2-1)<F<F_{\alpha/2}(n_1-1,n_2-1)$ 所以接受 H_0。可以

认为男女两个总体方差不存在差异。

7.5　SPSS 在推断统计中的应用——假设检验

在 SPSS 软件中，有关均值假设检验主要是通过均值比较(Compare Means)模块来完成。

7.5.1　均值比较过程

在均值比较模块中，第一个子模块“Means”是按分组变量计算因变量的描述统计量，如均值、方差、标准差、偏度、峰度等，并按计算结果并列显示，可用作比较分析各组变量值的差异，基本步骤如下。启动 SPSS 软件，在读入数据后，从主菜单“Analyze”开始，依次选择“Analyze”→“Compare Means”→“Means”(见图 7.8)，系统弹出一个主对话框(见图 7.9)。

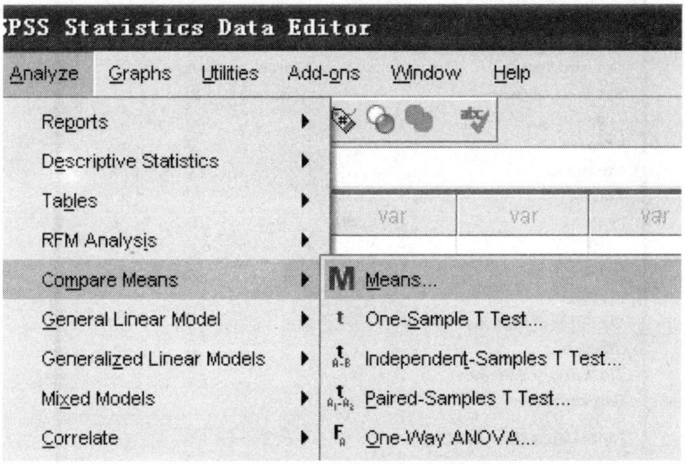

图 7.8　均值比较对话框

第一，从原变量中选择一个或几个数值变量移入“Dependent list”框。

选择分组变量移入“Independent list”框。选择分组变量有两种方法：一种是直接选择一个或几个移入自变量框，不点击[Next]按钮，输出报告中将对按每个自变量产生一张均值比较结果表；另一种方法是选择一个或几个移入自变量框后，单击[Next]按钮，形成层控制变量，在每一层里进一步划分样本，按层报告的形式输出结果。如果每层里仅有一个自变量，则对每个自变量以复合表的形式输出结果。

第二，单击[Options]按钮，打开统计量选项对话框，如图 7.10 所示。

对话框左边描述统计量清单框中有二十余个统计量，其中“Mean”、“Number of Cases”和“Standard Deviation”为默认输出的统计量。

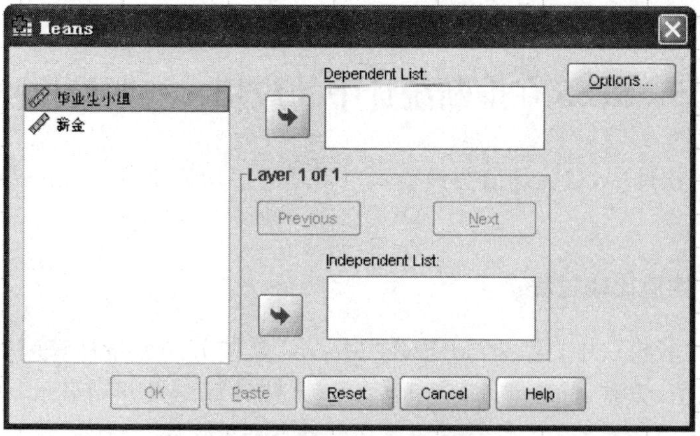

图 7.9 均值比较对话框

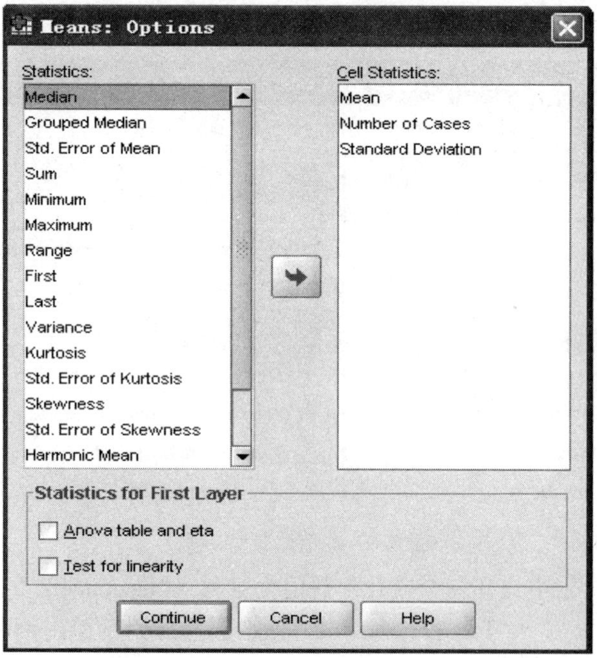

图 7.10 统计量选项对话框

根据统计要求选择适当的统计量移入"Cell Statistics"框，输出报告的单位格里将按"Cell"框中选入统计量的顺序显示出它们的计算结果。

第三，点击[Continue]按钮，回到主对话框，单击[OK]，即可得结果。

【例 7.13】 数据来自[例 7.6]，见表 7.3，其中在专业变量中，1＝金融，2＝营销。问调查公司能否从中得出主修金融的学生获得的薪水比主修营销的学生的薪水更高。

解:启动 SPSS 软件,在录入数据后,从主菜单“Analyze”开始,依次选择“Analyze”→“Compare Means”→“Means”,系统弹出一个主对话框(图 7.11)。

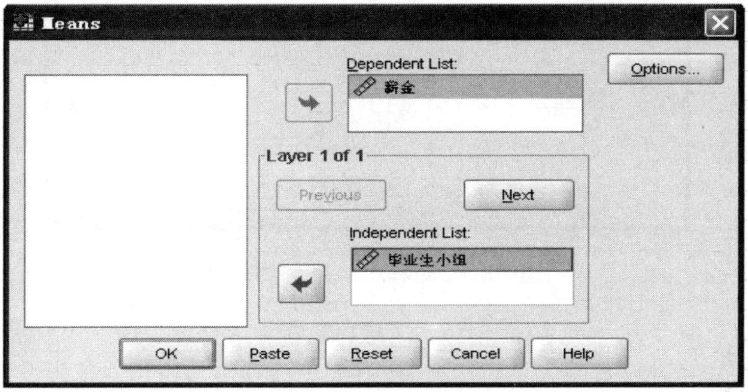

图 7.11　均值比较对话框

从原变量清单中选择变量薪金移入“Dependent list”框,选择分组变量毕业生小组移入“Independent list”框,单击[Next]按钮。

单击[Options]按钮,打开统计量选项对话框,如图 7.10 所示。选择“Mean”、“Number of Cases”、“Standard Deviation”,点击[Continue]按钮,回到主对话框,单击[OK],即可得结果,如表 7.7 所示。

表 7.7　统计量计算值表

Report			
薪　金			
毕业生小组	Mean	N	Std. Deviation
1(金融)	65623.8000	25	18985.08083
2(营销)	60082.9600	25	16107.54835
Total	62853.3800	50	17647.93746

7.5.2　单样本的 t 检验

单样本的 t 检验用于检验正态总体的均值是否发生了变化,单样本的 t 检验的步骤如下。

启动 SPSS 软件,在读入数据后,从主菜单“Analyze”开始,依次选择“Analyze”→“Compare Means”→“One-Sample T Test”,系统弹出一个主对话框(见图 7.12)。

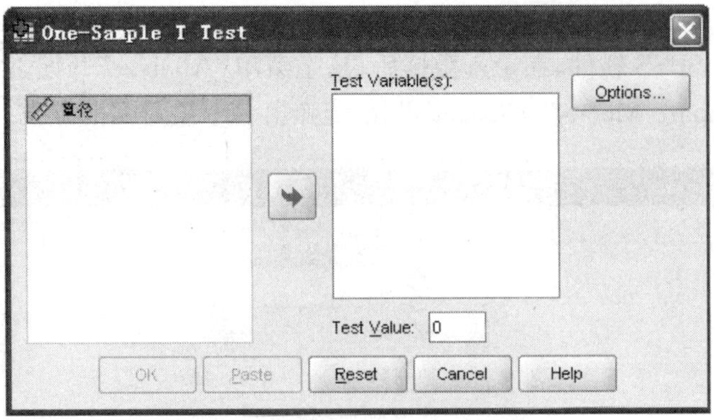

图 7.12 单样本 t 检验主对话框

第一，从原变量中选择一个或几个数值型变量移入“Test Variables”框，在“Test Value ”□格中，输入一个指定值 μ_0（假设检验值），这相当于假设检验问题中提出的原假设 $H_0: \mu = \mu_0$ 。

第二，单击[Options]按钮，打开选项对话框，如图 7.13 所示。在此对话框里可以设置置信概率及缺失值的处理方式。

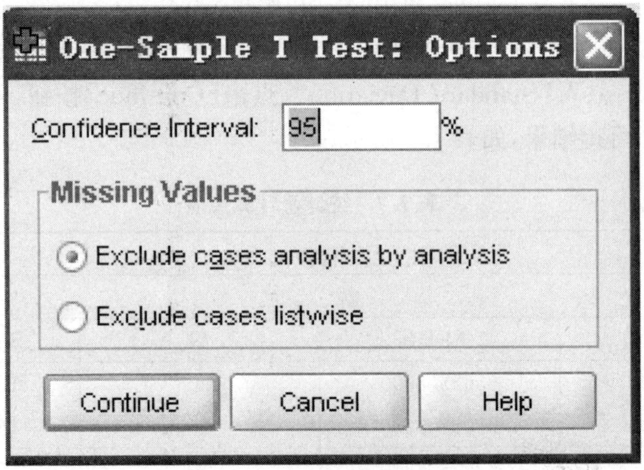

图 7.13 t 检验选项对话框

1. 在 Confidence Interval（置信区间）框里输入 1～99（%）中的一个数值，输出结果将给出样本均值与指定的检验值之差的置信水平为该数值的置信区间。系统默认的置信水平为 95%。

2. 在“Missing Values”框中有两个选项：

- 选择“Exclude cases analysis by analysis”，只排除分析变量的缺失值。
- 选择“Exclude cases list wise”，将剔除有缺失值的所有观测量。

第三，点击[Continue]按钮，回到主对话框，单击[OK]，即可得结果。

【例 7.14】　一车间生产一种机器零件，已知其零件直径服从正态分布，直径平均长度 μ_0 为 32(cm)。现在进行了某种工艺改革，需要检验零件的直径是否发生变化。假设方差 σ^2 不变，随机抽取 8 个零件，测得它们的直径长度分别为：32.56，29.66，31.64，29.51，30.00，31.03，33.05，31.87（$\alpha=0.05$）。

解：建立假设 $H_0: \mu=32$　$H_1: \mu\neq 32$

在启动 SPSS 软件、录入数据后，从主菜单“Analyze”开始，依次选择“Analyze”→“Compare Means”→“One-Sample T Test”，系统弹出一个主对话框（见图 7.12）。

从原变量清单中选择数值型变量直径移入“Test Variables”（检验变量）框中，在“Test Value”□格中，输入一个指定值 $\mu_0=32$，点击[OK]。

输出检验结果，见表 7.8 和表 7.9。

表 7.8　有关参数统计结果

One-Sample Statistics

	N	Mean	Std. Deviation	Std. Error Mean
直径	8	31.1650	1.34172	.47437

表 7.9　单样本的 t 检验结果

One-Sample Test

	Test Value = 32					
	t	df	Sig. (2-tailed)	Mean Difference	95% Confidence Interval of the Difference	
					Lower	Upper
直径	−1.760	7	.122	−.83500	−1.9567	.2867

结果说明：

(1)样本均值 $\bar{x}=31.165$，样本标准差 $s=1.34172$，样本均值的标准差是 0.47437。

(2)检验统计量 $|t|=1.760$，在 Sig. (2-tailed)名称下的值 0.122 是 t 统计值的显著性概率 P 值。在此问题中，$P=0.122>0.05$，应当接受 H_0，表明工艺改革后，零件的直径没有显著性的变化。

(3)在表 7.9 的右端，给出 95% Confidence Interval of the Difference(样本均值与检验总体均值偏差值的 95%的置信区间)。若置信区间的两个端点一负一正，必然覆盖了总体均值，应该接受 H_0。要求出总体均值的置信区间，只要在图 7.12 的主对话框中，在“Test Value”框里输入假设检验值 $\mu_0=0$ 即可（见表 7.10）。

表 7.10 单样本的置信区间结果

One -Sample Test						
Test Value=0						
	t	df	Sig. (2-tailed)	Mean Difference	95% Confidence Interval of the Difference	
					Lower	Upper
直径	65.698	7	.000	31.16500	30.0433	32.2867

7.5.3 独立样本的 t 检验

独立样本的 t 检验用于检验来自正态总体的两个彼此独立的样本之间的差异，独立样本的 t 检验的步骤如下。

启动 SPSS 软件，在读入数据后，从主菜单“Analyze”开始，依次选择“Analyze”→“Compare Means”→“Independent-Sample T Test”，系统弹出一个主对话框（图 7.14）。

第一，从原变量中选择一个或几个数值型变量移入“Test Variables”框。

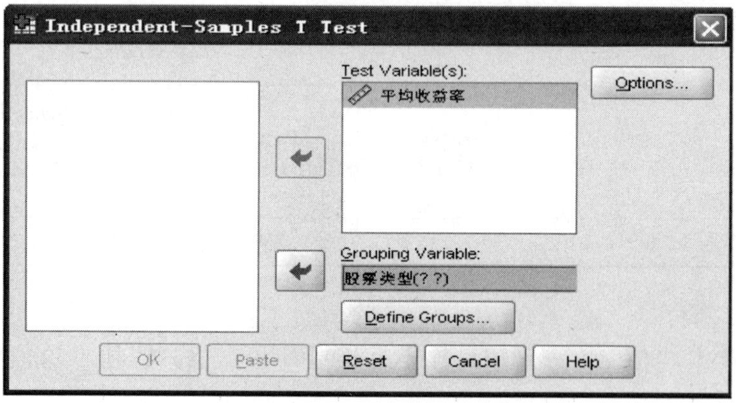

图 7.14 独立样本 t 检验对话框

第二，选择分组变量移入“Grouping Variables”框里，这时框内显示“变量名[??]”的形式，单击[Define Groups]按钮，打开如图 7.15 所示的对话框。

选择“Use specified values”，表示用分组变量的值进行分组，并在 Group 1 和

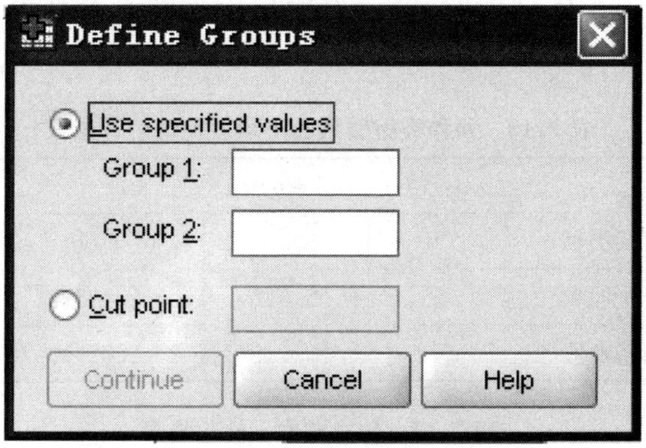

图 7.15 定义分组对话框

Group 2 框中分别输入指定的分组变量的不同数值,区分两个独立样本。

如果你选择的分组变量为连续型的数值变量,可选择“Cut point”,在其后的小栏中输入变量取值范围内的一个值,将观测量分成为大于或等于该值和小于该值的两组,产生以此值为分界点的两个独立样本。

第三,单击[Options]按钮,打开选项对话框,设置置信概率及缺失值的处理方式,它与单个样本 T 检验的选项对话框完全相同,参见图 7.13。

第四,点击[Continue]按钮,回到主对话框,单击[OK]即可得结果。

【例 7.15】 某证券公司声称,金融股票的平均收益率与制造业股票的平均收益率并无差别。某投资者为验证此说法,随机选择了 8 只金融股票和 7 只制造业股票,计算其平均收益率如表 7.11。试问这两种类型的股票的平均收益率是否有显著性差异($\alpha=0.05$)?

表 7.11 两种类型股票的平均收益值

金融股票	9.20	11.70	10.2	11.00	16.10	10.00	14.50	13.40
制造业股票	8.80	10.50	9.40	10.9	15.30	12.40	13.50	

解:建立假设,$H_0:\mu_1=\mu_2 \quad H_1:\mu_1\neq\mu_2$。

在启动 SPSS 软件、录入数据后,从主菜单“Analyze”开始,依次选择“Analyze”→“Compare Means”→“Independent-Sample T Test”,系统弹出一个对话框(见图 7.14)。

从原变量清单中选择数值型变量“平均收益率”,移入“Test Variables”(检验变量)框中。

选择分组变量“股票类型”移入“Grouping Variables”框里,单击[Define Groups]按钮,打开如图 7.15 所示的对话框,输入两个组的变量值。

点击[Continue]，回到主对话框，点击[OK]，输出检验结果，见表 7.12 和表 7.13。

表 7.12 两种类型股票的平均收益值统计结果

Group Statistics

	股票类型	N	Mean	Std. Deviation	Std. Error Mean
平均收益率	金融股票	8	12.0125	2.42572	.85762
	制造业股票	7	11.5429	2.32010	.87691

表 7.13 独立样本 t 检验结果

Independent Samples Test

		Levene's Test for Equality of Variances		t-test for Equality of Means						
									95% Confidence Interval of the Difference	
		F	Sig.	t	df	Sig. (2-tailed)	Mean Difference	Std. Error Difference	Lower	Upper
平均收益率	Equal variances assumed	.036	.852	.382	13	.709	.46964	1.23050	−2.18869	3.12798
	Equal variances not assumed			.383	12.873	.708	.46964	1.22658	−2.18288	3.12217

结果说明：

1. 由方差齐性检验知，$F=0.36$，F 统计量的显著性概率 $P=0.852>0.05$，表明两种类型股票的平均收益率的方差没有显著性差异。

2. 观察 t 检验统计量的值，第一行的结果（Equal variances assumed），此时，t 统计量的显著性概率 $P=0.709>0.05$，接受 H_0，认为两种不同类型的股票的平均收益率没有显著性差异。这与上面的检验结果一致。

3. 观察样本均值差值的 95% 的置信区间（95% Confidence Interval of the Difference），置信区间的两个端点一负一正，表明均值差值 0 落在这个区间，应该接受 H_0。这与上面的检验结果一致。

7.5.4 配对样本 t 检验

配对样本的 t 检验用于检验来自正态总体的两个彼此相关的样本均值之间的差异，配对样本的 t 检验的步骤如下：

启动 SPSS 软件，在读入数据后，从主菜单"Analyze"开始，依次选择"Analyze"→"Compare Means"→"Paired-Sample T Test"，系统弹出一个主对话框(图 7.16)。

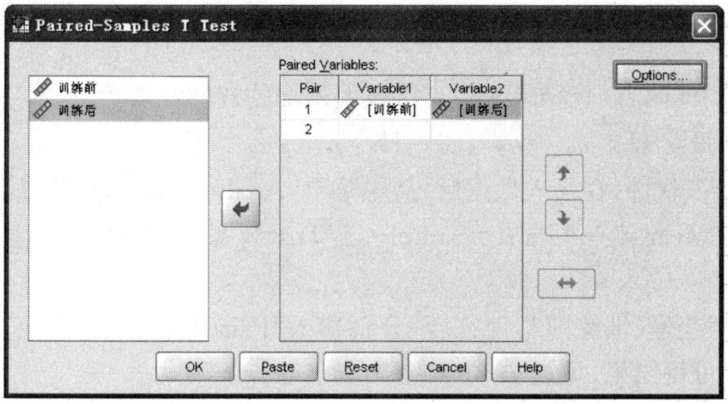

图 7.16 配对样本 t 检验主对话框

第一，从原变量中选择一对或几对成对数值型变量，移入"Paired Variables"(配对变量)框，框内显示出"甲变量—乙变量"，表示这一对变量将作为比较的检验变量。

第二，单击[Options]选项按钮，打开与图 7.13 完全相同的选项对话框(图 7.17)，在这里设置置信水平以及缺失值的处理方式。

第三，点击[Continue]按钮，回到主对话框，单击[OK]，即可得结果。

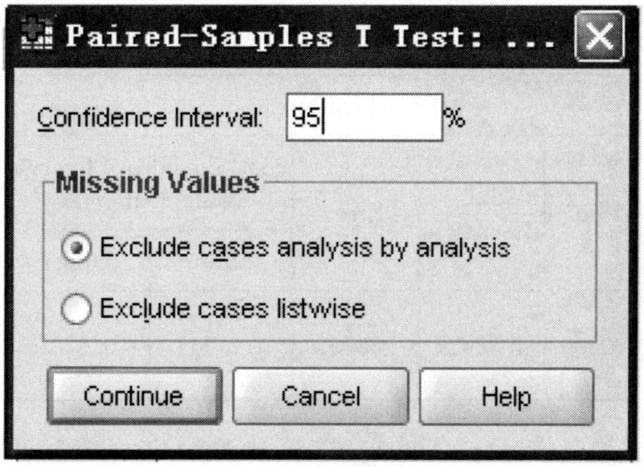

图 7.17 t 检验选项对话框

【例 7.16】 一个以减肥为主要目标的健美俱乐部宣称，参加他们的训练班至少可以使肥胖者平均体重减少 8 公斤以上。为了验证该宣称是否有效，调查人员随机抽取了 8 名参加者，得到他们的体重资料如下表：

表 7.14 训练前后的体重记录

训练前	94.5	110	103.5	97	88.5	96.5	101	104
训练后	85	101.5	96	86	80	87.8	93.5	93

试问在 $\alpha=0.05$ 时，调查结果是否支持该俱乐部的宣称？

解：建立假设 $H_0: \mu_1-\mu_2 \leqslant 8 \quad H_0: \mu_1-\mu_2 > 8$

启动 SPSS 软件，在录入数据后，从主菜单“Analyze”开始，依次选择“Analyze”→“Compare Means”→“Paired-Sample T Test”，系统弹出一个主对话框（见图 7.16）。

选择一对变量（训练前与训练后）分别移入“Paired Variables”（配对变量）框，单击[OK]即可得结果，见表 7.15 和表 7.16。

表 7.15 配对样本统计量

Paired Samples Statistics

		Mean	N	Std. Deviation	Std. Error Mean
Pair 1	训练前	99.3750	8	6.65341	2.35234
	训练后	90.3500	8	6.91127	2.44350

表 7.16 配对样本 t 检验

Paired Samples Test

		Paired Differences					t	df	Sig. (2-tailed)
		Mean	Std. Deviation	Std. Error Mean	95% Confidence Interval of the Difference				
					Lower	Upper			
Pair 1	训练前—训练后	9.02500	1.38022	.48798	7.87111	10.17889	18.495	7	.000

结果说明：

在表 7.16 中，列出了成对样本数值差的统计量值，平均值为 9.02500，标准差为 1.38022，平均标准误差为 0.48798，95%的置信区间的两个端点都为正，表明落在这个区间的均值差值不可能为 0，应该拒绝 H_0。

t 检验的最后结果（$P=0.000<0.05$）也显示：训练前后的差值与 8 有显著差异，即支持该俱乐部的宣称。这与上面的检验结果一致。

本章小结

1. 假设检验是先对总体的某些数量特征提出假设，然后利用样本的信息对该假设正确与否做出判断。假设检验分为两类：参数检验与非参数检验。

2. 假设检验的基本概念有：小概率原理、原假设与备择假设、单侧检验与双侧检验、两类错误与显著性水平、拒绝域和接受域等。

3. 假设检验的步骤一般包括下面几步：

第一步：确定原假设与备择假设；

第二步：构造检验统计量；

第三步：根据样本数据，计算检验统计量的数值；

第四步：给出显著性水平，确定检验统计量的临界值与拒绝域；

第五步：判断或决策。

4. 常见的假设检验有：关于单个总体均值、比例、方差等于某个数值，两个总体均值、比例、方差是否有差异的检验。

5. P-值检验是统计检验的另一种形式。这种形式的检验是通过直接计算检验统计量在样本数据下的概率，来检验原假设是否成立。该检验形式在统计分析软件中经常使用。

思考与练习

思考题

1. 什么是原假设和备择假设，如何确定原假设和备择假设？

2. 区间估计和假设检验的联系和区别。

3. 什么是第一类错误，什么是第二类错误。

4. 什么是显著性水平？解释 P 值的含义和用法。

5. 若总体是非正态的，是否能用 Z 统计量和 t 统计量进行假设检验。

6. 单侧检验和双侧检验的区别是什么，如何根据实际问题确定采用哪种检验？

练习题

1. 某制药厂进行流感疫苗效果研究，用 X 表示人体注射该疫苗后的抗体强度，设 X 服从正态分布，已知市场上同类疫苗的平均抗体强度为 1.9，该厂为证明其产品有更高的抗体强度，(1)如何提出零假设和备择假设？(2)现有容量为 16 的样本数据如下：

1.2,1.9,2.7,2.2,3.0,1.8,3.1,2.4,2.5,1.5,1.7,2.2,2.4,2.6,2.3,2.1。

试利用该组数据，在 $\alpha-0.05$ 水平下检验(1)中的假设。

2. 某炼铁厂的铁水含碳量在正常情况下服从正态分布 $N(4.55,0.10^2)$，现上级部门对其生产质量进行抽样检查，测了五炉铁水，其含碳量分别为：2.48，4.40，4.42，4.35，4.37。假定标准差不变，试在显著性水平 $\alpha=0.05$ 下，判断当前生产是否正常？

3. 从一批灯泡中随机抽取 20 只作为样本，测得平均寿命为 1900 小时，样本标准差为 490 小时，试在显著性水平 $\alpha=0.01$ 下检验该批灯泡平均寿命是否为 2000 小时？

4. 在一批木材中抽取 100 根测其小头直径，得到样本平均值 $\bar{x}=11.2\text{cm}$，已知总体标准差 $\sigma_0=2.6\text{cm}$，问能否认为该批木料的小头直径在 12cm 以上？（$\alpha=0.05$）

5. 某中药厂从某种药材提取有效成分。为进一步提高得率（得率是指被提取的有效成分量与药材量之比），现改革提炼方法。现对同一质量的药物，用新旧两种方法各做 10 次试验，其得率分别为：

旧方法：75.5，77.3，76.2，78.1，74.3，72.4，77.4，78.4，76.7，76.0

新方法：77.3，79.1，79.1，81.0，80.2，79.1，82.1，80.0，77.3，79.1

设两组样本分别抽自正态总体 $N(\mu_1,\sigma_1^2)$，$N(\mu_2,\sigma_2^2)$，且相互独立。(1)在 $\alpha=0.01$ 水平下检验新法是否优于旧法（用配对样本法）；(2)在 $\alpha=0.1$ 水平下检验：$\sigma_1^2=\sigma_2^2$；(3)根据(2)的结论，在 $\alpha=0.01$ 水平下再次检验新法是否优于旧法。

6. 某厂使用两种不同原料生产同一类型的产品。各在一星期的产品中取样进行分析，取原料甲生产的样品 220 件，测得平均重量 2.46（千克），标准差 0.57（千克）。取原料乙生产的样品 205 件，测得平均重量 2.55（千克），标准差 0.48（千克）。设两总体都服从正态分布且方差相同，问能否认为使用原料乙的产品平均重量比使用甲原料的大？（$\alpha=0.05$）

7. 有两种工艺可用于制造某种以抗拉强度为重要特性的产品。经验表明，用两种工艺生产的产品其抗拉强度都近似服从正态分布。现从这两种方法生产的产品中分别随机抽取 12 个和 16 个产品，其样本均值分别为 40 千克和 32 千克，标准差分别为 8 千克和 6 千克。试问两种工艺生产的产品其抗拉强度是否有明显不同？（$\alpha=0.05$）

8. 某生产线按两种操作平均装配时间之差 5 分钟而设计，两种装配的独立样本产生的统计资料见下表：

操作 1	操作 2
$n_1=100$	$n_1=50$
$\bar{x}=14.8$ 分钟	$\bar{y}=10.4$ 分钟
$s_1=0.8$ 分钟	$s_2=0.6$ 分钟

试问在显著性水平 $\alpha=0.01$ 下检验装配时间之差是否为 5 分钟?

9. 在一批产品中抽取 40 件进行检测,发现次品 6 件,试按显著性水平 0.05 判断,是否可以认为该批产品的次品率高于 10%。

10. 某市为确定城市养猫灭鼠的效果,进行调查得,养猫户 119 户中,有老鼠活动的有 15 户;无猫户 418 户中,有老鼠活动的有 58 户。问能否认为养猫对城市灭鼠有显著影响?($\alpha=0.05$)

11. 已知维尼纶纤度在正常条件下服从正态分布 $N(1.405, 0.048^2)$,某日抽检 5 根纤维,测得其纤度为 1.32,1.55,1.36,1.40,1.44。判断这一天纤度的标准差是否正常?($\alpha=0.1$)

12 某校对学生高等数学期末考试成绩进行抽查,以判断课程教学质量。按以往教学经验,课程标准差应保持在 12 分。如显著高于 12 分,则可能教学质量不够稳定。现抽取某专业两个班各 25 份试卷:

甲班

85	87	92	79	95	98	94	85	61	96
85	80	55	76	57	70	80	92	60	93
65	65	89	57	97					

乙班

62	99	72	77	89	90	57	96	62	92
63	99	86	98	98	72	55	75	68	79
75	77	56	68	67					

试根据样本数据进行判定:

(1)两班方差是否相等?($\alpha=0.01$)

(2)两班成绩是否有显著差异?

(3)该专业整体教学质量是否稳定?

第 8 章 方差分析

在上一章我们介绍了假设检验，主要讨论了两个总体的均值检验问题，对于多个总体的检验主要运用方差分析，它是用于判断多个总体均值是否相等的统计分析方法。在社会实践中，研究一个（或多个）分类型变量与一个数值型变量之间关系时，方差分析也是主要的方法之一。方差分析在社会、经济、医药、农林等领域已有广泛应用。本章主要介绍了方差分析的基本理论、方法和应用，包括方差分析的基本思想，单因素、双因素方差分析的原理和流程。

学习目的与要求

- 掌握方差分析的概念；
- 理解方差分析的基本思想和原理；
- 掌握单因素方差分析的方法及应用；
- 理解多重比较的意义；
- 掌握双因素方差分析的方法及应用。

8.1 方差分析的基本思想

8.1.1 问题的提出

如果你是一位零售商，就会关心卖场的位置、规模、定位、激励机制等对企业经营状况的影响；如果你是一位体育教练，你可能关心影响运动员成绩的各种因素，如运动员个人的特质、训练条件、训练的时间长短、心理素质、比赛状态、所选项目等。在这些事例中，如商场的零售额、运动员的成绩等，都是我们感兴趣的对象，且都可以定量描述。它们有一个共同之处，同时受到众多因素的影响。我们按照习惯将这些影响变量称为自变量，被影响的变量称为因变量。如何分析各个自变量对因变量的影响呢？这就是下面我们要分析的问题。有的影响变量是数值型的，如卖场的规模大小、训练的时间长短等，这些定量变量对因变量的影响或贡献是相关与回归分析要研究的问题。有的影响变量是定性变量，如卖场的位置及定位、运动员的比赛项目等，分析定性变量对某一定量因变量的影响主要采用本章要介绍的方差分析。

对一个或两个样本进行平均数的假设检验，可以采用 u 检验或 t 检验来测定它们之间的差异是否具有显著性。而当试验的样本数 $k \geqslant 3$ 时，上述方法已不宜应用。其原因是当 $k \geqslant 3$ 时，就要进行 $k(k-1)/2$ 次检验比较，不仅工作量大，而且精确度降低。因此，对多个样本平均数的假设检验，需要采用一种更加适宜的统计方法，即方差分析法。方差分析法是科学研究工作的一个十分重要的工具。

为使问题的表述更加方便，一般地我们把在不同条件下所作的试验的结果，称为试验指标，用 X_{ij} 或 X_{ijk} 来表示。影响试验结果的各种变化条件，称为试验因素，用 A、B、C 等表示。影响试验结果的条件往往有许多种类，但在一次试验中不可能都将它们考虑进来，要根据人们关心的侧重点不同而有所选择，按选择的方式分为确定试验条件和随机确定试验条件。前一情况下的试验称为固定条件下的试验，对此采用的方差分析为固定效应模型；后一情况下的试验为随机条件下的试验，相应的方差分析为随机效应模型。在这里，我们主要讨论固定条件下方差分析的固定效应模型。每一试验条件在试验中所处的状态，称为试验水平，用 A_1，A_2，$\cdots$，A_r 和 B_1，B_2，$\cdots$，B_s 表示。在一次试验中，如果仅考虑一个试验条件而将其他因素相对固定的试验，称为单因素试验，对应单因素试验的方差分析，称之为单因素方差分析，相应地，还有两因素方差分析和多因素方差分析。

【例 8.1】 某企业为推销某种产品在五个地区建立了销售点，统计的四个时期的销售量资料如表 8.1 所示。

表 8.1 销售量资料

时期	地点				
	B_1	B_2	B_3	B_4	B_5
A_1	6	2	4	4	8
A_2	10	7	11	9	12
A_3	13	9	7	8	7
A_4	2	1	2	2	3

试问该产品在不同地区和不同时期的销售情况是否存在显著的差异。

在这个例子中，地区和时期可看作是试验的两个因素，地区是自变量，是定性变量，在方差分析中称为因子，不同的地区称为因子的水平。我们取了 5 个地区水平，取了 4 个时期水平，因此，这是两个因素共 4×5 个水平的方差分析问题。

做试验的目的，主要是为了观察研究试验因素对试验指标是否有显著的影响。如果试验因素对试验结果有显著性影响，那么就要考虑选择什么样的因素及其水平才比较合适，若是影响不显著，则从经济效益的角度，应该考虑效益好的销售方案。怎样才能知道试验因素对试验指标有没有影响呢？为此，我们可以进行这样的设想，在某一因素水平下的试验数据，由于试验条件基本相同，因而数据间的差异可看成是随机性误差引起的，不同因素水平下的试验数据，由于试验条件的改变，它们的差异可看成主要是因试验条件而导致的。

随机误差往往服从正态分布，因此，每一因素水平下的试验数据又可当作是来自于这一因素水平的总体的一个样本，理论上它们应该有一个均值 $\mu_j(j=1,2,\cdots,r)$。这样一来，因素影响是否显著就转化为，检验 $\mu_1,\mu_2,\cdots,\mu_r$ 是否相等的问题。随机误差用各因素水平下的数据变异指标方差来衡量，称之为组内方差，记作 σ_W^2，条件影响的变异称为组间方差，记作 σ_B^2，它们的样本估计量分别为 MSA 与 MSE（在 8.2.3 中详细介绍）。容易理解，如果试验因素水平的变化对试验指标的影响不大，则 MSA 与 MSE 应比较接近。据此，MSA/MSE 可用作为检验统计量。事实上，方差分析就是在前面的假定条件下，对假设 $H_0:\mu_1=\mu_2=\cdots=\mu_r$，运用统计量 MSA/MSE 进行检验，并根据检验的结果，做出相应的判断结论。

8.1.2 方差分析的误差分解

我们以下面[例 8.2]零售商处于不同位置卖场的月人均销售额为例，解释方差分析的基本思路。我们将不同卖场月人均销售额的差异因素分为由于员工素质、天气状况等不同而产生的随机误差和由于地理位置不同而产生的系统误差。

【例 8.2】 为了研究地理位置对商场销售额的影响，研究者分别调查了商业街(9 家)、居民区(7 家)、CBD(8 家)和开发区(7 家)共 31 家零售商，调查得人均月销售额数据如表 8.2 所示。

表 8.2 不同位置商场人均月销售额 单位:万元

样本编号	商业街	居民区	CBD	开发区
1	21	11	18	12
2	25	9	16	15
3	18	15	24	20
4	18	16	18	9
5	16	18	15	14
6	24	20	18	16
7	28	16	16	10
8	22	—	10	—
9	24	—	—	—

在这个问题中，我们研究的是地理位置对销售额的影响，地理位置是自变量，是定性变量，在方差分析中称为因子，不同的地理位置称为因子的水平，[例 8.2]

中因子的地理位置有商业街、居民区等 4 个水平。销售额是因变量，是数值型变量，方差分析的目的就是要解决定性自变量对定量因变量是否有影响的问题。

由表 8.2 可知，即使在同一地理位置上，不同商场人均月销售额也不尽相同，有的高一些，有的低一些，这些差异是由地理位置以外的各种因素造成的，如员工的素质等随机因素，这些随机因素对于不同地理位置的商场都有影响，这种差异就是随机误差，也称为组内误差或残差，它反映了各样本数据内部的差异。不同地理位置的商场之间也存在差异，这些差异有可能是抽样时产生的随机误差，也可能是不同地理位置造成的系统误差，不同地理位置间商场人均月销售额的差异称为组间误差，也称为处理误差，它反映了组间数据的差异。

在方差分析中，数据间的误差大小是用各数据对平均数的离差平方和度量的，不同的离差平方和反映不同因素的影响，也称为效应。

组内数据间的差异用组内平方和表示，是因子在同一水平下的样本观察值与其平均数的离差平方和，反映组内各观察值的离散程度。该离差平方和不包括因子的变化成分，是对随机误差的单纯度量，反映随机因素对因变量的影响，称为残差效应。

例如，位于商业街的 9 家商场的零售额的平均值为 21.78，离差平方和为：

$$\sum_{j=1}^{9}(x_{1j}-\bar{x}_1)^2=(21-21.78)^2+(25-21.78)^2+\cdots+(24-21.78)^2=121.56$$

依次可以计算出居民区、CBD、开发区等不同位置样本的平均数和离差平方和分别为：

居民区：15 和 88，CBD：16.88 和 106.88，开发区：13.71 和 85.43。

将各样本的离差平方和相加总得 401.86。

通常我们将组内离差平方和记为 SSE，其计算公式为：

$$SSE=\sum_{i=1}^{k}\sum_{j=1}^{n_i}(x_{ij}-\bar{x}_i)^2 \tag{8.1}$$

式中：k 为样本个数，即因子划分的水平个数，n_i 为第 i 个水平下的样本容量，x_{ij} 表示第 i 水平下的第 j 个观察值。例如，[例 8.2]中，$k=1$，表示商业街；$k=2$，表示居民区；$k=3$，表示 CBD；$k=4$，表示开发区。

组间误差用组间离差平方和表示，是因子在不同水平的平均数与所有观察值的平均数的离差平方和，说明因子在不同水平下的样本均值间的离散程度，反映因子变化对因变量的影响，称为因子效应。所有观察值的平均数，称为总平均数，通常记为 $\bar{\bar{x}}$。

例如，[例 8.2]中，总平均数为：

$$\bar{\bar{x}}=\frac{\sum_{i=1}^{k}\sum_{j=1}^{n_i}x_{ij}}{n}=\frac{532}{31}=17.16$$

式中：n 为总的样本容量，即 $n=\sum_{i=1}^{k}n_i$ 。

组间离差平方和通常记为 SSA ，计算时要用各水平下的样本量即 n_i 加权计算，其计算公式为

$$SSA=\sum_{i=1}^{k}\sum_{j=1}^{n_i}(\bar{x}_i-\bar{\bar{x}})^2=\sum_{i=1}^{k}n_i(\bar{x}_i-\bar{\bar{x}})^2 \tag{8.2}$$

[例 8.2]中，不同位置商场的离差平方和即组间平方和为：

$$\begin{aligned}SSA&=\sum_{i=1}^{k}n_i(\bar{x}_i-\bar{\bar{x}})^2\\&=9\times(21.78-17.16)^2+7\times(15-17.16)^2+8\times(16.88-17.16)^2\\&\quad+7\times(13.71-17.16)^2\\&=308.33\end{aligned}$$

在方差分析中，组内离差平方和与组间离差平方和的总和就是所有数据与总平均数的离差平方和，通常将其记为 SST ，反映所有观察值的离散程度。其计算公式为：

$$SST=\sum_{i=1}^{k}\sum_{j=1}^{n_i}(x_{ij}-\bar{\bar{x}})^2 \tag{8.3}$$

[例 8.2]中，全部观察值的离差平方和为：

$$\begin{aligned}SST&=\sum_{i=1}^{k}\sum_{j=1}^{n_i}(x_{ij}-\bar{x})^2\\&=(21-17.16)^2+(25-17.16)^2+\cdots+(10-17.16)^2=710.19\end{aligned}$$

由此得知：

$$SST=SSA+SSE \tag{8.4}$$

8.1.3 方差分析的假设条件

由上节可知，方差分析实际上对不同因子水平下的均值是否相等的检验，检验统计量是由离差平方和构造的 F 统计量，这就要求数据符合正态性、方差齐次性和独立性三个假定。

(一)正态性

正态性是指对于每一个不同的因子水平，总体服从正态分布，即不同因子水平下的观察值都是来自正态分布总体的简单随机样本。在[例 8.3]中，要求所有在商业街经营的零售商的人均月销售额都服从正态分布。

(二)方差齐次性

方差齐次性是指对应于每一个不同的因子水平,其正态总体的方差都相等。

(三)独立性

独立性是指样本间是相互独立的,即每个样本数据是来自因子在不同水平下的独立样本,例如,[例 8.2]中,位于商业街的 9 家商场的抽取与位于居民区的 7 家商场的抽取是独立进行的。

在上述假定成立的前提下,要分析自变量对因变量是否有影响,实际上也就是要检验自变量的各个水平(总体)的均值是否相等。比如,判断位置对零售额是否有显著影响,实际上也就是检验具有同方差的四个正态总体的均值(零售额的均值)是否相等。尽管不知道四个总体的均值,但可以用样本数据来检验它们是否相等。如果四个总体的均值相等,可以期望四个样本的均值也会很接近。事实上,四个样本的均值越接近,推断四个总体均值相等的证据就越充分。换句话说,样本均值变动越小,越支持 H_0;样本均值变动越大,越支持 H_1。如果原假设 $H_0:\mu_1=\mu_2=\mu_3=\mu_4$(四个位置零售额均值相等)为真,则意味着每个样本都来自均值为 μ 、方差为 σ^2 的同一个正态总体。由样本均值的抽样分布可知,来自正态总体的一个简单随机样本的样本均值 $\bar{x}$ 服从均值为 μ 、方差为 σ^2/n 的正态分布,如图 8.1 所示。

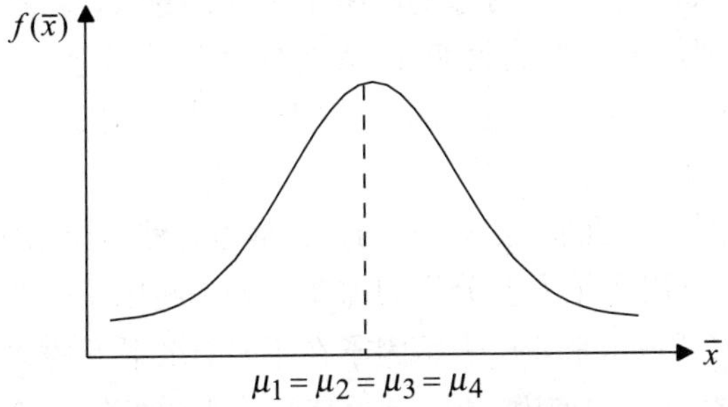

图 8.1　H_0 为真时 $\bar{x}$ 的抽样分布

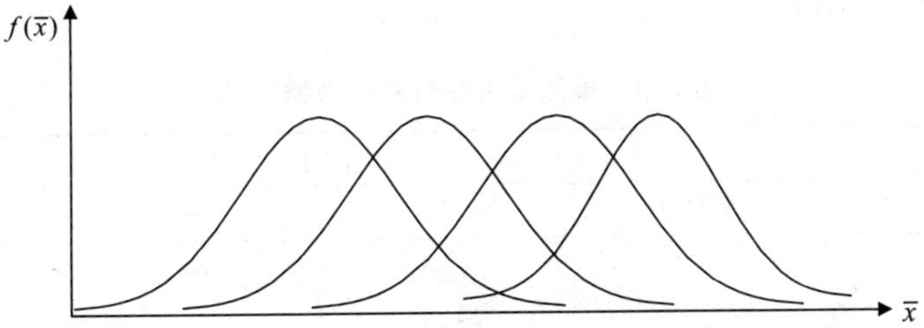

图 8.2　H_0 为假时 $\bar{x}$ 的抽样分布

如果 μ_1、μ_2、μ_3、μ_4 完全不同,则意味着四个样本分别来自均值不同的四个正态总体，因此有四个不同的抽样分布，如图 8.2 所示。在这种情况下，各样本均值也不像 H_0 为真时那样接近了。

8.2 单因素方差分析

单因素方差分析是只考虑一个定性自变量的方差分析。比如[例 8.2]中，研究的因子只有一个：销售地点，此时，方差分析即为分析不同的地理位置是否会影响销售量。单因素方差分析的主要步骤为：(1)数据准备；(2)假设的陈述；(3)检验统计量的构造；(4)做出统计决策。

8.2.1 数据准备

进行单因素方差分析，首先要按照要求准备数据。要根据研究的目的确定研究对象和因子。例如，我们想分析不同地理位置对零售业的影响，地理位置按什么标志区分为哪些不同的水平，这取决于研究的范围和与零售业的关系。如要研究整个北京市，地理位置可以分为城区、近郊区和远郊区县；如果只研究城区，可以按照与零售业有关的标志划分不同区域，如商业街、居民区等。同样，对零售业如何度量也是一个问题，如果以商场的总销售额作为观察变量，总销售额受商场规模大小的影响可能比地理位置的影响更明显，因此要选择除地理位置以外其他因素尽可能可比的变量，如选择人均月销售额。我们构造的数据是在不同的因子水平下随机抽查一些样本，如在[例 8.2]中，因子“地理位置”分为 4 个水平，在各个水平下即不同的地理范围内随机抽查一些商场作为样本。表 8.2 就显示了不同地理位置的商场数据，这就可以满足方差分析的需要。如果将因子分为 k 个水平，i 表示在 $1,2,3,\cdots,k$ 中的某一水平，n_i 表示因子在第 i 个水平下的样本量，x_{ij} 表示第 i 样本中的第 j 个观察值。比如说，x_{21} 表示第二个水平的第一个观测值。其中，从不同水平中所抽取的样本容量可以相等，也可以不相等。这些数据就形成一个类似表 8.3 的数据结构。

表 8.3 单因素方差分析的数据结构

样本编号	因子			
	水平 1	水平 2	…	水平 k
1	x_{11}	x_{21}	…	x_{k_1}
2	x_{12}	x_{22}	…	x_{k_2}
…	…	…	…	…
n	x_{1n_1}	x_{2n_2}	…	x_{kn_k}

8.2.2　假设的陈述

正如上文所述，方差分析就是通过判断在不同因子水平下总体的均值是否相等，分析定性自变量即因子是否对研究对象产生影响的分析方法。如果因子取多个不同水平时，相应的样本均值差异不大，说明所有样本来自同一总体，各样本的均值会分布在总体均值 μ 的附近，各样本均值之间仅存在随机误差。如果对应因子的不同水平，样本均值有较大差异，说明不同水平下的总体均值是不完全相等的，样本来自均值不同的总体，样本均值差异越大，拒绝总体均值相等的理由就越充分。所以，单因素方差分析的原假设是所有均值都相等。即：

H_0 ：$\mu_1 = \mu_2 = \cdots = \mu_k$（因子对因变量没有显著影响）

H_1 ：$\mu_1, \mu_2, \cdots, \mu_r$ 不完全相等（因子对因变量有显著影响）

8.2.3　检验统计量的构造

方差分析是通过对比组间误差与组内误差的大小判断因子对因变量的影响。统计检验必须有检验的工具即检验统计量才能进行，那么，应该用什么统计量对误差比进行检验呢？由于我们要求总体服从正态分布，且方差相等，样本是独立的，所以，可知组内离差平方和 SSE 除以总体方差以后会服从自由度为 $(n-k)$ 的 χ^2 分布，即

$$\frac{SSE}{\sigma^2} \sim \chi^2(n-k)$$

组间离差平方和 SSA 除以总体方差服从自由度为 $(k-1)$ 的 χ^2 分布，即

$$\frac{SSA}{\sigma^2} \sim \chi^2(k-1)$$

由 F 分布的定义知，两个独立的服从 χ^2 分布的随机变量，除以各自的自由度以后相比，得到的随机变量会服从 F 分布，即有

$$F = \frac{SSA/\sigma^2}{k-1} \Big/ \frac{SSE/\sigma^2}{n-k} \sim F(k-1, n-k)$$

由此得到检验统计量：

$$F = \frac{SSA/\sigma^2}{k-1} \Big/ \frac{SSE/\sigma^2}{n-k} \tag{8.5}$$

式中：分子 $\frac{SSA}{k-1}$ 实际上就是组间方差，称为组间均方，通常记为 MSA 。如［例 8.2］的组间均方为：

$$MSA = \frac{SSA}{k-1} = \frac{308.33}{4-1} = 102.7767$$

式中：分母 $\frac{SSE}{n-k}$ 实际上就是组内方差，称为组内均方，通常记为 MSE 。如［例 8.2］的组内均方为：

$$MSE=\frac{SSE}{n-k}=\frac{401.86}{31-4}=14.8837$$

因此，公式(8.5)可以表示为：

$$F=\frac{MSA}{MSE} \tag{8.6}$$

如［例 8.2］的检验统计量 F 为：

$$F=\frac{MSA}{MSE}=\frac{102.7767}{14.8837}=6.9054$$

8.2.4 统计决策

统计分析表明，原假设的拒绝域为：$F \geqslant F_{\alpha}(k-1,n-k)$，$F_{\alpha}(k-1,n-k)$ 是与给定的显著性水平 α 相对应的 F 统计量临界值。即当由样本数据计算得到的 F 统计量值大于临界值 $F_{\alpha}(k-1,n-k)$ 时拒绝总体均值相等的假设。该临界值可以查 F 分布表得到。在［例 8.2］中，$F=6.9054$，临界值 $F_{0.05}(3,27)=2.96$，统计量值大于临界值，即 $F>F_{0.05}(3,27)$，所以，拒绝原假设，说明地理位置显著地影响商场的人均销售额。

当然，同第 7 章一样，也可以通过 P 值决策，本例中 P 值 $=0.001$（见表 8.11 SPSS 输出的方差分析表），小于给定的 $\alpha=0.05$，同样可以做出拒绝原假设的决策。

为了进一步明确方差分析的基本步骤，以［例 8.3］说明如下。

表 8.4 不同年龄段阅读时间 单位：分钟

样本编号	年龄段		
	青年	中年	老年
1	10	25	30
2	15	22	36
3	14	30	28
4	18	32	34
5	20	34	35
6	25	28	45
7	18		37
8	18		32
9			36
10			34

【例 8.3】 为了了解不同年龄段的人的阅读习惯有无不同，我们按年龄将受访者分为青年、中年和老年三组，分别调查了 8 人、6 人和 10 人，登记他们通常情况下每天看报的时间，得到表 8.4 的数据(分钟)。试分析年龄对看报的时间长短是否存在影响。($\alpha=0.05$)

解:第一步:计算总平均数的总离差平方和。

$$\bar{\bar{x}}=\frac{\sum_{i=1}^{k}\sum_{j=1}^{n_i}x_{ij}}{n}=\frac{656}{24}=27.33$$

$$SST=\sum_{i=1}^{k}\sum_{j=1}^{n_i}(x_{ij}-\bar{\bar{x}})^2=1791.33$$

第二步:计算各组平均数和组内离差平方和。

青年组平均数：$\bar{x}_1=\frac{\sum_{j=1}^{n_1}x_{1j}}{n_1}=\frac{138}{8}=17.25$

青年组离差平方和：$\sum_{j=1}^{8}(x_{1j}-17.25)^2=137.5$

中年组平均数：$\bar{x}_2=\frac{\sum_{j=1}^{n_2}x_{2j}}{n_2}=\frac{171}{6}=28.5$

中年组离差平方和：$\sum_{j=1}^{6}(x_{2j}-28.5)^2=99.5$

老年组平均数：$\bar{x}_3=\frac{\sum_{j=1}^{n_3}x_{3j}}{n_3}=\frac{347}{10}=34.7$

老年组离差平方和：$\sum_{j=1}^{10}(x_{3j}-34.7)^2=190.1$

组内离差平方和：$SSE=\sum_{i=1}^{3}\sum_{j=1}^{n_i}(x_{ij}-\bar{x}_i)^2=137.5+99.5+190.1=427.1$

第三步:计算组间离差平方和。

$$SSA=\sum_{i=1}^{k}n_i(\bar{x}_i-\bar{\bar{x}})^2=1364.233$$

第四步:计算均方。

$$MSA=\frac{SSA}{k-1}=\frac{1364.233}{3-1}=682.1165$$

$$MSE=\frac{SSE}{n-k}=\frac{427.1}{24-3}=20.3381$$

第五步：计算 F 统计量值。

$$F=\frac{MSA}{MSE}=\frac{682.1165}{20.3381}=33.54$$

第六步：做出决策。

查 F 分布表得到临界值 $F_{0.05}(2,21)=3.47$，$F>F_{0.05}(2,21)$，拒绝原假设，说明年龄显著地影响阅报时间。

8.2.5 方差分析中的多重比较

通过上面的分析得出的结论是不同年龄阅报时间的均值是不全相同的。但究竟哪些均值之间不相等呢？这种差异到底出现在哪些行业之间呢？也就是说，μ_1 与 μ_2、μ_1 与 μ_3、μ_2 与 μ_3 之间究竟是哪一个均值不同呢？这就需要做进一步的分析，所使用的方法就是多重比较方法(multiple comparison procedures)，它通过对总体均值之间的配对比较来进一步检验到底哪些均值之间存在差异。

多重比较方法有多种，这里介绍由费希尔提出的最小显著差异方法，简记为 LSD。使用该方法进行检验的具体步骤为：

第一步：建立假设，即 $H_0:\mu_i=\mu_j \quad H_1:\mu_i\neq\mu_j$ 。

第二步：计算检验统计量 $\bar{x}_i-\bar{x}_j$ 。

第三步：计算 LSD，其公式为

$$LSD=t_{\alpha/2}\sqrt{MSE(\frac{1}{n_i}+\frac{1}{n_j})}$$

式中：$t_{\alpha/2}$ 为 t 分布的临界值，通过查 t 分布表得到，其自由度为 $(n-k)$，这里的 k 是因素中水平的个数；MSE 为组内均方；n_i 和 n_j 是第 i 个样本和第 j 个样本的容量。

第四步：根据显著性水平 α 做出决策：如果 $|\bar{x}_i-\bar{x}_j|>LSD$，则拒绝 H_0；否则不能拒绝 H_0。

具体操作可以参照后面 SPSS 的多重比较操作表 8.12。

8.3 双因素方差分析简介

单因素方差分析只考虑一个因子对数值型变量的影响，如地理位置对商场经营状况的需要，决策人员可能期望同时分析两个或多个因素的影响，如农作物的品种、耕作方式、气候类型等对产量的影响、不同地理位置和业态对商场经营效益的影响，等等。如果研究两个定性变量对数值型变量的影响就是双因素方差分析。

双因素方差分析的分析思路与单因素方差分析基本一致，仍旧是通过分析误差来源来实现不同情况下均值是否相等的判断。但与单因素方差分析不同的是，在单因素方差分析中只有一个自变量，只要将不同水平下的均值的变差与随机误差比较即可做出判断。而双因素方差分析中存在两个定性自变量，我们分别置它们于行和列的位置上，将数据间的变异即误差划分为行变量引起的误差、列变量引起的误差和随机误差三类。另外，还要考虑两个定性自变量间是否独立，有没有交互作用。所谓交互作用，是两个因素叠加在一起共同对事物产生作用，这种作用的大小就是交互效应。例如，地理位置好又善于经营的商场，其效益会更好；年轻人喜欢足球，男性也喜欢足球，年轻男性就会为足球而疯狂，等等。若两个定性自变量间有交互作用，我们还要考虑交互效应。因此，双因素方差分析可以分为无交互作用的双因素方差分析和有交互作用的双因素方差分析。

8.3.1　无交互作用的双因素方差分析

设两个因素 A，B 分别有 k 个水平和 h 个水平。对每一个水平的一对组合（A_i，B_j），只进行一次实验观测，所以不考虑交互作用的两因素方差分析又称为无重复观察的两因素方差分析。

【例 8.4】 某企业管理部门想研究生产设备与操作工艺方法的不同对生产量有无显著性影响，随机抽取了三台同类的机器（A_1，A_2，A_3）和四种操作工艺（B_1，B_2，B_3，B_4），具体资料见表 8.5。

表 8.5　三台机械设备和四种操作工艺的数据表

机器	工艺				$\bar{X}_{i\cdot}$
	B_1	B_2	B_3	B_4	
A_1	15	17	15	18	16.25
A_2	19	15	18	15	16.75
A_3	16	19	18	17	17.5
$\bar{X}_{\cdot j}$	16.667	17	17	16.667	$\bar{X}=16.833$

表中：$\bar{X}_{i\cdot}=\frac{1}{h}\sum_{j=1}^{h}X_{ij}$，$i=1,2,\cdots,k$，表示 A 因素第 i 个水平的平均值，此例中 $k=3$。$\bar{X}_{\cdot j}=\frac{1}{k}\sum_{j=1}^{k}X_{ij}$，$i=1,2,\cdots,h$，表示 B 因素第 j 个水平的平均值，此例中 $h=4$。$\bar{X}=\frac{1}{k\times h}\sum_{i=1}^{k}\sum_{j=1}^{h}X_{ij}=\frac{1}{k}\sum_{i=1}^{k}\bar{X}_{i\cdot}=\frac{1}{h}\sum_{j=1}^{h}\bar{X}_{\cdot j}$，表示所有观测值

的平均值。

解：检验因素 A 的 k 个水平间有无显著性差异，可假设为：

$H_0(A): \mu_{1\cdot} = \mu_{2\cdot} = \cdots = \mu_{k\cdot}$

$H_1(A): \mu_{i\cdot}$ 不完全相等$(i = 1,2,\cdots,k)$

检验因素 B 的 h 个水平间有无显著性差异，可假设为：

$H_0(B): \mu_{\cdot 1} = \mu_{\cdot 2} = \cdots = \mu_{\cdot h}$

$H_1(B): \mu_{\cdot j}$ 不完全相等$(j = 1,2,\cdots,h)$

可用

$$SST = \sum_{i=1}^{k}\sum_{j=1}^{h}(X_{ij} - \bar{X})^2$$

表示所有观察值 X_{ij} 与总平均值 $\bar{X}$ 的离差平方和。由于存在两个因素，总离差平方和中除各水平组内随机误差之外，同时有两种组间差异，所以，SST 可以分解成三个部分：

$$SST = \sum_{i=1}^{k}\sum_{j=1}^{h}(X_{ij} - \bar{X})^2 = h\sum_{i=1}^{k}(\bar{X}_{i\cdot} - \bar{X})^2 + k\sum_{j=1}^{h}(\bar{X}_{\cdot j} - \bar{X})^2 + \sum_{i=1}^{k}\sum_{j=1}^{h}(X_{ij} - \bar{X}_{i\cdot} - \bar{X}_{\cdot j} + \bar{X})^2$$

可记为

$$SST = SS(A) + SS(B) + SSE$$

式中：$SS(A) = h\sum_{i=1}^{k}(\bar{X}_{i\cdot} - \bar{X})^2$ 表示由因素 A 不同水平引起的系统误差；

$SS(B) = k\sum_{j=1}^{h}(\bar{X}_{\cdot j} - \bar{X})^2$ 表示由因素 B 不同水平引起的系统误差；

$SSE = \sum_{i=1}^{k}\sum_{j=1}^{h}(X_{ij} - \bar{X}_{i\cdot} - \bar{X}_{\cdot j} + \bar{X})^2 = SST - SS(A) - SS(B)$ 表示在总离差平方和中扣除了因素 A 与因素 B 的系统性误差平方和后的剩余部分，反映了随机误差。

把各项离差平方和除以各自的自由度，可得到四个平均的离差平方和，简称为均方：

$$MST = SST/(kh - 1)$$
$$MS(A) = SS(A)/(k - 1)$$
$$MS(B) = SS(B)/(h - 1)$$
$$MSE = SSE/(k - 1)(h - 1)$$

SST 的自由度为 $hk - 1$，是在总平均数既定时，全部 $n = kh$ 个样本单位受 $\sum_{i=1}^{k}\sum_{j=1}^{h}(X_{ij} - \bar{X}) = 0$ 制约的结果，失去一个自由度；$SS(A)$ 的自由度为 $k - 1$，是因

为总平均数可由 A 因素各组平均数加权平均所得，当总平均数既定时，受 $\sum_{i=1}^{k}(\bar{X}_{i}.-\bar{X})=0$ 的制约，必有一个组平均数被锁定，因而只有 $k-1$ 个组平均数可以自由变动；$SS(B)$ 的自由度为 $h-1$，是因为总平均数可由 B 因素各组平均数加权平均所得，当总平均数既定时，受 $\sum_{i=1}^{h}(\bar{X}._{j}-\bar{X})=0$ 的制约，必有一个组平均数被锁定，因而只有 $h-1$ 个组平均数可以自由变动；SSE 的自由度为 $(k-1)(h-1)$，则是因为在因素 A，B 的每一组在各自平均数 $\bar{X}_{i}.$，$\bar{X}._{j}$ 既定时都失去一个自由度，且有

$$kh-1=(k-1)+(h-1)+(k-1)(h-1)$$

可以证明，当 $H_0(A)$ 为真时，统计量

$$F(A)=\frac{SS(A)/(k-1)}{SSE/(k-1)(h-1)}=\frac{MS(A)}{MSE}$$

服从分子、分母自由度分别为 $k-1$ 与 $(k-1)(h-1)$ 的 F 分布。对给定的显著性水平 α，查相应的 F 分布表，得 $F(A)_{\alpha}$，满足 $P(F\geqslant F(A)_{\alpha})=\alpha$，当 $F(A)\geqslant F(A)_{\alpha}$ 时，拒绝原假设 $H_0(A)$。也可以证明，当 $H_0(B)$ 为真时，统计量

$$F(B)=\frac{SS(B)/(h-1)}{SSE/(k-1)(h-1)}=\frac{MS(B)}{MSE}$$

服从分子、分母自由度分别为 $h-1$ 与 $(k-1)(h-1)$ 的 F 分布。对给定的显著性水平 α，查相应的 F 分布表，得 $F(B)_{\alpha}$，满足 $P(F\geqslant F(B)_{\alpha})=\alpha$，当 $F(B)\geqslant F(B)_{\alpha}$ 时，拒绝原假设 $H_0(B)$。

现根据[例 8.4]的资料，计算各离差平方和 F 值，在 $\alpha=0.05$ 的置信水平下，对该企业不同的生产设备与操作工艺对生产量有无显著性影响进行检验。计算结果可列为如表 8.6 所示方差分析表。

表 8.6　例 8.4 的方差分析表

方差来源	离差平方和	自由度	均方	F 值
机器因素 A	$SS(A)=3.1667$	2	$MS(A)=1.58$	$F(A)=0.392$
工艺因素 B	$SS(B)=0.3327$	3	$MS(B)=0.11$	$F(B)=0.027$
误差	$SSE=24.167$	6	$MSE=4.03$	
总和	$SST=27.6667$	11		

若要分析不同的机器设备和不同的工艺方法对生产量有无显著性影响，可设原假设为：

$H_0(A):\mu_{1\cdot}=\mu_{2\cdot}=\mu_{3\cdot}$ 和 $H_0(B):\mu_{\cdot 1}=\mu_{\cdot 2}=\mu_{\cdot 3}=\mu_{\cdot 4}$

在 $\alpha=0.05$ 的水平下，查自由度为 (2,6) 的 F 分布表，得 $F(A)_{0.05}=5.14$，因为 $F(A)=0.392<F(A)_{0.05}$，所以接受原假设 $H_0(A)$；查自由度为 (3,6) 的 F 分布表，得 $F(B)_{0.05}=4.76$，因为 $F(B)=0.027<F(B)_{0.05}$，所以接受原假设 $H_0(B)$。即认为不同的机器设备和不同的工艺方法对生产量都没有显著性的影响。

8.3.2 有交互作用的两因素方差分析

在[例 8.4]中，某台机器设备可能更适合用某种工艺方法进行操作，设备与工艺的不同组合的产量也不同，即两者之间的交互作用有可能对生产量产生影响，这就需要对每种水平的组合 (A_i,B_j) 进行若干次独立观察，以了解其是否存在显著性的影响，所以考虑交互作用的两因素方差分析又称为有重复观察的两因素方差分析。

假设对两个因素的各种水平 (A_i,B_j) 分别重复 m 次观测，其观测值记为 X_{ijl}，$i=1,2,\cdots,k$；$j=1,2,\cdots,h$；$l=1,2,\cdots,m$，并假定各次试验 X_{ijl} 相互独立，且分别服从 $N(\mu_{ijl},\sigma^2)$，要检验因素 A 的影响是否显著，可建立假设：

$H_0(A)$：因素 A 各水平均值完全相等；

$H_1(A)$：因素 A 各水平均值不完全相等；

要检验因素 B 的影响是否显著，可建立假设：

$H_0(B)$：因素 B 各水平均值完全相等；

$H_1(B)$：因素 B 各水平均值不完全相等；

要检验因素 A,B 的交互影响作用是否显著，可建立假设：

$H_0(AB)$：A,B 之间不存在交互影响的作用；

$H_1(AB)$：A,B 之间存在交互影响的作用。

记 SST 为总的离差平方和，经推导有

$$SST=\sum_{i=1}^{k}\sum_{j=1}^{h}\sum_{l=1}^{m}(X_{ijl}-\bar{X})^2=SS(A)+SS(B)+SS(AB)+SSE$$

式中：$SS(A)=hm\sum_{i=1}^{k}(\bar{X}_{i\cdot\cdot}-\bar{X})^2$ 为因素 A 的离差平方和；

$SS(B)=km\sum_{j=1}^{h}(\bar{X}_{\cdot j\cdot}-\bar{X})^2$ 为因素 B 的离差平方和；

$SS(AB)=m\sum_{i=1}^{k}\sum_{j=1}^{h}(\bar{X}_{ij\cdot}-\bar{X}_{i\cdot\cdot}-\bar{X}_{\cdot j\cdot}+\bar{X})^2$ 为因素 A,B 交互影响的离差平方和；

$SSE=\sum_{i=1}^{k}\sum_{j=1}^{h}\sum_{l=1}^{m}(X_{ijl}-\bar{X}_{ij\cdot})^2$ 表示随机误差的离差平方和；

$\bar{X}=\frac{1}{khm}\sum_{i=1}^{k}\sum_{j=1}^{h}\sum_{l=1}^{m}X_{ijl}$ 为总的平均值；

$\bar{X}_{ij\cdot}=\frac{1}{m}\sum_{l=1}^{m}X_{ijl}$ 为因素 A,B 各水平搭配 m 次试验的组平均值；

$\bar{X}_{i\cdot\cdot}=\frac{1}{hm}\sum_{j=1}^{h}\sum_{l=1}^{m}X_{ijl}$ 为因素 A 第 i 个水平组的平均值；

$\bar{X}_{\cdot j\cdot}=\frac{1}{km}\sum_{i=1}^{k}\sum_{l=1}^{m}X_{ijl}$ 为因素 B 第 j 个水平组的平均值。

各项离差平方和分别除以各自的自由度，可得到以下五个平均的离差平方和，简称为均方：

$$MST=SST/(khm-1)$$
$$MS(A)=SS(A)/(k-1)$$
$$MS(B)=SS(B)/(h-1)$$
$$MS(AB)=SS(AB)/(k-1)(h-1)$$
$$MSE=SSE/kh(m-1)$$

且有

$$khm-1=(k-1)+(h-1)+(k-1)(h-1)+kh(m-1)$$

可以证明，当 H_0 为真时，统计量

$$F(A)=\frac{MS(A)}{MSE}$$

服从分子、分母自由度分别为 $k-1$ 与 $kh(m-1)$ 的 F 分布。对给定的显著性水平 α，查相应的 F 分布表，得 $F(A)_\alpha$，满足 $P(F\geqslant F(A)_\alpha)=\alpha$，当 $F(A)\geqslant F(A)_\alpha$ 时，拒绝原假设 $H_0(A)$。也可以证明，当 $H_0(B)$ 为真时，统计量

$$F(B)=\frac{MS(B)}{MSE}$$

服从分子、分母自由度分别为 $h-1$ 与 $kh(m-1)$ 的 F 分布。对给定的显著性水平 α，查相应的 F 分布表，得 $F(B)_\alpha$，满足 $P(F\geqslant F(B)_\alpha)=\alpha$，当 $F(B)\geqslant F(B)_\alpha$ 时，拒绝原假设 $H_0(B)$。统计量

$$F(AB)=\frac{MS(AB)}{MSE}$$

服从分子、分母自由度分别为 $(k-1)(h-1)$ 与 $kh(m-1)$ 的 F 分布。对给定的显著性水平 α，查相应的 F 分布表，得 $F(AB)_\alpha$，满足 $P(F\geqslant F(AB)_\alpha)=\alpha$，当 $F(AB)\geqslant F(AB)_\alpha$ 时，拒绝原假设 $H_0(AB)$。

【例 8.5】 在[例 8.4]中，若管理部门对三台机器设备和四种工艺的各种组合分别随即抽取 3 天日产量，资料见表 8.7。

表 8.7 3 台机器设备和四种工艺的各种组合分别随即抽取 3 天日产量的数据表

机器	工艺			
	B_1	B_2	B_3	B_4
A_1	15,15,17	17,17,17	15,17,16	18,20,22
A_2	19,19,16	15,15,15	18,17,16	15,16,17
A_3	16,18,21	19,22,22	18,18,18	17,17,17

在显著性水平在 $\alpha=0.05$ 的条件下检验下列假设：

$H_0(A)$：不同的机器设备对日产量没有显著性影响；

$H_0(B)$：不同的工艺方法对日产量没有显著性影响；

$H_0(AB)$：机器设备与工艺方法的交互作用对日产量没有显著影响。

解：经计算，可列成如表 8.8 所示的方差分析表。

表 8.8 例 8.5 的方差分析表

方差来源	离差平方和	自由度	均方	F 值
因素 A	$SS(A)=27.17$	2	$MS(A)=13.585$	$F(A)=7.89$
因素 B	$SS(B)=2.75$	3	$MS(B)=0.971$	$F(B)=0.53$
交互作用	$SS(AB)=73.5$	6	$MSE=12.25$	$F(AB)=7.11$
误差	$SSE=41.33$	24	$MSE=1.722$	
总和	$SST=144.75$	35		

在 $\alpha=0.05$ 的水平下，查 F 分布表，得：

$F_{0.05}(A)(2,24)=3.40$，$F_{0.05}(B)(3,24)=3.01$，$F_{0.05}(AB)(6,24)=2.51$

因为 $F(A)=7.89>3.4$，拒绝 $H_0(A)$，认为不同的机器设备对日产量有显著影响。$F(B)=0.53<3.01$，接受原假设 $H_0(B)$，认为不同的工艺方法对生产量都没有显著性的影响。$F(AB)=7.11>2.51$，拒绝 $H_0(AB)$，认为不同的机器设备与工艺搭配的交互作用对日产量有显著的影响。

8.4 SPSS 在统计推断中的应用——方差分析

我们采用[例 8.2]的数据，利用 SPSS 做方差分析。下面是做方差分析的步骤：

第一步：建立两个变量——销售额和区位。商业街表示为 1；居民区表示为 2；CBD 表示为 3；开发区表示为 4。

File Edit View Data Transform Analyze Graphs Utilities Add-ons Window Help

	Name	Type	Width	Decimals	Label	Values	Missing	Columns	Align	Measure
1	销售额	Numeric	8	0		None	None	8	Center	Scale
2	区位	Numeric	8	0		{1, 商业街}...	None	8	Center	Nominal

图 8.3　定义变量

第二步:输入数据。见图 8.4。

File Edit View Data Transform Analyze Graphs

29 :

	销售额	区位	var
1	21	1	
2	25	1	
3	18	1	
4	18	1	
5	16	1	
6	24	1	
7	28	1	
8	22	1	
9	24	1	
10	11	2	
11	9	2	
12	15	2	
13	16	2	
14	18	2	
15	20	2	
16	16	2	
17	18	3	
18	16	3	
19	24	3	
20	18	3	
21	15	3	
22	18	3	
23	16	3	
24	10	3	
25	12	4	
26	15	4	
27	20	4	
28	9	4	
29	14	4	
30	16	4	
31	10	4	

图 8.4　例 8.2 的数据

第三步：选择“Analyze”→“Compare Means”→“One-Way ANOVA”，打开“One-Way ANOVA”主对话框。

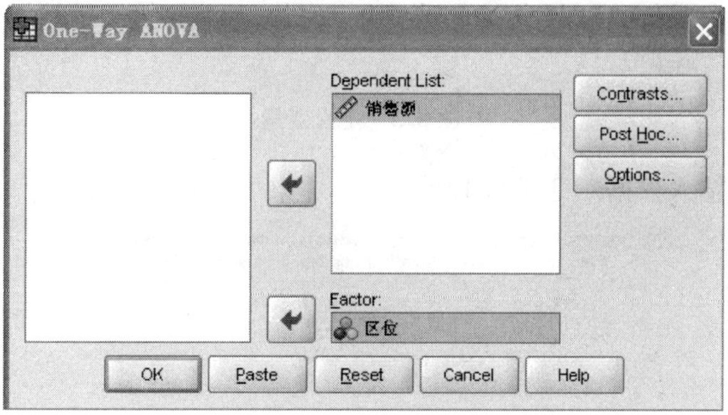

图 8.5 统计分析框

第四步：从左边的变量列表框中选择待分析变量销售额进入右边的“Dependent List”框，选择影响因素区位进入“Factor”框。主对话框中右侧有三个按钮，分别提供不同的分析框架功能。分别点击[Option]按钮和[Post Hoc]按钮，进行功能选择。

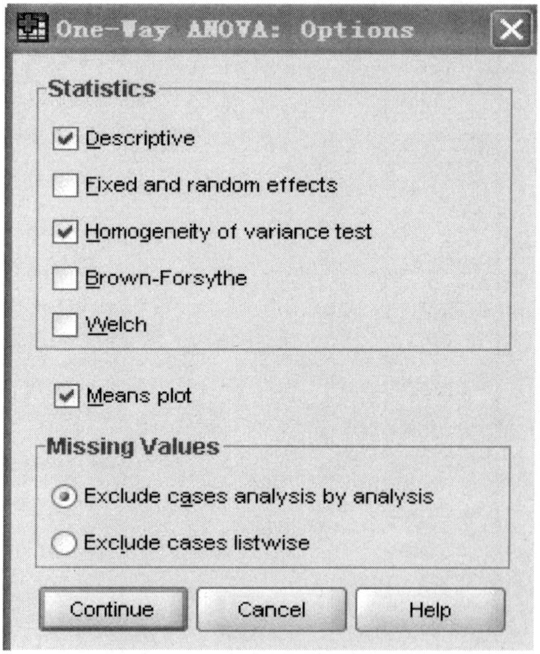

图 8.6 功能菜单

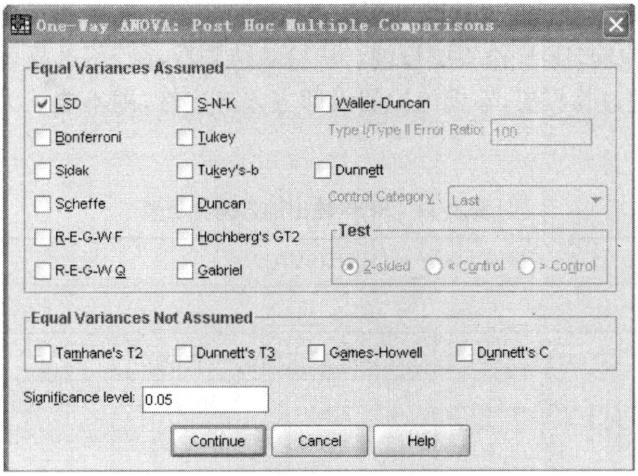

图 8.7

进入主对话框确认后得到分析结果。

表 8.9　描述统计量表

Descriptive

销售额

	N	Mean	Std. Deviation	Std. Error	95% Confidence Interval for Mean		Minimum	Maximum
					Lower Bound	Upper Bound		
商业街	9	21.78	3.898	1.299	18.78	24.77	16	28
居民区	7	15.00	3.830	1.447	11.46	18.54	9	20
CBD	8	16.88	3.907	1.381	13.61	20.14	10	24
开发区	7	13.71	3.773	1.426	10.22	17.20	9	20
Total	31	17.16	4.866	.874	15.38	18.95	9	28

从表中可以看出商业街销售额较大，开发区销售额较小。

表 8.10　方差齐次性检验

Test of Homogeneity of Variances

销售额

Levene Statistic	df1	df2	Sig.
.070	3	27	.975

SPSS 采用的是 Levene 检验，这是一种非参数检验方法，与 F 检验类似，但不依赖于正态性检验，比 F 检验更稳健。从检验结果看，在 5%的显著性水平下 Levene 统计量值超过临界值，不拒绝原假设即方差齐次性，即不能认为单个总体方差不相等。

表 8.11 SPSS 输出的方差分析表

ANOVA

销售额

	Sum of Squares	df	Mean Square	F	Sig.
Between Groups	308.334	3	102.778	6.905	.001
Within Groups	401.859	27	14.884		
Total	710.194	30			

因为 $P=0.001<\alpha=0.05$，所以拒绝原假设，认为销售额有显著差异。

表 8.12 Scheffe 和 LSD 法多重比较的结果

Multiple Comparisons

Dependent Variable:销售额

	(I) 区位	(J) 区位	Mean Difference (I−J)	Std. Error	Sig.	95% Confidence Interval Lower Bound	95% Confidence Interval Upper Bound
Scheffe	商业街	居民区	6.778*	1.944	.017	.98	12.57
		CBD	4.903	1.875	.102	−.68	10.49
		开发区	8.063*	1.944	.004	2.27	13.86
	居民区	商业街	−6.778*	1.944	.017	−12.57	−.98
		CBD	−1.875	1.997	.829	−7.83	4.08
		开发区	1.286	2.062	.942	−4.86	7.43
	CBD	商业街	−4.903	1.875	.102	−10.49	.68
		居民区	1.875	1.997	.829	−4.08	7.83
		开发区	3.161	1.997	.486	−2.79	9.11
	开发区	商业街	−8.063*	1.944	.004	−13.86	−2.27
		居民区	−1.286	2.062	.942	−7.43	4.86
		CBD	−3.161	1.997	.486	−9.11	2.79

续表

Multiple Comparisons

Dependent Variable:销售额

	(I) 区位	(J) 区位	Mean Difference (I—J)	Std. Error	Sig.	95% Confidence Interval Lower Bound	95% Confidence Interval Upper Bound
LSD	商业街	居民区	6.778 *	1.944	.002	2.79	10.77
		CBD	4.903 *	1.875	.014	1.06	8.75
		开发区	8.063 *	1.944	.000	4.07	12.05
	居民区	商业街	—6.778 *	1.944	.002	—10.77	—2.79
		CBD	—1.875	1.997	.356	—5.97	2.22
		开发区	1.286	2.062	.538	—2.95	5.52
	CBD	商业街	—4.903 *	1.875	.014	—8.75	—1.06
		居民区	1.875	1.997	.356	—2.22	5.97
		开发区	3.161	1.997	.125	—.94	7.26
	开发区	商业街	—8.063 *	1.944	.000	—12.05	—4.07
		居民区	—1.286	2.062	.538	—5.52	2.95
		CBD	—3.161	1.997	.125	—7.26	.94

*. The mean difference is significant at the 0.05 level.

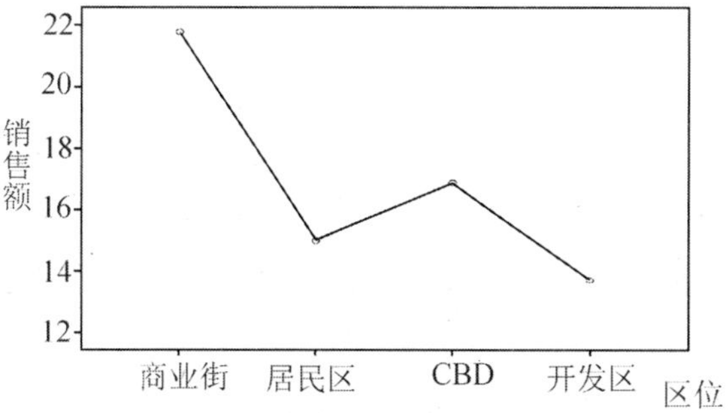

图 8.8　不同区位四组均值的变化情况

使用[例 8.4]中的数据进行双因素无交互作用的方差分析。

第一步:建立变量。

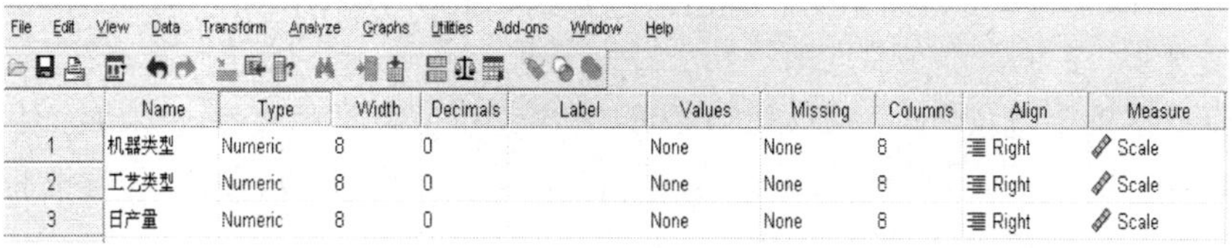

图 8.9　定义变量

第二步：输入数据。

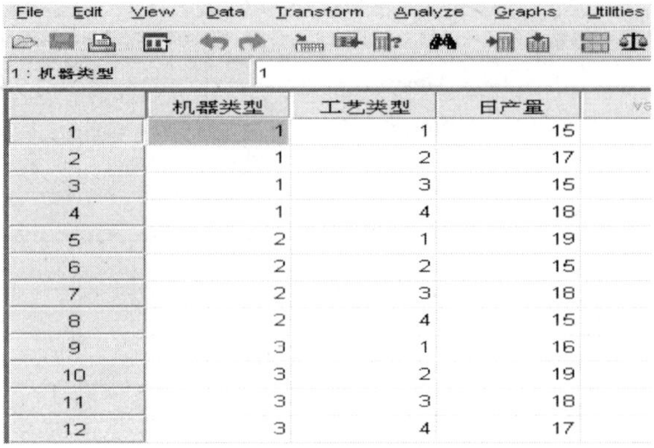

	机器类型	工艺类型	日产量
1	1	1	15
2	1	2	17
3	1	3	15
4	1	4	18
5	2	1	19
6	2	2	15
7	2	3	18
8	2	4	15
9	3	1	16
10	3	2	19
11	3	3	18
12	3	4	17

图 8.10　输入数据

第三步：在 SPSS 的数据文件管理窗口中选择“Analyze”，展开下拉菜单，选择“General Linear Model”中的“Univarite”（单变量多因素分析）。

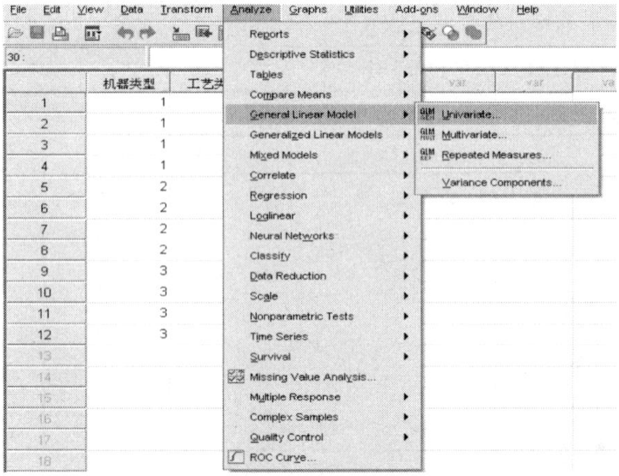

图 8.11　操作过程

第四步：进入 “Univariate” 主对话框，并且做出选择：把日产量放进“Dependent Variable”矩形框中，把机器类型和工艺类型变量放进“Fixed Factors”框中。

第五步：在主对话框中点击[Model]按钮进入“Model”对话框，选择“Custom”，在效应下拉框中选择“Main effect”，把机器类型和工艺类型变量选入右边的模型框中，单击[Continue]返回主对话框，其它选项采用默认值，单击主对话框中的[OK]按钮，可以得到无交互作用的双因素方差分析结果。

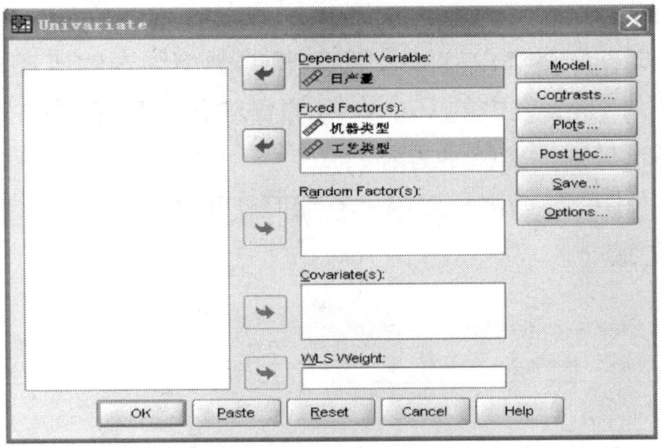

图 8.12 Univariate 主对话框

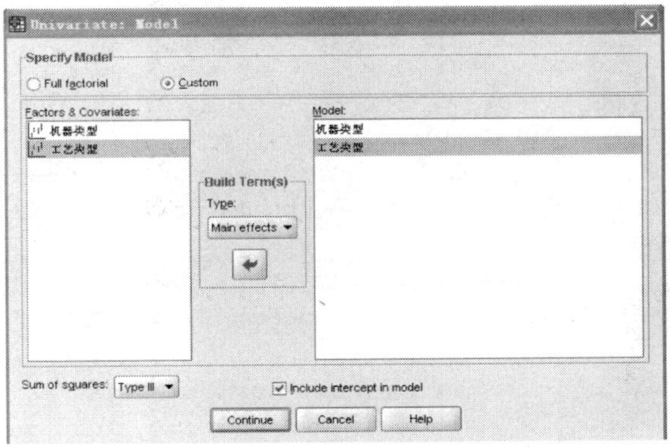

图 8.13 Univariate 过程的模型定义对话框

表 8.13 SPSS 输出的双因素、无交互作用的方差分析表

Tests of Between-Subjects Effects

Dependent Variable：日产量

Source	Type III Sum of Squares	df	Mean Square	F	Sig.
Corrected Model	3.500[a]	5	.700	.174	.963
Intercept	3400.333	1	3400.333	844.221	.000
机器类型	3.167	2	1.583	.393	.691
工艺类型	.333	3	.111	.028	.993
Error	24.167	6	4.028		
Total	3428.000	12			
Corrected Total	27.667	11			

a. R Squared = .127 (Adjusted R Squared = −.601)

根据表 8.13 的分析结果，在无交互作用的双因素方差分析模型中，机器类型和工艺类型因素对日产量都没有显著影响：机器类型因素的 p 值等于 0.691，工艺类型的 p 值等于 0.993. 表中的 Corrected Total 是我们常用的“总离差平方和”，Total 是总平方和(与 0 的离差平方和)。

使用[例 8.5]中的数据进行双因素有交互作用的方差分析。

第一步：建立变量。

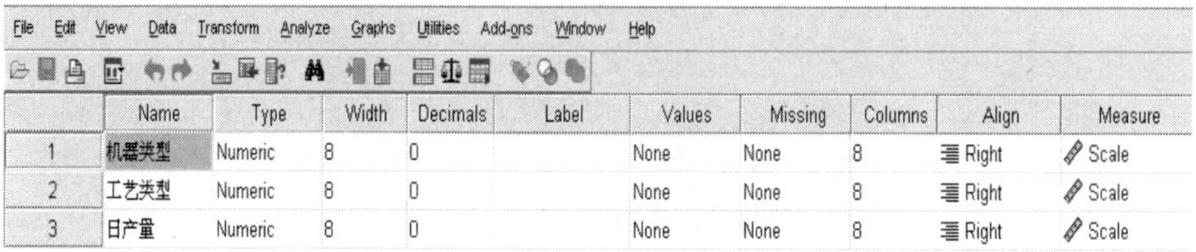

图 8.14　定义变量

第二步：输入数据。

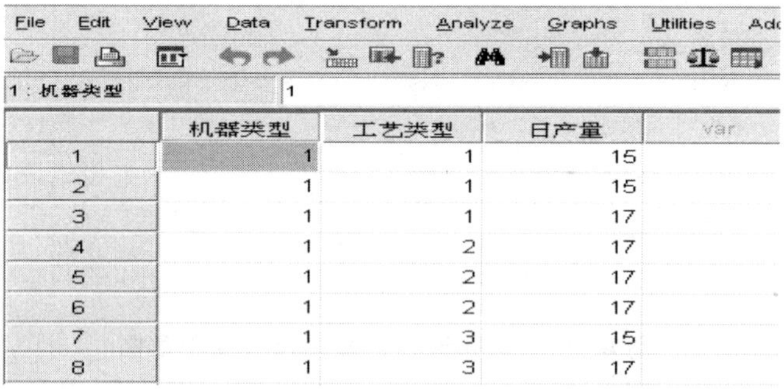

图 8.15　输入数据

第三步：在 SPSS 的数据文件管理窗口中选择“Analyze”，展开下拉菜单，选择“ General Linear Model”中的“Univarite”(单变量多因素分析)。进入“Univariate”主对话框，并且做出选择：把日产量放进“Dependent Variable”矩形框中，把机器类型和工艺类型变量放进“Fixed Factors”框中。

第四步：在主对话框中点击[Model]按钮进入“Model”对话框，选择“Custom”，在效应下拉框中选择“Interaction”，把机器类型和工艺类型变量选入右边的模型框中，同时选中机器类型和工艺类型两个变量进入右边的“Model”下面的矩形框，这时右边的“Model”下面的矩形框出现“工艺类型 * 机器类型”这一变量，这表示模型中包含了二者的交互作用，单击[Continue]返回主对话框。

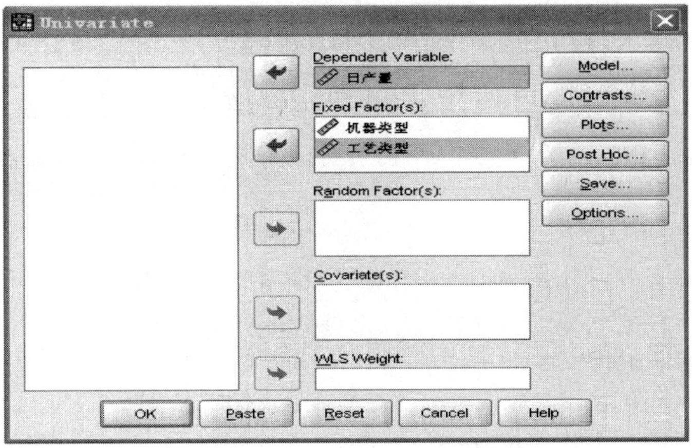

图 8.16 Univariate 主对话框

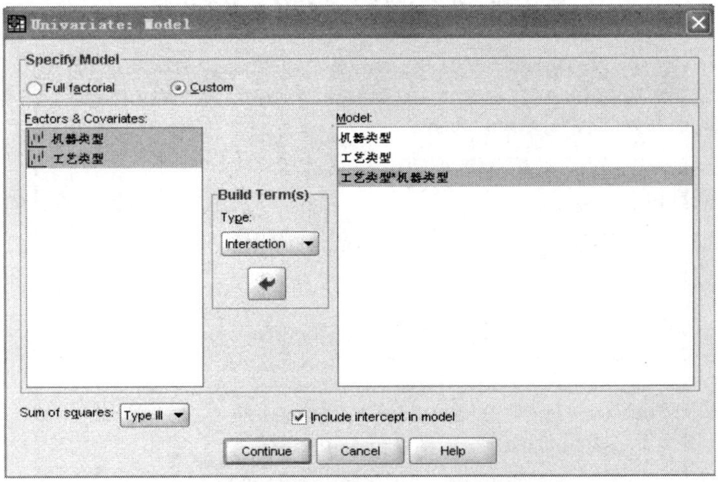

图 8.17 有交互作用的双因素模型设定

第五步:在主对话框中点击[Model]按钮进入"Model"对话框,单击[Plots]按钮,在弹出的对话框中把机器类型变量指定为"Horizontal Axis",把工艺类型变量指定为"Spearate Lines",点击下面的[Add]按钮,表示我们需要做一个以机器类型为横轴,每一个工艺类型的平均值为一条线的图形,返回主对话框,在"Options"对话框中选中"Homogeneity test"(同方差检验)复选框。最后单击主对话框中的[OK]按钮就可以得到有交互作用的双因素方差分析结果了。

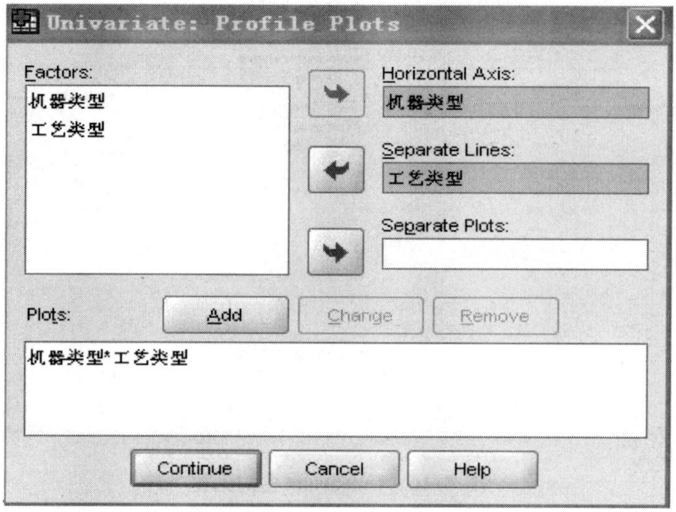

图 8.18 要求 SPSS 输出均值图形的设定

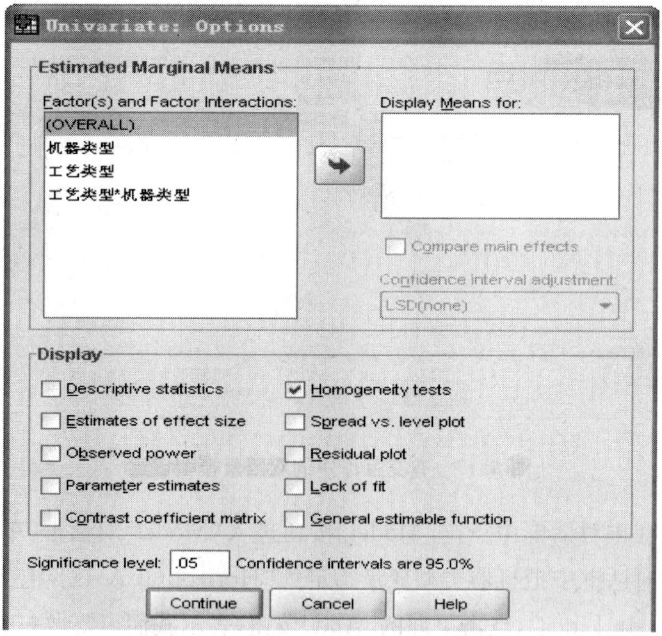

图 8.19 同方差检验

表 8.14 是同方差性检验的结果，检验的 p 值等于 0.012，表明各个总体的方差不相等。

表 8.14 同方差性的 Levene 检验

Levene's Test of Equality of Error Variances[a]			
Dependent Variable：日产量			
F	df1	df2	Sig.
3.009	11	24	.012

Tests the null hypothesis that the error variance of the dependent variable is equal across groups.

a. Design：Intercept + 机器类型 + 工艺类型 + 机器类型 * 工艺类型

表 8.15 是 SPSS 输出的方差分析表。检验的结果是在 5%的显著性水平下机器类型因素影响显著，工艺类型影响不显著，二者的交互作用影响显著。

表 8.15 SPSS 输出的双因素方差分析模型

Tests of Between-Subjects Effects					
Dependent Variable：日产量					
Source	Type III Sum of Squares	df	Mean Square	F	Sig.
Corrected Model	103.417[a]	11	9.402	5.459	.000
Intercept	10920.250	1	10920.250	6.341E3	.000
机器类型	27.167	2	13.583	7.887	.002
工艺类型	2.750	3	.917	.532	.665
机器类型 * 工艺类型	73.500	6	12.250	7.113	.000
Error	41.333	24	1.722		
Total	11065.000	36			
Corrected Total	144.750	35			

a. R Squared = .714 (Adjusted R Squared = .584)

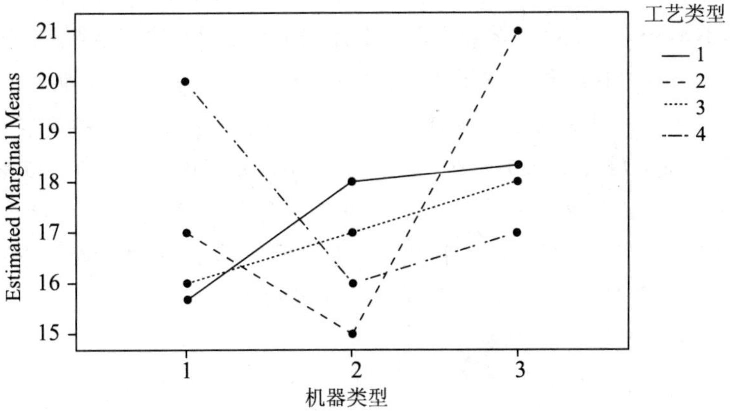

图 8.20 分机器类型和工艺类型的平均日产量

从图形中可以看出机器类型1和3对应下的工艺类型日产量变化较大。第1种机器工艺类型4日产量最高，第3种机器工艺类型2日产量最高。

本章小结

本章主要介绍了方差分析的基本思路和单因素分析和双因素方差分析的基本步骤。通过本章学习，要理解方差分析的基本原理，特别是方差的分解，弄清楚方差分析与假设检验的关系；要掌握单因素方差分析和双因素方差分析的基本步骤、假设的建立和结果的正确表述，能够利用 SPSS 进行实际问题的分析。

1. 方差分析(Analysis of Variance，简称 ANOVA)，又称“变异数分析”或“F检验”，是 R. A. Fisher 发明的，用于两个及两个以上样本均值差别的显著性检验。方差分析是研究一个或多个可分组的变量(称为自变量)与一个连续变量(因变量)之间的统计关系，并测定自变量在取各种不同水平时对因变量的影响和作用的一种统计分析方法。

2. 单因素方差分析是只考虑一个定性自变量的方差分析。它是用来研究一个控制变量的不同水平是否对观测变量产生了显著影响。主要步骤为：a. 数据准备；b. 假设的陈述；c. 检验统计量的构造；d. 做出统计决策。

3. 双因素方差分析用来研究两个定性变量对数值型变量的影响。它存在两个定性自变量，我们分别置它们于行和列的位置上，将数据间的变异即误差划分为行变量引起的误差、列变量引起的误差和随机误差三类。还要考虑两个定性自变量间是否独立，有没有交互作用。因此，它可以分为无交互作用的双因素方差分析和有交互作用的双因素方差分析。

4. 一般地，我们假定所检验的结果受某一因素 A 的影响，它可以取 k 个不同的水平：$1,2,3,\cdots,k$。对于因素的每一个水平 i 都进行 n 次试验，结果分别为 x_{i1}，x_{i2}，$\cdots$，x_{in}，我们把这一组样本记作 X_i，假定 $X_i \sim N(\mu_i, \sigma^2)$，即对于因素的每一个水平，所得到的结果都服从正态分布，且方差相等。用统计的语言来表达，要检验的假设就是：$H_0: \mu_1 = \mu_2 = \cdots = \mu_k$，$H_1: \mu_1, \mu_2, \cdots, \mu_r$ 不完全相等。由此可见，方差分析通过比较和检验在因素的不同水平下均值之间是否存在显著的统计差异的方法来测定因素的不同水平对因变量的影响和作用的差异。它在社会、经济、医药、农林等领域都有广泛应用。

思考与练习

思考题

1. 简述方差分析的随机效应模型。
2. 什么是因子、水平?
3. 方差分析的基本假设是什么?
4. 组内平方和与组间平方和各代表了哪种偏差?
5. 简述平方和分解公式。
6. 简述自由度的含义和分配公式。
7. 简述方差分析的基本思想和基本步骤。
8. 简述多重检验的基本步骤。
9. 如何用方差分析检验两个因子间有否交互作用?

练习题

1. 某快餐连锁集团欲了解门店位置对销售额有否显著影响,分别抽取位于商业区、居民区、写字楼的各12家门店,了解其上月的销售额(万元)如下表,试检验其是否有显著差别($\alpha=0.05$)?

快餐店位置	销售额											
商业区	410	305	450	380	310	390	590	480	510	470	415	390
居民区	265	310	220	290	300	350	445	480	500	430	428	530
写字楼	180	290	330	220	170	256	290	283	260	246	275	320

2. 将20头猪仔随机分成四组,每组喂一种饲料,在一定时间内每头猪增重(kg)如下表所示,问四种饲料对猪仔的增重有无显著差异($\alpha=0.05$)?

甲组	乙组	丙组	丁组
60	73	95	88
65	67	105	53
61	68	99	90
67	66	102	84
64	71	103	87

3. 下表给出了在小白鼠接种三种类型疫苗后开始产生抗体的时间，试问三种类型的疫苗平均产生抗体的时间有无显著差异（$\alpha=0.05$）？如有差异，这种差异存在于哪些类型之间？

疫苗类型	接种后产生抗体的时间（天）									
I 型	2	4	3	2	4	7	7	2	5	4	
II 型	5	6	8	5	10	7	12	6	6		
III 型	7	11	6	6	7	9	5	10	6	3	10

4. 测试某种钢在不同含铜量及各种温度下的冲击值（单位：$kg \cdot m \cdot cm^{-1}$），下表列出了试验的数据（冲击值），问试验温度、含铜量对钢的冲击值的影响是否显著？（$\alpha=0.01$）

试验温度	0.2%铜含量	0.4%铜含量	0.8%铜含量
20℃	10.6	11.6	14.5
0℃	7.0	11.1	13.3
−20℃	4.2	6.8	11.5
−40℃	4.2	6.3	8.7

5. 城市道路交通管理部门为研究不同的路段和不同的时间段对行车时间的影响，让一名交通警察分别在两个路段的高峰期与非高峰期亲自驾车进行试验，通过试验共获得 20 个行车时间（分钟）的数据，如下表。试分析路段、时段以及路段和时段的交互作用对行车时间的影响。

	高峰期					非高峰期				
路段一	26	24	27	25	25	20	17	22	21	17
路段二	19	20	23	22	21	18	17	13	16	12

6. 对同一匹布，用不同的印染工艺处理，然后进行缩水率检验，现选取五种印染工艺，每种工艺进行四次试验（用于试验的布规格完全相同）。对测得的缩水率进行方差分析，得到如下结果：

方差来源	离差平方和	自由度	均方	F 值	临界值
组间（SSA）				3.5845	
组内（SSE）			3.2248		
总方差（SST）					

请将上表补充完整并进行分析($\alpha=0.05$)。

7. 某企业为推销某种产品在五个地区建立了销售点，统计四个时期的销售量资料如下表所示(单位：万)：

时期	地点				
	B_1	B_2	B_3	B_4	B_5
A_1	6	2	4	4	8
A_2	10	7	11	9	12
A_3	13	9	7	8	7
A_4	2	1	2	2	3

试问该产品在不同地区和不同时期的销售情况是否存在显著的差异。

第9章 相关与回归分析

客观世界是普遍联系的，各种现象都是相互依存、相互制约的，当我们用变量来反映这些现象的特征时，这种普遍联系就表现为变量之间的依存关系，例如，身高与体重之间，便存在着这种关系，一般来说身体越高体重也越大；投资风险和投资收益也存在着类似的关系，一般风险越高收益会越大，处理这类问题的方法之一是相关和回归分析。本章主要介绍相关和回归分析的基本概念、一元线性回归模型和多元线性回归模型及应用。

学习目的与要求

- 熟练掌握相关和回归、相关系数的计算和检验；
- 熟练掌握简单线性回归模型参数的估计；
- 理解回归系数的显著性检验；
- 理解回归方程的显著性检验以及能够利用所建立的模型进行预测分析；
- 能够利用统计软件 SPSS 进行相关分析和回归分析；
- 了解多元线性回归模型的参数估计和假设检验等问题。

9.1 相关分析概述

9.1.1 相关关系的概念

变量之间的依存关系可分为两种：函数关系和相关关系。函数关系指的是变量之间存在的严格的确定的关系。例如圆的周长（L）和半径（R）之间的关系可以表示为 $L=2\pi R$，对于每一个 R 的值都有一个确定的周长值 L 与之对应。而相关关系则是指变量之间的不确定性的依存关系。例如体重虽然与身高存在关系，但这种关系不是确定性的，不是一个身高一定对应一个确定的体重。

实际上，函数关系和相关关系通常并不存在严格的界限。由于有测量误差等原因，函数关系在实际中往往通过相关关系表现出来；反之，当对现象之间内在的本质规律了解清楚透彻时，相关关系也可能转化为函数关系。因此，相关关系一般可以用一定的函数关系表达式来近似描述。

9.1.2 相关关系的种类

变量间的相关关系相当复杂，表现形式不一，按照不同分类标准可以进行如下的划分。

（一）按照相关关系的密切程度划分

可以分为完全相关、不完全相关和不相关。

当一个变量的值完全由另一个变量的值所决定，即称为完全相关，即前述的函数关系，如圆的周长和半径之间的关系 $L=2\pi R$；两个变量各自独立，互不影响，称为不相关，如小孩身高和房子外面小树的高度之间，一般是不相关的。介于这二者之间，称为不完全相关，一般统计中的相关分析就是指对这种不完全相关的分析。

（二）按相关的表现形式划分

可以分为线性相关和非线性相关。

变量间的相关关系近似地表现为直线形式时即称为直线相关。其特点是当一个变量增减 1 个单位时，另一个变量也按一个大致固定的量变化。若这种相关关系近似为曲线时，即称为曲线相关，按具体形态又可分为：抛物线、指数曲线、双曲线及其它一些复杂形式的曲线等。

在实际应用中，变量之间究竟采取哪种形态，要根据具体情况进行分析，并结合实际经验，才能较为满意地解决实际问题。

（三）按相关的方向划分

可分为正相关和负相关。

自变量的数值增加，因变量的数值也基本随之增加，即为正相关，例如：商品价格上升，供给也上升。而相反的即为负相关，如商品价格上升，商品的需求下降。

（四）按相关关系涉及的变量多少划分

可分为单相关、复相关和偏相关。

单相关又称一元相关，是指两个变量之间的相关关系，即仅限于一个变量与另一个变量之间的依存关系。复相关又称多元相关，是指三个或三个以上变量之间的相关关系。例如家庭的消费支出与家庭收入水平及市场价格水平之间的关系便是一种复相关。在某一变量与多个变量相关时，当排除其他变量的影响，仅考虑其中两个变量的相关关系称为偏相关。例如在不考虑家庭收入水平对市场价格水平与家庭的消费支出影响的条件下，市场价格水平与家庭的消费支出之间的关系就是一种偏相关关系。

9.1.3 相关分析与回归分析

相关分析是研究变量之间是否存在某种依存关系，并对具体有依存关系的现象探讨其相关方向以及相关程度，是研究随机变量之间的相关关系的一种统计方法，其主要目的在于分析现象间相关关系的形式和密切程度以及依存变动的规律性。

回归分析是确定两个或两个以上变量间相互依赖的定量关系的一种统计分析方法。回归分析的运用十分广泛，回归分析按照涉及的自变量的多少，可分为一元回归分析和多元回归分析；按照自变量和因变量之间的关系类型，可分为线性回归分析和非线性回归分析。

相关分析研究的是现象之间是否相关、相关的方向和密切程度，一般不区别自变量或因变量。而回归分析则要分析现象之间相关的具体形式，确定其因果关系，并用数学模型来表现其具体关系。比如说，从相关分析中我们可以得知“质量”和“用户满意度”变量密切相关，但是这两个变量之间到底是什么样的依存关系，即哪个变量受哪个变量的影响，影响的大小程度如何，相关分析是不能解决的。若要准确地回答这些问题，则需要通过回归分析方法来确定。回归分析是以变量之间存在相关关系为基础的，若变量没有相关关系，则也无从存在回归分析。

9.2 相关关系的测定

相关分析中，通过绘制相关图和相关表，可以对现象之间存在的相关关系、以及相关关系的方向、形式和密切程度作直观的、大致的判断，当然要确切表明变量间的相关程度还得要依赖相关系数。接下来我们一一介绍相关表、相关图和相关系数等内容。

9.2.1 相关表

研究现象之间的依存关系，首先要通过实际调查取得一系列成对的数据，作为相关分析的原始资料。将某一变量按其数值的大小顺序排列，然后再将与其相关的另一变量的对应值平行排列，便可得到简单的相关表。

例如，某保险公司为了便于准确地定出住户的火灾保险额，需要了解火灾造成的损失和住户到最近消防站的距离之间的依存关系，为此收集了居民住宅区火灾造成的损失数额 Y（千元）与该住户到最近的消防站的距离 X（千米）的数据。数据资料如表 9.1 所示。

表 9.1 损失数额和距离的数据资料

X	3.4	1.8	4.6	2.3	3.1	5.5	0.7	3
Y	26.2	17.8	31.3	23.1	27.5	36	14.1	22.3
X	2.6	4.3	2.1	1.1	6.1	4.8	3.8	
Y	19.6	31.3	24	17.3	43.2	36.4	26.1	

我们首先对它们进行相关分析，把损失数据按距离从小到大的顺序排列，得到了如表 9.2 所示的相关表。

表 9.2　损失数额和距离的相关表

X	0.7	1.1	1.8	2.1	2.3	2.6	3	3.1
Y	14.1	17.3	17.8	24	23.1	19.6	22.3	27.5
X	3.4	3.8	4.3	4.6	4.8	5.5	6.1	
Y	26.2	26.1	31.3	31.3	36.4	36	43.2	

从相关表中可以看出，随着住户到最近的消防站的距离的增加，居民住宅区火灾所造成的损失也是越来越大的，呈现明显的正相关关系。

9.2.2　散点图

散点图又称相关图，是以直角坐标系的横轴代表变量 X，纵轴代表变量 Y，将两变量相对应的成对数据在直角坐标系中用点的形式描绘出来，用来反映两变量之间相关关系的图形。由表 9.2 的数据资料绘制的相关图如图 9.1 所示。

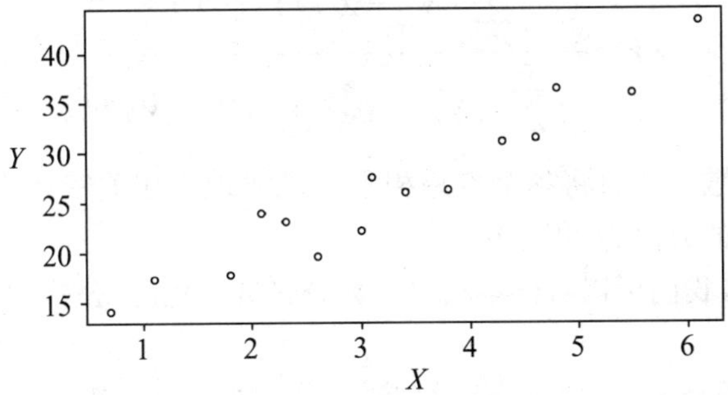

图 9.1　损失数额和距离间的散点图

从图 9.1 可以看出，居民住宅区火灾所造成的损失和住户到最近的消防站的最近距离之间呈正的线性相关关系。

9.2.3　相关系数

相关表和相关图虽然可以直观地反映两个变量之间的相互关系及其相关方向，但是却无法确切地表明两个变量之间相关的程度。

为了能够准确测定变量间的相关程度，著名统计学家皮尔逊设计了一个统计指标——相关系数。相关系数可以用来反映变量之间相关关系密切程度。相关系数是按积差方法计算，同样以两变量与各自平均值的离差为基础，通过两个离差相乘来反映两变量之间相关程度，我们这里着重研究线性的单相关系数。

线性的单相关系数——简单相关系数，意指在线性条件下，表明两个变量之间相关关系密切程度，常简称相关系数，通常用 ρ 表示。其基本计算公式如下：

$$\rho = \frac{\sigma_{XY}^2}{\sigma_X \sigma_Y} \tag{9.1}$$

式中：$\sigma_{XY}^2 = \dfrac{\sum_{i=1}^{N}(X_i - \bar{X})(Y_i - \bar{Y})}{N}$，是两个变量 X 和 Y 的协方差；

$\sigma_X = \sqrt{\dfrac{\sum_{i=1}^{N}(X_i - \bar{X})^2}{N}}$，是变量 X 的标准差；

$\sigma_Y = \sqrt{\dfrac{\sum_{i=1}^{N}(Y_i - \bar{Y})^2}{N}}$，是变量 Y 的标准差。

这里的 ρ 表示的是两个变量总体间的相关系数，相对应的样本相关系数通常用 r 表示，其公式为：

$$r = \frac{\sum_{i=1}^{n}(X_i - \bar{X})(Y_i - \bar{Y})}{\sqrt{\sum_{i=1}^{n}(X_i - \bar{X})^2 \sum_{\varepsilon=1}^{n}(Y_i - \bar{Y})^2}} \tag{9.2}$$

由于相关系数是通过将各个离差相乘来说明现象相关密切程度的，所以称这种计算相关系数的方法为“积差法”。

为便于计算，我们可以对样本相关系数公式进行化简，公式中的分子分母可分别写成：

$$\sum_{i=1}^{n}(X_i - \bar{X})(Y_i - \bar{Y}) = \sum_{i=1}^{n}X_iY_i - \frac{1}{n}\sum_{i=1}^{n}X_i\sum_{i=1}^{n}Y_i = L_{XY}$$

$$\sum_{i=1}^{n}(X_i - \bar{X})^2 = \sum_{i=1}^{n}X_i^2 - \frac{1}{n}\left(\sum_{i=1}^{n}X_i\right)^2 = L_{XX}$$

$$\sum_{i=1}^{n}(Y_i - \bar{Y})^2 = \sum_{i=1}^{n}Y_i^2 - \frac{1}{n}\left(\sum_{i=1}^{n}Y_i\right)^2 = L_{YY}$$

这样，相关系数可以写成：

$$r = \frac{L_{XY}}{\sqrt{L_{XX}L_{YY}}} \tag{9.3}$$

相关系数 r 的取值范围为 $[-1,1]$，具有如下一些性质：

当 $r > 0$ 时，表明两个变量 X 和 Y 之间具有正相关关系；

当 $r < 0$ 时，表明两个变量 X 和 Y 之间具有负相关关系；

当 $0 < |r| < 1$ 时，表示两个变量 X 和 Y 之间具有一定的线性相关关系。$|r|$ 的数值越接近于 1，表示两个变量间的线性相关程度越高；反之，$|r|$ 越接近于 0 则表示两个变量间的线性相关程度越低。且通常的判断的标准是，$|r| < 0.3$ 时称为弱相关，$0.3 \leq |r| < 0.5$ 时为低度相关，$0.5 \leq |r| < 0.8$ 时为显著相关，$0.8 \leq |r| < 1$ 时为高度相关；

当 $r = 0$ 时，表示两个变量 X 和 Y 之间没有线性相关关系，不过不能判定是否存在其它非线性相关关系。当 $r = \pm 1$ 时，表示两个变量 X 和 Y 之间具有完全线性相关关系，即函数关系。

由于相关系数的计算是基于样本数据而得到的，为了进一步检验两变量总体是否具有相关关系，我们需要对相关系数进行检验，检验步骤为：

第一步，建立假设，$H_0: \rho = 0 \quad H_1: \rho \neq 0$

第二步，构造检验统计量：

$$t = \frac{r}{\sqrt{\dfrac{1-r^2}{n-2}}} \sim t(n-2) \tag{9.4}$$

当原假设为真时，这个统计量服从自由度为 $(n-2)$ 的 t 分布。

第三步，给定显著性水平 α，查表得到临界值 $t_{\alpha/2}(n-2)$。

第四步，作决策：若统计量计算值的绝对值大于临界值，即 $|t| > t_{\alpha/2}(n-2)$ 时，即统计量的观测值落入图 9.2 的阴影区域时，拒绝原假设，认为两个总体变量间存在显著的线性相关关系。不过在实际利用统计软件进行分析时，通常都是基于统计量计算值对应的 P 值来做决策，若 P 值小于给定的显著性水平 α，则拒绝原假设。

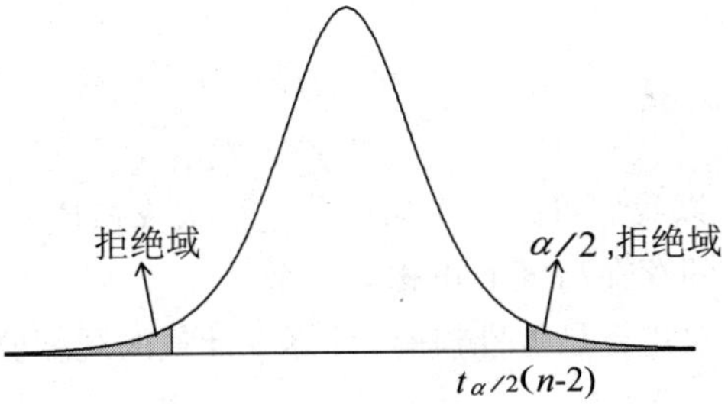

图 9.2　t 检验示意图

【例 9.1】 以表 9.1 的数据来计算居民住宅区火灾造成的损失数额 Y（千元）与该住户到最近的消防站的距离 X（千米）之间的相关系数。

解：给出计算所需的有关数据，见表 9.3。

$$L_{XY} = \sum_{i=1}^{n} X_i Y_i - \frac{1}{n} \sum_{i=1}^{n} X_i \sum_{i=1}^{n} Y_i = 1470.65 - \frac{1}{15} \times 49.2 \times 396.2 = 171.114$$

$$L_{XX}=\sum_{i=1}^{n}X_i^2-\frac{1}{n}(\sum_{i=1}^{n}X_i)^2=196.16-\frac{1}{15}\times 2420.64=34.784$$

$$L_{YY}=\sum_{i=1}^{n}Y_i^2-\frac{1}{n}(\sum_{i=1}^{n}Y_i)^2=11376.48-\frac{1}{15}\times 156974.4=911.517$$

表 9.3 相关系数计算有关数据

编号	X	Y	X^2	Y^2	XY
1	3.4	26.2	11.56	686.44	89.08
2	1.8	17.8	3.24	316.84	32.04
3	4.6	31.3	21.16	979.69	143.98
4	2.3	23.1	5.29	533.61	53.13
5	3.1	27.5	9.61	756.25	85.25
6	5.5	36	30.25	1296	198
7	0.7	14.1	0.49	198.81	9.87
8	3	22.3	9	497.29	66.9
9	2.6	19.6	6.76	384.16	50.96
10	4.3	31.3	18.49	979.69	134.59
11	2.1	24	4.41	576	50.4
12	1.1	17.3	1.21	299.29	19.03
13	6.1	43.2	37.21	1866.24	263.52
14	4.8	36.4	23.04	1324.96	174.72
15	3.8	26.1	14.44	681.21	99.18
合计	49.2	396.2	196.16	11376.48	1470.65

因此可以计算出：

$$r=\frac{L_{XY}}{\sqrt{L_{XX}L_{YY}}}=0.96$$

由于 $r=0.96$，所以我们可以得出居民住宅区火灾造成的损失数额与住户到最近的消防站的距离之间存在高度的正相关关系。

我们再对相关系数进行显著性检验，计算统计量的观测值，得到

$$t=\frac{r}{\sqrt{\frac{1-r^2}{n-2}}}=\frac{0.96}{\sqrt{\frac{1-0.96^2}{15-2}}}=12.36$$

这样，在显著性水平 $\alpha=0.05$ 时，由于临界值 $t_{\alpha/2}(n-2)=t_{0.025}(13)=2.16$，因此很明显我们拒绝原假设，得到居民住宅区火灾造成的损失数额与住户到最近的消防站的距离之间存在显著的线性相关关系。

9.3　一元线性回归分析

回归分析中，如果变量之间的回归模型是直线方程，则这类回归分析为线性回归分析，该直线方程为线性回归方程。具体的，如果直线方程中只有一个自变量和一个因变量，那么我们称之为一元线性回归分析。

9.3.1　一元线性回归理论模型

一元线性回归模型具有如下的形式：

$$Y_i = \beta_0 + \beta_1 X_i + \varepsilon_i, \quad i = 1, \cdots, n \tag{9.5}$$

式中：Y 为被解释变量，也称为因变量；X 是解释变量，也称为自变量；ε 称为随机误差项；β_0 称为截距项；斜率 β_1 称为回归系数；n 为观测值个数。

这个模型可以分为两部分——回归函数部分和随机部分。对于回归函数部分，即：$E(Y) = \beta_0 + \beta_1 X$，也常称为总体回归函数，是不可观测的，其中的 β_0 和 β_1 为待估计的参数。随机部分为 ε，也是无法观测的，一般包括这些内容：非重要解释变量的省略、人的随机行为、数学模型形式欠妥、归并误差、测量误差等。

在对一元回归模型进行参数估计之前应该对简单线性回归模型做出如下假定：

I. X 和 Y 之间的关系是线性的；

II. 零均值。ε 是一个随机变量，具有零均值；

III. 同方差。ε 具有相同的方差；

IV. 独立性。ε 之间相互独立；

V. 正态性。ε 服从正态分布；

VI. X 是非随机的，与 ε 相互独立。

其中，II～V 的四个假定可表述为：

$$\varepsilon \overset{iid}{\sim} N(0, \sigma^2)$$

这里：iid 为 independent and identically distributed 的缩写，意指独立同分布。

9.3.2　普通最小二乘估计(OLS)

对于实际研究的经济问题，通常真实的回归直线是观测不到的，那么就通过收集样本来对这条真实的回归直线做出估计。

根据收集的样本，做出什么样的直线才是最佳的呢？我们首先想到的就是这条直线应该处于样本数据的中心位置，这样才是最合理的。为此，我们用数学语言来对此加以描述。

假设估计的直线为

$$\hat{Y}_i = \hat{\beta}_0 + \hat{\beta}_1 X_i \tag{9.6}$$

式中：$\hat{Y}_i$ 称 Y_i 的估计值或拟合值，$\hat{\beta}_0$ 和 $\hat{\beta}_1$ 分别是 β_0 和 β_1 的估计量。对于每一个观测值而言，它到这条直线的纵向偏差用 e_i 表示，称为残差，$e_i = Y_i - \hat{Y}_i$ 。

由于残差存在相互抵消的问题，直接计算残差和最小来确定直线显然行不通。为了解决这一问题，数学中一般采用两种方法来处理，用残差绝对值和及残差平方和，通过使得残差绝对值和及残差平方和最小来得到拟合的直线。用残差绝对值和最小来确定直线位置，即估计出 β_0 和 β_1。这种方法称为"最小一乘法"，由于该方法要借助于计算机软件才可以得到 β_0 和 β_1 的估计，无法获取 β_0 和 β_1 的数学表达式，因此实际中应用不多。利用残差平方和最小来估计出 β_0 和 β_1，这种方法称为"最小二乘法"。该方法除了计算比较方便外，得到的估计量还具有优良特性。(不过这种方法对异常值非常敏感，稳健性不如最小一乘法。)

用 SSR 表示残差平方和(Residual Sum of Squares)：

$$SSR = \sum_{i=1}^{n} e_i^2 = \sum_{i=1}^{n} (Y_i - \hat{Y}_i)^2 = \sum_{i=1}^{n} (Y_i - \hat{\beta}_0 - \hat{\beta}_1 X_i)^2$$

通过 SSR 最小确定这条直线，即确定估计值 $\hat{\beta}_0$ 和 $\hat{\beta}_1$。以 $\hat{\beta}_0$ 和 $\hat{\beta}_1$ 为变量，把 SSR 看作是 $\hat{\beta}_0$ 和 $\hat{\beta}_1$ 的函数，这是一个求极值的问题。求 SSR 对 $\hat{\beta}_0$ 和 $\hat{\beta}_1$ 的偏导数并令其为零，得正规方程：

$$\begin{cases} \dfrac{\partial SSR}{\partial \hat{\beta}_0} = 2\sum_{i=1}^{n} (Y_i - \hat{\beta}_0 - \hat{\beta}_1 X_i)(-1) = 0 \\ \dfrac{\partial SSR}{\partial \hat{\beta}_1} = 2\sum_{i=1}^{n} (Y_i - \hat{\beta}_0 - \hat{\beta}_1 X_i)(-X_i) = 0 \end{cases}$$

由该式易得：

$$\begin{cases} \sum_{i=1}^{n} (Y_i - \hat{\beta}_0 - \hat{\beta}_1 X_i) = 0 \\ \sum_{i=1}^{n} (Y_i - \hat{\beta}_0 - \hat{\beta}_1 X_i) X_i = 0 \end{cases}$$

第一式求和展开，移项两边同除以 n ，可得：

$$\hat{\beta}_0 = \bar{Y} - \hat{\beta}_1 \bar{X} \tag{9.7}$$

把它代入第二式并整理，得：

$$\sum_{i=1}^{n} [(Y_i - \bar{Y}) - \hat{\beta}_1 (X_i - \bar{X})] X_i = 0$$

$$\sum_{i=1}^{n} (Y_i - \bar{Y}) X_i - \hat{\beta}_1 \sum_{i-1}^{n} (X_i - \bar{X}) X_i = 0$$

$$\hat{\beta}_1 = \frac{\sum_{i=1}^{n}(Y_i - \bar{Y})X_i}{\sum_{i=1}^{n}(X_i - \bar{X})X_i}$$

因为 $\sum_{i=1}^{n}(Y_i - \bar{Y})\bar{X} = 0$，$\sum_{i=1}^{n}(X_i - \bar{X})\bar{X} = 0$，分别在上式的分子和分母上减去 $\sum_{i=1}^{n}(Y_i - \bar{Y})\bar{X}$ 和 $\sum_{i=1}^{n}(X_i - \bar{X})\bar{X}$ 得：

$$\hat{\beta}_1 = \frac{\sum_{i=1}^{n}(Y_i - \bar{Y})X_i - \sum_{i=1}^{n}(Y_i - \bar{Y})\bar{X}}{\sum_{i=1}^{n}(X_i - \bar{X})X_i - \sum_{i=1}^{n}(X_i - \bar{X})\bar{X}} = \frac{\sum_{i=1}^{n}(Y_i - \bar{Y})(X_i - \bar{X})}{\sum_{i=1}^{n}(X_i - \bar{X})^2}$$

为简化这种表达式，便于记忆，可以采用 X 和 Y 的离差，令 $x_i = X_i - \bar{X}$，$y_i = Y_i - \bar{Y}$，这样上式可以简化为：

$$\hat{\beta}_1 = \frac{\sum_{i=1}^{n} y_i x_i}{\sum_{i=1}^{n} x_i^2} \tag{9.8}$$

9.3.3 一元线性回归的统计检验

对于变量 X 和 Y，一元线性回归直线 $\hat{Y}_i = \hat{\beta}_0 + \hat{\beta}_1 X_i$ 是根据样本的数据得到的，由于样本的获取有一定的随机性，根据一个随机样本获得的结果是否具有代表性？是否真正描述了总体中变量 X 和 Y 之间的关系，即 X 和 Y 之间的关系是否真的具有直线函数的形式？要准确回答这些问题，就需要进行一些检验，通常是回归参数检验、拟合优度检验和回归方程检验，接下来的部分我们将对此加以叙述。

(一)回归参数的显著性检验

对回归参数的检验采用 t 检验，实际上我们最关心的是检验回归系数 β_1 与零是否存在显著性差异，而对常数项 β_0 则不太关心，因此这里只列出对 β_1 进行的 t 检验。

对 β_1 进行 t 检验步骤：

第一步，建立假设，$H_0: \beta_1 = 0 \quad H_1: \beta_1 \neq 0$

第二步，构造 t 统计量：

$$t = \frac{\hat{\beta}_1 - \beta_1}{SE(\hat{\beta}_1)} = \frac{\hat{\beta}_1 - \beta_1}{\hat{\sigma}\Big/\sqrt{\sum_{i=1}^{n} x_i^2}} \sim t(n-2)$$

特别地，在原假设成立时，$\hat{\beta}_1/SE(\hat{\beta}_1)$ 服从自由度为 $(n-2)$ 的 t 分布。上式中 $SE(\hat{\beta}_1)$ 称为估计量 $\hat{\beta}_1$ 的标准误，$\hat{\sigma}$ 是回归模型随机误差项的标准差的估计，常称为回归标准误，其表达式为：

$$\hat{\sigma}=\sqrt{\frac{\sum_{i=1}^{n}e_i^2}{n-2}} \tag{9.9}$$

第三步，根据样本数据，计算出统计量的观测值，再根据给定的显著性水平 α，查找临界值 $t_{\alpha/2}(n-2)$。

第四步，作决策：若 $|t|>t_{\alpha/2}(n-2)$，即统计量的观测值若落入图 9.2 的阴影区域，则拒绝原假设 $H_0:\beta_1=0$，接受备择假设 $H_1:\beta_1\neq 0$，这表明参数 β_1 与零存在显著性差异，自变量 X 对因变量 Y 有显著的影响。反之，则表示在给定的显著性水平下，自变量 X 对因变量 Y 的影响不显著。

此外，还可以利用估计 $\hat{\beta}_1$ 给出 β_1 的置信区间。由于

$$P\left\{\left|\frac{\hat{\beta}_1-\beta_1}{SE(\hat{\beta}_1)}\right|\leqslant t_{\alpha/2}(n-2)\right\}=1-\alpha$$

由大括号内不等式可得 β_1 的置信区间为：

$$\hat{\beta}_1-SE(\hat{\beta}_1)\,t_{\alpha/2}(n-2)\leqslant\beta_1\leqslant\hat{\beta}_1+SE(\hat{\beta}_1)\,t_{\alpha/2}(n-2) \tag{9.10}$$

（二）拟合优度检验

为了了解模型拟合好坏，需要对拟合的模型进行拟合优度检验，为此首先需要知晓平方和分解。所谓平方和分解是指模型的总平方和分解为可解释平方和与残差平方和，即：

$$SST=SSE+SSR$$

式中：SST (Total Sum of Squares)是模型的总平方和；SSE (Explained Sum of Squares)为可解释平方和，是总平方和中模型可以解释的部分；SSR (Residual Sum of Squares)是残差平方和，为总平方和中模型所不能解释的部分。它们的定义如下：

$$SST=\sum_{i=1}^{n}\left(Y_i-\bar{Y}\right)^2,\ SSE=\sum_{i=1}^{n}\left(\hat{Y}_i-\bar{Y}\right)^2,\ SSR=\sum_{i=1}^{n}\left(Y_i-\hat{Y}_i\right)^2$$

实际上这里的 SST 和前面所提到的 L_{YY} 是一样的。这样对于模型拟合好坏就可以通过可解释平方和在总平方和中所占比重来反映，这个指标就是决定系数，用 R^2 表示，即：

$$R^2=\frac{SSE}{SST}=1-\frac{SSR}{SST}=\frac{\sum_{i=1}^{n}(\hat{Y}_i-\bar{Y})^2}{\sum_{i=1}^{n}(Y_i-\bar{Y}_i)^2}=1-\frac{\sum_{i=1}^{n}(Y_i-\hat{Y}_i)^2}{\sum_{i=1}^{n}(Y_i-\bar{Y})^2} \tag{9.11}$$

R^2 的取值范围是 $[0,1]$ ，一般来说，R^2 越接近 1 表示模型拟合越好，而越接近 0 则表示模型越差。

特别地，简单线性回归模型的决定系数等于简单相关系数的平方，即：

$$R^2 = r^2$$

式中：r 为自变量 X 和因变量 Y 之间的简单相关系数。

（三）回归方程的显著性检验

对线性回归模型的显著性检验，除了 t 检验外，还有 F 检验，F 检验是对回归方程的显著性进行检验。检验步骤如下：

第一步，建立假设：

$H_0:\beta_1 = 0$，回归方程不显著

$H_1:\beta_1 \neq 0$，回归方程显著

第二步，构造 F 统计量：

$$F = \frac{SSE/1}{SSR/(n-2)} = \frac{\sum_{i=1}^{n}(\hat{Y}_i - \bar{Y})^2/1}{\sum_{i=1}^{n}(Y_i - \hat{Y}_i)^2/(n-2)} \sim F(1, n-2) \qquad (9.12)$$

根据决定系数定义，上式也可以表示为：

$$F = \frac{SSE/1}{SSR/(n-2)} = \frac{SSE/SST}{SSR/SST}(n-2) = \frac{R^2}{1-R^2}(n-2) \qquad (9.13)$$

第三步，确定临界值。根据给定的显著性水平 α ，查找临界值 $F_\alpha(1, n-2)$ 。

第四步，作总决策：若 $F > F_\alpha$ ，则拒绝原假设，认为线性回归方程是显著的；若 $F < F_\alpha$ ，则接受原假设，即认为线性方程不显著。

需要指出的是，在一元线性回归模型中，F 检验和 t 检验是一致的，若一种检验通过，则另一种检验也必然通过。

9.3.4 一元线性回归方程的预测

通过建立回归模型，我们可以得到变量之间的依存关系，也可以利用建立的模型进行预测分析。预测分为对因变量的个别值和平均值的预测，对因变量的个别值和平均值的预测又分位点预测和区间预测。

（一）点预测

根据估计的回归函数，当 $X = X_0$ 时，因变量的个别值和平均值的预测值一样，都为：

$$E(Y_f) = \hat{Y}_f = \hat{\beta}_0 + \hat{\beta}_1 X_0 \qquad (9.14)$$

（二）区间预测

1. 单个值 Y_f 的区间预测

因为 $\hat{Y}_f$ 的分布为：

$$\hat{Y}_f \sim N\left(\hat{\beta}_0+\hat{\beta}_1 X_0, \sigma^2\left(1+\frac{1}{n}+\frac{(X_0-\bar{X})^2}{\sum_{i=1}^{n}(X_i-\bar{X})^2}\right)\right)$$

所以，Y_f 的预测区间是：

$$\hat{\beta}_0+\hat{\beta}_1 X_0 \pm t_{\alpha/2}(n-2)\hat{\sigma}\sqrt{1+\frac{1}{n}+\frac{(X_0-\bar{X})^2}{L_{XX}}} \tag{9.15}$$

2. 平均值 $E(Y_f)$ 的区间预测

由于 $E(Y_f)$ 的分布是：

$$E(Y_f) \sim N\left(\hat{\beta}_0+\hat{\beta}_1 X_0, \sigma^2\left(\frac{1}{n}+\frac{(X_0-\bar{X})^2}{\sum_{i=1}^{n}(X_i-\bar{X})^2}\right)\right)$$

因此，$E(Y_f)$ 的预测区间为：

$$\hat{\beta}_0+\hat{\beta}_1 X_0 \pm t_{\alpha/2}(n-2)\hat{\sigma}\sqrt{\frac{1}{n}+\frac{(X_0-\bar{X})^2}{L_{XX}}} \tag{9.16}$$

【例 9.2】 利用表 9.1 中的数据，建立居民住宅区火灾造成的损失数额 Y（千元）与该住户到最近的消防站的距离 X（千米）之间的简单线性回归方程，对回归结果进行分析及作相关检验，并预测某户到最近的消防站的距离为 3.5 千米时若发生火灾将造成的损失额，同时给出置信水平为 95%的损失额的预测区间。假设距离最近消防站 4 千米的住宅发生火灾，试计算平均损失额和平均损失额的 95%的置信区间。

解：进行回归分析时，首先要做出距离和损失额间的散点图，以判断是否可以做线性回归模型拟合。通过图 9.1，我们可以看出它们之间呈线性相关关系，因此利用线性回归模型 $\hat{Y}=\hat{\beta}_0+\hat{\beta}_1 X$ 来拟合是适合的。

接下来，为更好说明参数估计的计算过程，我们给出参数估计过程中涉及的一些数据，见表 9.4。

$$\hat{\beta}_1=\frac{\sum_{i=1}^{n} y_i x_i}{\sum_{i=1}^{n} x_i^2}=\frac{11.4076}{2.3189}=4.919$$

$$\hat{\beta}_0=\bar{Y}-\hat{\beta}_1\bar{X}=26.4133-4.9193\times 3.28=10.278$$

这样拟合的方程为（见图 9.3）：

$$\hat{Y}_i=10.278+4.919X_i$$

表 9.4 参数估计所需的有关计算数据

编号	X	Y	x	y	xy	x^2
1	3.4000	26.2000	0.1200	−0.2133	−0.0256	0.0144
2	1.8000	17.8000	−1.4800	−8.6133	12.7477	2.1904
3	4.6000	31.3000	1.3200	4.8867	6.4504	1.7424
4	2.3000	23.1000	−0.9800	−3.3133	3.2471	0.9604
5	3.1000	27.5000	−0.1800	1.0867	−0.1956	0.0324
6	5.5000	36.0000	2.2200	9.5867	21.2824	4.9284
7	0.7000	14.1000	−2.5800	−12.3133	31.7684	6.6564
8	3.0000	22.3000	−0.2800	−4.1133	1.1517	0.0784
9	2.6000	19.6000	−0.6800	−6.8133	4.6331	0.4624
10	4.3000	31.3000	1.0200	4.8867	4.9844	1.0404
11	2.1000	24.0000	−1.1800	−2.4133	2.8477	1.3924
12	1.1000	17.3000	−2.1800	−9.1133	19.8671	4.7524
13	6.1000	43.2000	2.8200	16.7867	47.3384	7.9524
14	4.8000	36.4000	1.5200	9.9867	15.1797	2.3104
15	3.8000	26.1000	0.5200	−0.3133	−0.1629	0.2704
均值	3.2800	26.4133	0.0000	0.0000	11.4076	2.3189

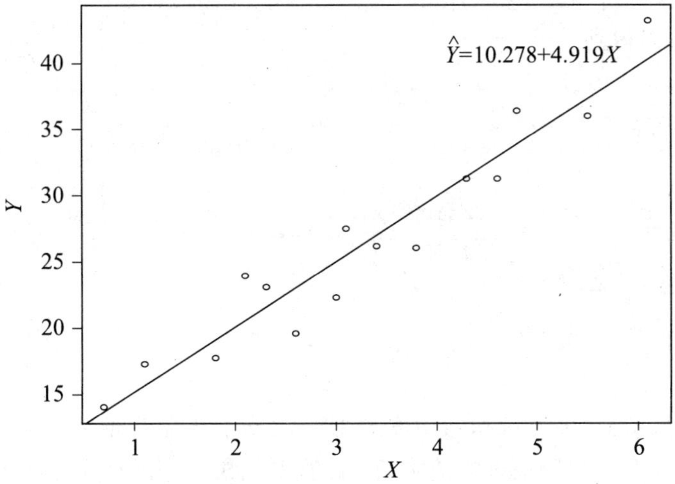

图 9.3 拟合的直线方程

要想知道拟合的模型能否用于接下来的预测决策分析，我们还必须就拟合的模型进行相关的检验。

表 9.5 假设检验所需的有关计算数据

编号	X	Y	$\hat{Y}$	e	e^2	x^2
1	3.4000	26.2000	27.0026	−0.8026	0.6442	0.0144
2	1.8000	17.8000	19.1322	−1.3322	1.7748	2.1904
3	4.6000	31.3000	32.9054	−1.6054	2.5773	1.7424
4	2.3000	23.1000	21.5917	1.5083	2.2750	0.9604
5	3.1000	27.5000	25.5269	1.9731	3.8931	0.0324
6	5.5000	36.0000	37.3325	−1.3325	1.7756	4.9284
7	0.7000	14.1000	13.7213	0.3787	0.1434	6.6564
8	3.0000	22.3000	25.0350	−2.7350	7.4802	0.0784
9	2.6000	19.6000	23.0674	−3.4674	12.0229	0.4624
10	4.3000	31.3000	31.4297	−0.1297	0.0168	1.0404
11	2.1000	24.0000	20.6079	3.3921	11.5063	1.3924
12	1.1000	17.3000	15.6889	1.6111	2.5956	4.7524
13	6.1000	43.2000	40.2839	2.9161	8.5036	7.9524
14	4.8000	36.4000	33.8892	2.5108	6.3041	2.3104
15	3.8000	26.1000	28.9702	−2.8702	8.2380	0.2704
合计	—	—	—	—	69.7510	34.784

我们先来进行回归系数的检验，检验过程中所需数据见表 9.5。利用表 9.5 给出的数据，可以得到：

$$\hat{\sigma}=\sqrt{\frac{SSR}{n-2}}=\sqrt{\frac{\sum_{i=1}^{n}e_i^2}{n-2}}=\sqrt{=\frac{69.7510}{13}}=2.3163$$

$$SE(\hat{\beta}_1)=\frac{\hat{\sigma}}{\sqrt{\sum_{i=1}^{n}x_i^2}}=\frac{2.3163}{\sqrt{34.7840}}=0.3927$$

$$t=\frac{\hat{\beta}_1}{SE(\hat{\beta}_1)}=\frac{4.919}{0.3927}=12.525$$

显著性水平 $\alpha=0.05$ 时，自由度为 13 的 t 分布的临界值为 2.16，因此拒绝原假设 $\beta_1=0$，认为住户到最近的消防站的距离对居民住宅区火灾造成的损失数额影响显著。

拟合优度检验，计算决定系数：

$$R^2=\frac{SSE}{SST}=1-\frac{SSR}{SST}=1-\frac{\sum_{i=1}^{n}e_i^2}{L_{YY}}=1-\frac{69.7510}{911.517}=0.923$$

表明模型的拟合效果比较好,模型可以解释因变量总变差的 92.3%。

再来对回归方程进行检验。

计算 F 统计量的值:

$$F=\frac{SSE/1}{SSR/(n-2)}=\frac{L_{YY}-SSR}{SSR/13}=\frac{911.517-69.751}{69.751/13}=156.886$$

显著性水平 $\alpha=0.05$ 时,自由度为 (1,13) 的 F 分布的临界值为 4.67,因此拒绝原假设 $\beta_1=0$,认为住户到最近的消防站的距离和居民住宅区火灾造成的损失数额之间的线性关系显著。这和 t 检验的结果是一致的。

综上,我们可以得到:在显著性水平 $\alpha=0.05$ 时,住户到最近的消防站的距离对居民住宅区火灾造成的损失数额存在显著的影响,且距离每增加 1 千米,居民住宅区火灾造成的损失额将增加 4919 元。

模型通过了检验,我们就可以利用它来进行预测分析。当某户到最近的消防站的距离为 3.5 千米时,预测发生火灾将造成的损失额及 95%的损失额的预测区间,这是个别值的预测问题。利用上面给的公式可以得到:

$$\hat{Y}_f=\hat{\beta}_0+\hat{\beta}_1X_0=10.278+4.919\times3.5=27.495$$

$$\hat{\beta}_0+\hat{\beta}_1X_0\pm t_{\alpha/2}(n-2)\hat{\sigma}\sqrt{1+\frac{1}{n}+\frac{(X_0-\bar{X})^2}{L_{XX}}}$$

$$=10.278+4.919\times3.5\pm2.16\times2.316\times\sqrt{1+\frac{1}{15}+\frac{(3.5-3.28)^2}{34.784}}$$

$$=[22.325,32.664]$$

即某户到最近的消防站的距离为 3.5 千米时,预测的火灾损失额为 27495 元,损失额置信水平为 95%的预测区间为 [22.325,32.664] ,单位为千元。

当距离最近消防站 4 千米的住宅发生火灾时,再次利用上面所给公式可得:

$$\hat{Y}_f=\hat{\beta}_0+\hat{\beta}_1X_0=10.278+4.919\times4=29.954$$

$$\hat{\beta}_0+\hat{\beta}_1X_0\pm t_{\alpha/2}(n-2)\hat{\sigma}\sqrt{\frac{1}{n}+\frac{(X_0-\bar{X})^2}{L_{XX}}}$$

$$=10.278+4.919\times4\pm2.16\times2.316\times\sqrt{\frac{1}{15}+\frac{(4-3.28)^2}{34.784}}$$

$$=[28.525,31.383]$$

即距离最近消防站 4 千米的住宅发生火灾时,平均损失额的预测值为 29954 元,平均损失额预测值置信水平为 95%的置信区间为 [28.525,31.383] 。

9.4 多元线性回归分析

简单线性回归反映的是一个自变量和一个因变量之间的关系，但是客观事物非常复杂，许多现象的变动牵扯到多个影响因素。例如：一个企业的利润，受产品的产值、成本、价格及广告支出等多个因素的影响；再比如，粮食产量除了受化肥施用量，同时也会受农药使用量、温度、播种量、降雨量及土壤的酸碱性等的影响。所以在实际应用中，经常需要进行一个因变量和多个自变量的多元线性回归分析。

9.4.1 多元线性回归分析的理论模型

多元线性回归方程的一般形式为：

$$Y_i=\beta_0+\beta_1X_{1i}+\beta_2X_{2i}+\cdots+\beta_kX_{ki}+\varepsilon_i\ ,\quad i=1,\cdots,n \tag{9.17}$$

多元线性回归模型除了具有简单线性回归模型的假设条件外，还多一个假设条件便是自变量之间不存在相关性。

9.4.2 多元线性回归模型的估计与检验

（一）多元回归模型的估计

为简单起见，这里以二元线性回归为例，即一个因变量 Y 和两个自变量 X_1 和 X_2，这样二元线性回归模型可以表示为：

$$Y_i=\beta_0+\beta_1X_{1i}+\beta_2X_{2i}+\varepsilon_i\ ,\quad i=1,\cdots,n$$

参数的估计同样采用最小二乘法，可以得出如下的正规方程：

$$\begin{cases}\sum\limits_{i=1}^{n}Y_i-\sum\limits_{i=1}^{n}(\hat\beta_0+\hat\beta_1X_{1i}+\hat\beta_2X_{2i})=0\\ \sum\limits_{i=1}^{n}Y_iX_{1i}-\sum\limits_{i=1}^{n}(\hat\beta_0+\hat\beta_1X_{1i}+\hat\beta_2X_{2i})X_{1i}=0\\ \sum\limits_{i=1}^{n}Y_iX_{2i}-\sum\limits_{i=1}^{n}(\hat\beta_0+\hat\beta_1X_{1i}+\hat\beta_2X_{2i})X_{2i}=0\end{cases}$$

令 $y_i=Y_i-\bar Y$，$x_{1i}=X_{1i}-\bar X_1$，$x_{2i}=X_{2i}-\bar X_2$，这样我们可以得到参数的估计为：

$$\hat\beta_1=\frac{(\sum\limits_{i=1}^{n}x_{1i}y_i)\sum\limits_{i=1}^{n}x_{2i}^2-(\sum\limits_{i=1}^{n}x_{2i}y_i)(\sum\limits_{i=1}^{n}x_{1i}x_{2i})}{\sum\limits_{i=1}^{n}x_{1i}^2\sum\limits_{i=1}^{n}x_{2i}^2-(\sum\limits_{i=1}^{n}x_{1i}x_{2i})^2} \tag{9.18}$$

$$\hat{\beta}_2=\frac{(\sum_{i=1}^{n}x_{2i}y_i)\sum_{i=1}^{n}x_{1i}^2-(\sum_{i=1}^{n}x_{1i}y_i)(\sum_{i=1}^{n}x_{1i}x_{2i})}{\sum_{i=1}^{n}x_{1i}^2\sum_{i=1}^{n}x_{2i}^2-(\sum_{i=1}^{n}x_{1i}x_{2i})^2} \quad (9.19)$$

$$\hat{\beta}_0=\bar{Y}-\hat{\beta}_1\bar{X}_1-\hat{\beta}_2\bar{X}_2 \quad (9.20)$$

(二)多元线性回归系数的检验

多元线性回归模型回归系数的检验采用 t 检验,其检验方法与简单线性回归基本相同,只是需要对偏回归系数 β_1 和 β_2 都要分别做显著性检验,检验步骤类似于简单线性回归模型。

第一步,建立假设,$H_0:\beta_j=0 \quad H_1:\beta_j\neq 0 \quad (j=1,2,\cdots,k)$

第二步,构造 t 统计量:

$$t_j=\frac{\hat{\beta}_j-\beta_j}{SE(\hat{\beta}_j)}\sim t(n-k-1)$$

式中:$SE(\hat{\beta}_j)=\dfrac{\sqrt{\sum_{i=1}^{n}e_i^2/(n-k-1)}}{\sqrt{\sum_{i=1}^{n}x_{ij}^2(1-R_j^2)}}$,$SE(\hat{\beta}_j)$ 为回归系数估计 $\hat{\beta}_j$ 的标准差,k 为自变量的个数,R_j^2 为第 j 个解释变量对剩余解释变量作辅助回归时的决定系数。

第三步,根据给定的显著性水平 α ,查表得到临界值 $t_{\alpha/2}(n-k-1)$ 。

第四步,作决策:计算 $t_j=\dfrac{\hat{\beta}_j}{SE(\hat{\beta}_j)}$,若 $|t_j|>t_{\alpha/2}(n-k-1)$,则拒绝原假设 $H_0:\beta_j=0$,接受备择假设 $H_1:\beta_j\neq 0$,认为自变量 X_j 对 Y 的影响显著。

(三)多元线性回归方程的检验

类似于简单线性回归模型,多元线性回归模型拟合的好坏也可以基于决定系数 R^2 来加以判断。然而由于 R^2 对自变量的个数敏感,在回归方程中只要添加自变量就会增加 R^2。为了解决这一问题,在 R^2 的公式中可以利用方差代替离差平方和,以消除拟合优度对模型中自变量个数的依赖,我们称之为调整的决定系数 R^2,表示为 $\bar{R}^2$,定义为:

$$\bar{R}^2=1-\frac{\hat{\sigma}^2}{Var(Y)}=1-\frac{\sum_{i=1}^{n}e_i^2/(n-k-1)}{\sum_{i=1}^{n}(Y_i-\bar{Y})^2/(n-1)}=1-(1-R^2)\frac{n-1}{n-k-1} \quad (9.21)$$

式中：k 是自变量个数。一般有 $\bar{R}^2 \leqslant R^2$，特别地，模型拟合不好时，$\bar{R}^2$ 甚至会是负值。

和一元线性回归模型一样，也是采用 F 检验来检验回归方程的显著性，检验回归模型中 R^2 统计量的显著性，检验步骤也和简单线性回归模型基本一致。

第一步，建立假设：

$H_0:\beta_1=\beta_2=\cdots=\beta_k=0$，回归方程不显著

$H_1:\beta_1,\beta_2,\cdots,\beta_k$ 不全为零，回归方程显著

第二步，构造 F 统计量：

$$F=\frac{SSE/k}{SSR/(n-k-1)}=\frac{\sum_{i=1}^{n}(\hat{Y}_i-\bar{Y})^2/k}{\sum_{i=1}^{n}(Y_i-\hat{Y}_i)^2/(n-k-1)} \sim F(k,n-k-1)$$

和简单线性回归一样，也可以利用决定系数来表示 F 统计量：

$$F=\frac{R^2}{1-R^2}\frac{(n-k-1)}{k}$$

第三步，根据给定的显著性水平 α，查表得到临界值 $F_\alpha(k,n-k-1)$。

第四步，作决策：若 $F>F_\alpha$，则拒绝原假设，认为线性回归方程是显著的；若 $F<F_\alpha$，则接受原假设，即认为线性方程不显著。

多元线性回归模型的 F 检验是检验因变量和自变量间的线性关系是否显著，R^2 统计量是否显著，这和简单线性回归模型的 F 检验一样。不过多元线性回归模型中的 t 检验是用来检验每一个自变量对因变量的影响情况，检验的结果和 F 检验不再是一致的，这与简单线性回归模型是不同的。

【例 9.3】 已知某地区某农产品收购量 Y、销售量 X_1、库存量 X_2 的共 10 年的样本观测值，数据见表 9.6。试建立以收购量 Y 为被解释变量的多元线性回归模型，对模型进行分析和检验，并预测当销售量为 18 库存量为 50 时的收购量。

表 9.6 农产品收购量、销售量和库存量数据 单位：万吨

Y	7.96	1.49	0.6	19.32	35.76	31.03	13.88	19.37	38.5	53.72	51.3	34.04
X_1	5.33	3.58	1.17	13.97	17.32	21.13	19.57	17.96	34.86	22.96	17.45	16.05
X_2	4.08	1.39	0.9	16.51	20.79	34.29	13.61	11.59	22.41	43.89	73.73	88.33

解：根据二元线性回归模型参数估计的公式，给出参数估计计算过程中所需数据，见表 9.7。

表 9.7　二元线性回归模型参数估计所需的有关计算数据

Y	X_1	X_2	y	x_1	x_2	x_1y	x_2y	x_1x_2	x_1^2	x_2^2
7.96	5.33	4.08	−17.621	−10.616	−23.547	187.060	414.912	249.967	112.696	554.446
1.49	3.58	1.39	−24.091	−12.366	−26.237	297.903	632.063	324.438	152.914	688.363
0.60	1.17	0.90	−24.981	−14.776	−26.727	369.113	667.654	394.909	218.325	714.315
19.32	13.97	16.51	−6.261	−1.976	−11.117	12.370	69.600	21.965	3.904	123.580
35.76	17.32	20.79	10.179	1.374	−6.837	13.988	−69.592	−9.395	1.888	46.740
31.03	21.13	34.29	5.449	5.184	6.663	28.249	36.310	34.544	26.876	44.400
13.88	19.57	13.61	−11.701	3.624	−14.017	−42.406	164.007	−50.799	13.135	196.467
19.37	17.96	11.59	−6.211	2.014	−16.037	−12.510	99.601	−32.301	4.057	257.175
38.50	34.86	22.41	12.919	18.914	−5.217	244.355	−67.395	−98.669	357.746	27.214
53.72	22.96	43.89	28.139	7.014	16.263	197.373	457.637	114.074	49.199	264.496
51.30	17.45	73.73	25.719	1.504	46.103	38.686	1185.739	69.347	2.263	2125.517
34.04	16.05	88.33	8.459	0.104	60.703	0.881	513.500	6.323	0.011	3684.895
合计										
306.97	191.35	331.52	0.000	0.000	0.000	1335.063	4104.035	1024.404	943.012	8727.606
均值										
25.581	15.946	27.627	—							

利用所给这些数据，代入参数估计的公式可得：

$$\hat{\beta}_1=\frac{(\sum_{i=1}^{n}x_{1i}y_i)\sum_{i=1}^{n}x_{2i}^2-(\sum_{i=1}^{n}x_{2i}y_i)(\sum_{i=1}^{n}x_{1i}x_{2i})}{\sum_{i=1}^{n}x_{1i}^2\sum_{i=1}^{n}x_{2i}^2-(\sum_{i=1}^{n}x_{1i}x_{2i})^2}$$

$$=\frac{1335.063\times8727.606-4104.035\times1024.404}{943.012\times8727.606-1024.404^2}$$

$$=1.037$$

$$\hat{\beta}_2=\frac{(\sum_{i=1}^{n}x_{2i}y_i)\sum_{i=1}^{n}x_{1i}^2-(\sum_{i=1}^{n}x_{1i}y_i)(\sum_{i=1}^{n}x_{1i}x_{2i})}{\sum_{i=1}^{n}x_{1i}^2\sum_{i=1}^{n}x_{2i}^2-(\sum_{i=1}^{n}x_{1i}x_{2i})^2}$$

$$=\frac{4104.035\times943.012-1335.063\times1024.404}{943.012\times8727.606-1024.404^2}$$

$$=0.348$$

$$\hat{\beta}_0=\bar{Y}-\hat{\beta}_1\bar{X}_1-\hat{\beta}_2\bar{X}_2=25.581-1.037\times15.946-0.348\times27.627=-0.569$$

拟合的二元线性回归模型为：

$\hat{Y}=-0.569+1.037X_1+0.348X_2$

对回归系数进行检验，所用的有关数据见表 9.8。

表 9.8　假设检验所需的有关计算数据

编号	Y	X_1	X_2	$\hat{Y}$	e	e^2	y^2
1	7.96	5.33	4.08	6.378	1.582	2.503	310.494
2	1.49	3.58	1.39	3.627	−2.137	4.568	580.368
3	0.60	1.17	0.90	0.957	−0.357	0.128	624.042
4	19.32	13.97	16.51	19.663	−0.343	0.118	39.198
5	35.76	17.32	20.79	24.627	11.133	123.949	103.615
6	31.03	21.13	34.29	33.276	−2.246	5.043	29.693
7	13.88	19.57	13.61	24.461	−10.581	111.965	136.910
8	19.37	17.96	11.59	22.089	−2.719	7.392	38.574
9	38.50	34.86	22.41	43.380	−4.879	23.810	166.905
10	53.72	22.96	43.89	38.514	15.206	231.215	791.813
11	34.04	16.05	88.33	43.185	8.115	65.858	661.476
12	51.30	17.45	73.73	46.814	−12.774	163.167	71.558
合计	306.97	191.35	331.52	—	0.00	739.716	3554.645

二元线性回归中，参数估计的标准误公式为

$$SE(\hat{\beta}_j)=\frac{\sqrt{\sum_{i=1}^{n}e_i^2/(n-k-1)}}{\sqrt{\sum_{i=1}^{n}x_{ij}^2(1-R_j^2)}}$$

式中的 R_j^2 实际上就是两个自变量之间的简单相关系数的平方，这样参数估计的标准误为：

$$SE(\hat{\beta}_1)=\frac{\sqrt{739.716/(12-2-1)}}{\sqrt{943.012(1-1024.404^2/(943.012\times 8727.606))}}=0.316$$

$$SE(\hat{\beta}_2)=\frac{\sqrt{739.716/(12-2-1)}}{\sqrt{8727.606(1-1024.404^2/(943.012\times 8727.606))}}=0.104$$

$$t_1=\frac{\hat{\beta}_1}{SE(\hat{\beta}_1)}=\frac{1.037}{0.316}=3.282$$

$$t_2=\frac{\hat{\beta}_2}{SE(\hat{\beta}_2)}=\frac{0.348}{0.104}=3.346$$

在显著性水平 $\alpha=0.05$ 时，自由度为 9 的 t 分布的临界值为 $t_{0.025}(9)=2.262$，两个统计量值都大于这个临界值，表明两个自变量对因变量的影响都是显著的，即农产品销售量和库存量都对农产品的收购量产生显著影响。

拟合优度检验，计算决定系数：

$$R^2=1-\frac{\sum_{i=1}^{n}e_i^2}{L_{YY}}=1-\frac{\sum_{i=1}^{n}e_i^2}{y^2}=1-\frac{739.716}{3554.645}=0.792$$

表明模型能够解释因变量总变差的 79.2%，拟合效果不是很好，说明模型中可能遗漏了其他解释变量，比如农产品价格等其他因素。

回归方程的检验，计算出 F 统计量的值：

$$F=\frac{SSE/2}{SSR/(n-3)}=\frac{(3554.645-739.716)/2}{739.716/9}=17.124$$

若显著性水平取 $\alpha=0.05$，则自由度为 (2,9) 的 F 分布的临界值为 4.26，F 统计量值大于临界值，因此拒绝原假设，认为农产品收购量和销售量、库存量之间的线性关系显著。

当销售量为 18，库存量为 50 时的收购量的预测值为：

$$\hat{Y}_f=-0.569+1.037\times 18+0.348\times 50=35.50$$

9.4.3 曲线回归的线性化

上面我们分析的是线性回归模型，不过在实际中，有许多回归模型表现为曲线形式，那么这时就需要进行非线性回归分析。曲线模型种类多样，不过我们这里介绍一些能够进行线性化的曲线模型，这些曲线模型通过转化后可以利用线性回归模型来进行分析。

实际统计研究中常用的此类曲线模型主要有：

二次抛物线：$\hat{Y}=\hat{\beta}_0+\hat{\beta}_1X+\hat{\beta}_2X^2$

指数曲线：$\hat{Y}=\hat{\beta}_0\hat{\beta}_1{}^X$

双曲线：$\frac{1}{\hat{Y}}=\hat{\beta}_0+\hat{\beta}_1\frac{1}{X}$

这些曲线回归问题，都可以通过变量的变换，将其化成线性回归问题，然后再用前面介绍的线性回归的方法来解决。

对于二次抛物线：

若令 $X_1=X$，$X_2=X^2$，则二次抛物线回归转化为线性回归模型：

$$\hat{Y}=\hat{\beta}_0+\hat{\beta}_1X_1+\hat{\beta}_2X_2$$

对于指数曲线：

令 $\hat{Y}'=\ln\hat{Y}$，$\hat{\beta}_0'=\ln\hat{\beta}_0$，$\hat{\beta}_1'=\ln\hat{\beta}_1$，则指数曲线回归转化为：

$$\hat{Y}'=\hat{\beta}_0'+\hat{\beta}_1'X$$

对于双曲线回归：

令 $\hat{Y}'=\frac{1}{\hat{Y}}$，$X'=\frac{1}{X}$，则有：

$$\hat{Y}'=\hat{\beta}_0+\hat{\beta}_1X'$$

9.5 SPSS 在相关与回归分析中的应用

本节我们以表 9.1 的数据，利用 SPSS 软件来实现例[9.1]和例[9.2]的相关分析和简单线性回归分析，采用两种方式，纯菜单操作及编程实施。由于多元线性回归模型的软件操作方法和简单线性回归一样，因此没有给出多元线性回归模型的 SPSS 操作过程，留给学生自己处理。

为了可以直接利用 SPSS 来进行预测，我们把表 9.1 中的数据后面添加两个 X 的观测值，Y 后面的两个空缺，Excel 格式中的数据形式见表 9.9。

表 9.9 距离和火灾损失数据

X	Y
3.4	26.2
1.8	17.8
4.6	31.3
2.3	23.1
3.1	27.5
5.5	36
0.7	14.1
3	22.3
2.6	19.6
4.3	31.3
2.1	24
1.1	17.3
6.1	43.2
4.8	36.4
3.8	26.1
3.5	
4	

9.5.1　菜单操作

导入数据，结果见图 9.4，由于变量 Y 的后面两个值空缺，导入后为两个点，表示缺失值，不过在相关和回归分析时，SPSS 会自动剔除后面两个观测值。

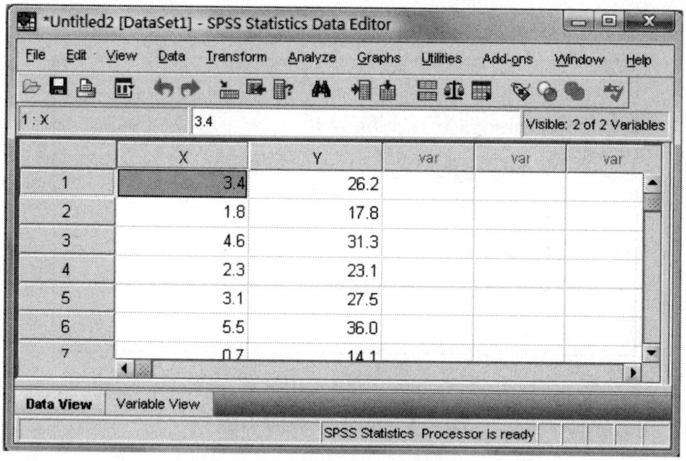

图 9.4　数据编辑器窗口

导入数据后我们就可以进行相关分析，选择软件菜单上的“Analyze”(分析)→“Correlate”(相关)→“Bivariate”(双变量)。得到一个双变量相关窗口，见图 9.5，在这

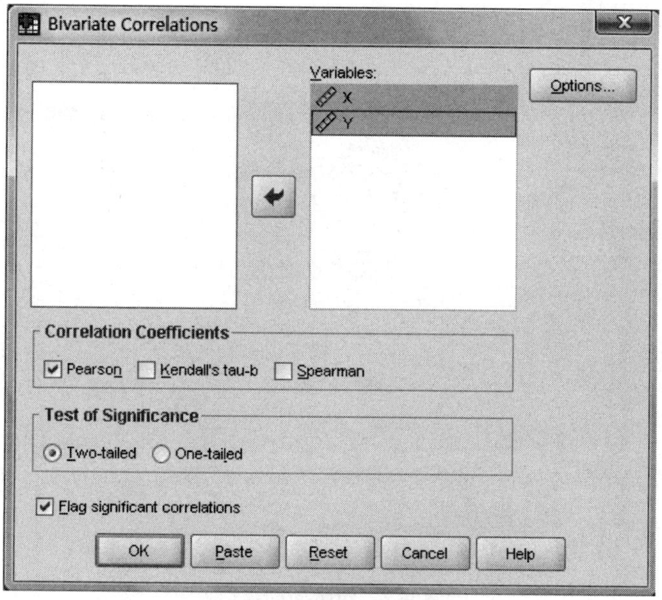

图 9.5　双变量相关窗口

个窗口可以进行相关分析的一些设定。

选择变量 X，Y，相关系数选“Pearson”，在“Test of Significance”（显著性检验）框中选择“Two-tailed”（双侧检验），勾选标记显著性相关，点击[OK]（确定），在输出窗口可以看到相关分析的结果，见图 9.6。

Correlations

		X	Y
X	Pearson Correlation	1	.961**
	Sig. (2-tailed)		.000
	N	17	15
Y	Pearson Correlation	.961**	1
	Sig. (2-tailed)	.000	
	N	15	15

** Correlation is significant at the 0.01 level (2-tailed)

图 9.6 相关分析的结果

从图 9.6 我们可以看到变量 X 和 Y 之间的简单相关系数为 0.961，显著性（双侧）后面显示为 .000，这个值通常称为 P 值，若这个 P 值小于给定的显著性水平 α，就拒绝原假设。我们这里即使取 1%的显著性水平，都要拒绝原假设，这表明变量 X 和 Y 之间存在高度的线性相关关系。

再进行回归分析，选择“Analyze”（分析）→“Regression”（回归）→“Linear”（线性）。弹出“Linear Regression”（线性回归）窗口，见图 9.7，在这个窗口中选择好因

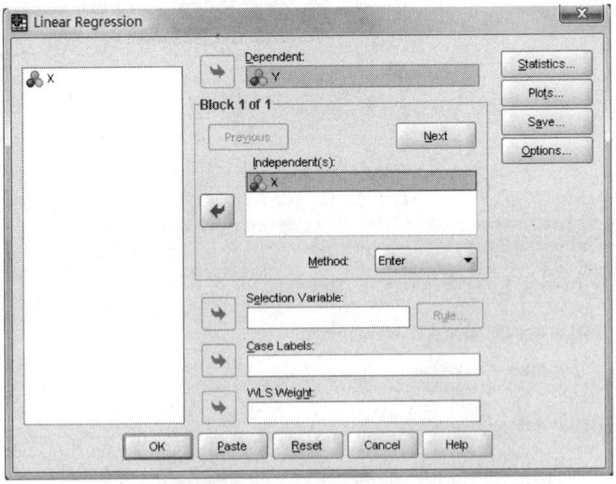

图 9.7 线性回归窗口

变量和自变量。

点击[Save](保存)按钮，在弹出窗口中的预测值中勾选“Unstander dized”(未标准化)，在“Prediction Intervals”(预测区间)中勾选“Mean”(均值)和“Individual”(单值)，如图 9.8。

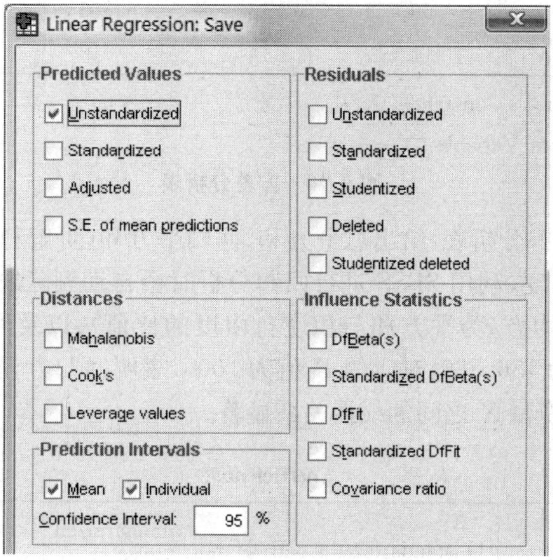

图 9.8　线性回归的设定

点击窗口下面的[Continue](继续)按钮，再点击“Linear Regression”(线性回归)窗口上的[OK](确定)。

在输出窗口中会出现模型汇总(见图 9.9)、方差分析(见图 9.10)和系数(见图 9.11)等结果。

Model Summary[b]

Model	R	R Square	Adjusted R Square	Std. Error of the Estimate
1	.961[a]	.923	.918	2.3163

a. Predictors: (Constant), X

b. Dependent Variable: Y

图 9.9　模型汇总表

这分别是简单相关系数、决定系数、调整的决定系数及回归标准误 $\hat{\sigma}$ 等相关信息。

ANOVA[b]

Model		Sum of Squares	df	Mean Square	F	Sig.
1	Regression	841.766	1	841.766	156.886	.000[a]
	Residual	69.751	13	5.365		
	Total	911.517	14			

a. Predictors：(Constant)，X

b. Dependent Variable：Y

图 9.10　方差分析表

图 9.10 是方差分析表，给出总平方和、回归平方和（可解释平方和）及残差平方和、相应的自由度（利用 SPSS 进行回归分析时会自动剔除缺失值，因此这里总的自由度为 14）、均方（为平方和与相应自由度的比值）、以及回归方程的检验结果，F 统计量值为 156.886，对应的 P 值为 .000，表明回归方程的线性关系显著，即因变量 Y 和自变量 X 之间的线性关系显著。

Coefficients[a]

Model		Unstandardized Coefficients		Standardized Coefficients	t	Sig.
		B	Std. Error	Beta		
1	(Constant)	10.278	1.420		7.237	.000
	X	4.919	.393	.961	12.525	.000

a. Dependent Variable：Y

图 9.11　回归系数表

图 9.11 给出参数的估计及回归参数的检验。估计的模型为：

$$\hat{Y}_i = 10.278 + 4.919X_i$$
$$(7.237) \qquad (12.525)$$

括号内是 t 值，对应的 P 值都为 .000，表明自变量 X 对因变量 Y 存在显著的影响。

数据集窗口中保存了预测值、置信区间和预测区间。我们关注的是最后两行的数据。具体结果如图 9.12 所示。

这里对于自变量 X 取 3.5 和 4 千米时，同时给出了因变量个别值和均值的预测区间。当某户到最近的消防站的距离为 3.5 千米时，预测的火灾损失额为 27495.59 元，损失额置信水平为 95%的预测区间为 [22.32394，32.66723]；当距

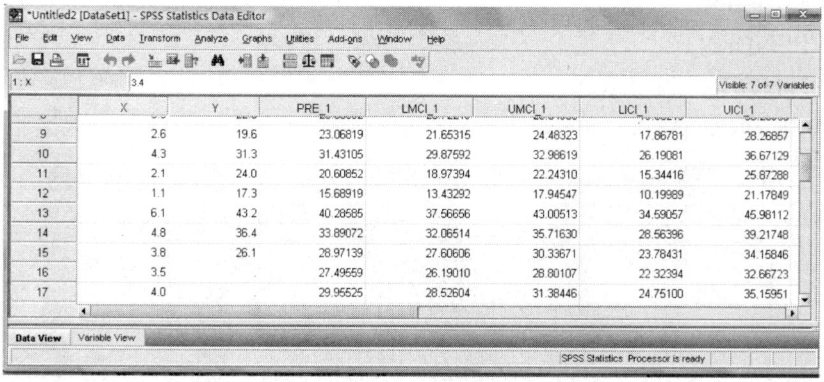

	X	Y	PRE_1	LMCI_1	UMCI_1	LICI_1	UICI_1
9	2.6	19.6	23.06819	21.65315	24.48323	17.86781	28.26857
10	4.3	31.3	31.43105	29.87592	32.98619	26.19081	36.67129
11	2.1	24.0	20.60852	18.97394	22.24310	15.34416	25.87288
12	1.1	17.3	15.68919	13.43292	17.94547	10.19989	21.17849
13	6.1	43.2	40.28585	37.56656	43.00513	34.59057	45.98112
14	4.8	36.4	33.89072	32.06514	35.71630	28.56396	39.21748
15	3.8	26.1	28.97139	27.60606	30.33671	23.78431	34.15846
16	3.5	.	27.49559	26.19010	28.80107	22.32394	32.66723
17	4.0	.	29.95525	28.52604	31.38446	24.75100	35.15951

图 9.12 预测结果

离最近消防站 4 千米的住宅发生火灾时,平均损失额的预测值为 29955.25 元,平均损失额的预测值置信水平为 95%的置信区间为 [28.52604,31.38446] 。

注意:软件出来的结果和前面的计算结果有细微出入,主要是因为计算过程中的近似所致。

9.5.2 程序操作

打开 SPSS 17,在弹出来的打开现有数据源“SPSS Statistics”对话框中点击[Cancel](取消),在数据编辑器“SPSS Statistics Data Editor”窗口中选择“File”(文件)→“New”(新建)→“Syntax”(语法)。在弹出的语法编辑器“Statistics Syntax Editor”窗口(见图 9.13),输入下面程序。

```
GET DATA
  /TYPE=XLS
  /FILE='F:\stat91.xls'
  /SHEET=name 'Sheet1'
  /CELLRANGE=full
  /READNAMES=on
  /ASSUMEDSTRWIDTH=32767.
CORRELATIONS /VARIABLES = X Y /PRINT = TWOTAIL NOSIG /
MISSING=PAIRWISE.
REGRESSION
  /MISSING LISTWISE
  /STATISTICS COEFF OUTS R ANOVA
  /CRITERIA=PIN(.05) POUT(.10) CIN(95)
```

```
/NOORIGIN
/DEPENDENT Y
/METHOD=ENTER X
/SAVE PRED MCIN ICIN.
```

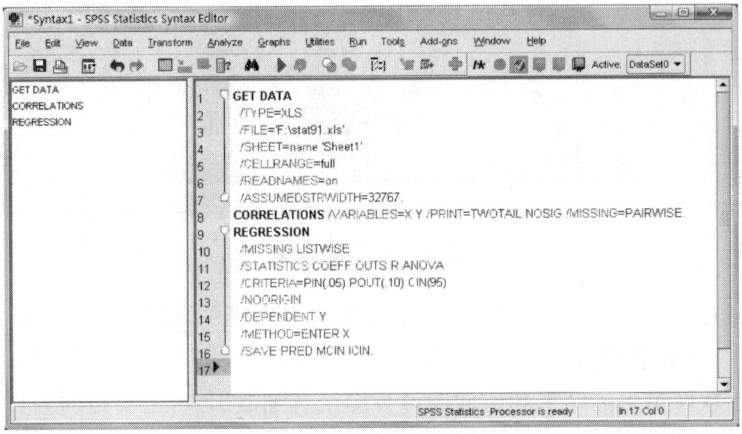

图 9.13　语法编辑器窗口

按先后顺序逐个运行左边三项，如选中左边“GET DATA”，再点击工具栏中的三角形便导入数据，顺次可以分别执行相关分析和回归分析的操作，得到的结果和上面菜单操作一致。利用程序来做的好处就是简单便捷，特别是对于重复实施的工作。实际上 SPSS 软件在菜单操作时，在输出窗口就已经自动保存了相应操作的程序。

本章小结

本章内容主要分为两个方面：线性相关分析和回归分析。具体包括：

1. 函数关系和相关关系。函数关系指的是变量之间存在的严格的确定的关系；而相关关系则是指变量之间的不确定性的依存关系。

2. 相关分析是研究变量之间是否存在某种依存关系，并对具体有依存关系的现象探讨其相关方向以及相关程度，是研究随机变量之间的相关关系的一种统计方法，其主要目的在于分析现象间相关关系的形式和密切程度以及依存变动的规律性。回归分析是确定两个或两个以上变量间相互依赖的定量关系的一种统计分析方法。

3. 散点图又称相关图，是以直角坐标系的横轴代表变量 X，纵轴代表变量 Y，将两变量相对应的成对数据在直角坐标系中用点的形式描绘出来，用来反映两变量之间相关关系的图形。

4. 简单相关系数，意指在线性条件下，表明两个变量之间相关关系密切程度，常简称相关系数，按积差方法计算，以两变量与各自平均值的离差为基础，通过两个离差相乘来反映两变量之间相关程度。由于相关系数的计算是基于样本数据而得到的，为了进一步检验两变量总体是否具有相关关系，需要对相关系数进行检验。

5. 简单线性回归模型参数的普通最小二乘估计是通过利用残差平方和最小来估计出参数 β_0 和 β_1。

6. 对回归参数的检验采用 t 检验，F 检验是对回归方程的显著性进行检验，对于模型拟合好坏是通过可解释平方和在总平方和中所占比重来反映的，这就是决定系数 R^2。

7. 预测分为对因变量的个别值和平均值的预测，对因变量的个别值和平均值的预测又分位点预测和区间预测。

8. 本章第四节对多元线性回归模型的参数估计和假设检验作了介绍。第五节介绍了 SPSS 软件在相关分析和回归分析中的应用。

思考与练习

思考题

1. 什么是相关关系？

2. 什么是相关系数？相关系数接近于零是否意味着没有联系？（提示：参考计算题5）

3. 什么是正相关，什么是负相关？

4. 如何对相关性进行显著性检验。

5. 回归函数和普通函数关系有何区别？

6. 一元线性回归模型的基本假设是什么？

7. 对一元回归模型，如何检验回归系数是否显著？

8. 如何利用一元回归模型进行区间预测。

9. 什么是决定系数？它和相关系数有什么联系。如何用决定系数来检验回归模型的拟合效果。

10. 简述多元回归模型及其基本假设。

11. 什么是调整决定系数，为什么对多元回归模型的决定系数要做修正？

12. 在一元回归模型中，对参数作 t 检验和 F 检验是否相同？在多元回归中是否也是如此？

练习题

1. 炼铝厂测得所产铸模用的铝的硬度(X)与抗张强度(Y)的数据如下：

硬度(X)	68	53	70	84	60	72	51	83	70	64
抗张强度(Y)	288	293	349	343	290	354	283	324	340	286

要求：计算相关系数，并检验相关性。($\alpha=0.05$)

2. 某保险公司关心其总公司营业部加班程度，经过10周时间，收集了每周加班时间和新签发保单的数据，以下X为每周新签发保单数，Y为每周加班时间(小时)。

周序号	1	2	3	4	5	6	7	8	9	10
新签发保单数(X)	825	215	1070	550	480	920	1350	325	670	1215
加班时间(Y)	3.5	1.0	4.0	2.0	1.0	3.0	4.5	1.5	3.0	5.0

要求：

(1)画散点图，并判断X和Y之间是否大致成线性关系？

(2)计算相关系数；

(3)求出回归方程；

(4)计算标准误差；

(5)计算决定系数；

(6)对回归系数β_1(斜率)检验其是否为零；($\alpha=0.01$)

(7)该公司预计下周签发新保单1000张，预计需要加班多少时间？

(8)对(7)给出置信水平为95%的预测区间。

3. 某饮料厂欲了解温度(X)与冷饮销售量(Y)的关系，现有资料如下：

$$n=10, \sum X=9.4, \sum X^2=9.28,$$

$$\sum XY=924.8, \sum Y=959, \sum Y^2=93569$$

要求：

(1)拟合线性回归模型；

(2)评价拟合优度；

(3)计算标准误差；

(4)对模型进行显著性检验；($\alpha=0.05$)

(5)预测温度为1摄氏度时，冷饮销售量的95%置信区间。

4. 某地区1990～2002年粮食产量、牲畜数和有机肥料量的有关资料如下：

年份	粮食产量（Y）(10^8kg)	有机肥（X_1）（万吨）	牲畜数（X_2）（万）
1990	25	44	15
1991	23	42	15
1992	24	45	14
1993	23	45	16
1994	24	46	15
1995	25	44	17
1996	26	46	16
1997	26	46	15
1998	25	44	15
1999	27	46	16
2000	28	45	18
2001	30	48	20
2002	31	50	19

（1）建立多元线性回归方程；

（2）已知 2003 年有机施肥量 52 万吨，牲畜数为 21 万，预测该年粮食产量为多少？

（3）对模型参数进行检验。

5. 某工业生产过程，处理温度（Y）与产量（X）的资料如下表：

温度（℃）	600	625	650	675	700	725	750	775	800	825	850
产量（件）	127	139	147	147	155	154	153	148	146	136	129

（1）计算相关系数，并判断两者之间是否存在线性相关关系？

（2）画散点图，判断相关关系是否存在？

（3）试用 $Y=\beta_0+\beta_1 X+\beta_2 X^2$ 模型进行拟合，并判断拟合优度。

6. 现有中国历年 GDP 增加额与固定投资增加量以及教育费用增加额的资料（单位：亿元）见下页表。

（1）建立 GDP 增加额与教育费用增加额的一元线性回归方程；

（2）建立 GDP 增加额与固定投资增加量、教育费用增加额的二元线性回归方程；

（3）分析固定投资增加量与教育费用增加额的相关性，并分析由（2）所建立的模型可能存在的问题。（提示：结合多元线性回归模型的假设条件。）

年份	GDP 增加量(Y)	教育费用增加量(X_1)	固定投资增加量(X_2)
1982	45.0	13.9	10.3
1983	52.5	15.8	27.3
1984	73.2	18.9	49.5
1985	92.9	23.9	74.6
1986	116.9	28.9	94.8
1987	139.6	31.2	112.7
1988	167.8	38.0	138.1
1989	179.8	43.9	138.9
1990	217.0	49.4	152.6
1991	240.1	56.8	198.4
1992	282.4	66.2	283.0
1993	361.9	80.2	423.6
1994	528.5	107.9	521.7
1995	705.1	127.2	581.2

第 10 章 时间序列分析

很多现象随着时间的推移都呈现出一定的规律，譬如气象的变化、昼夜的更替、潮汐的涨落、四季的更替、股市的涨落等等。时间序列分析是一门专门研究按时间的先后顺序观测记录的数据规律性的分析方法。时间序列分析的内容非常丰富，而且发展很快。本章主要介绍时间序列的非概率分析方法，主要包括时间序列的基本概念和分类，时间序列的水平分析和速度分析，时间序列的主要构成要素及其测定方法。

学习目的与要求

- 了解时间序列的基本定义及其分类；
- 理解时间序列分析的意义；
- 理解时间序列的平均水平和序时平均数；
- 掌握发展速度与增长速度的计算方法；
- 掌握平均发展速度与平均增长速度的计算方法；
- 掌握时间序列的构成要素，主要特征，及其主要组合模型；
- 了解测定长期趋势的指数平滑法和移动平均法；
- 掌握测定长期趋势的趋势模型法；
- 掌握季节变动的测定方法；
- 了解循环变动和不规则变动的测定方法。

10.1 时间序列概述

10.1.1 时间序列的概念

所谓时间序列就是将某一指标在不同时间上的数值，按照时间的先后顺序记录，并排列而成的数列，也称为动态数列。例如，股价指数、物价指数、GDP 和某城市的月用电量等等。时间序列分析在电力工程、信息工程、物理学、天文学、海洋学和气象科学等领域有着广泛的应用。

【例 10.1】 表 10.1 所列的是 2000～2009 年中国国内生产总值(GDP)和人口相关数据。

表 10.1 2000～2009 年中国国内生产总值

年份	GDP (亿元)	人均 GDP (元/人)	GDP 指数 (%)	人均 GDP 指数 (%)	年末人口数 (万人)
2000	99214.6	7858	108.4	107.6	126743
2001	109655.2	8622	108.3	107.5	127627
2002	120332.7	9398	109.1	108.4	128453
2003	135822.8	10542	110.0	109.3	129227
2004	159878.3	12336	110.1	109.4	129988
2005	185808.6	14185	111.3	110.7	130756
2006	217522.7	16500	112.7	112.0	131448
2007	265810.3	20169	114.2	113.6	132129
2008	314045.4	23708	109.6	109.1	132802
2009	340506.9	25575	109.1	108.6	133474

资料来源:中国统计年鉴 2010. 北京:中国统计出版社,2010.

注:表中 GDP 指数和人均 GDP 指数均假设上一年为单位 1。

由表 10.1 可以看出,时间序列有两个基本要素:一个是被研究对象的时间范围;另一个是该现象一定时间条件下的数量指标。按时间要素的单位长度,时间序列可以有年、季、月、日等形式,按数量指标的性质和表现形式,可以划分时间序列的类型。

时间序列分析的目的就是描述事物在过去的状态,分析其随时间推移的发展趋势,揭示事物发展变化的规律,预测事物在未来的状态,即分析过去、认识规律、预测未来。

10.1.2 时间序列的种类

时间序列按照其数量指标的性质和表现形式,可以分为绝对数时间序列、相对数时间序列和平均数时间序列,其中绝对数时间序列是基本的时间序列,相对数时间序列和平均数时间序列是在绝对数时间序列的基础上派生出来的。

(一) 绝对数时间序列

将同类总量指标值在不同时间上的数值按时间的先后顺序排列所形成的时间序列称为绝对数时间序列,反映了社会经济现象达到的绝对水平。根据时间的特点,绝对数时间序列又可分为时期序列和时点序列。在表 10.1 中,GDP 和年末人口数都属于总量指标,其中 GDP 是时期序列,年末人口数是时点序列。

时期序列和时点序列的特点对照：

1. 时期序列中各时间上的指标值可以直接相加，其和为现象在更长时间内的总量水平，而时点序列中各时间上的指标直接相加没有实际意义。

2. 时期序列的指标值的大小与所属时间的长短有直接关系，而时点序列的指标值的大小与所属时间的长短并无直接关系。

3. 时期序列中各指标值反映了现象在一段时间内的发展变化的总量，因而必须将这段时间内，现象发生的数量逐一登记，并加以累计得到相应的指标值，所以时期序列的指标值一般采用连续登记的方式获得。而时点序列中的指标值反映的是现象在某一时刻上的总量水平，只需在相应时间点上统计即可，所以时点序列的指标值一般采用间断登记的方式获得。

（二）相对数时间序列和平均数时间序列

将同类相对指标或平均指标在不同时间上的数值按时间的先后顺序排列所形成的时间序列称为相对数时间序列和平均数时间序列。如表 10.1 中的 GDP 指数就是一个相对数时间序列，人均 GDP 就是一个平均数时间序列。

显然，相对数时间序列和平均数时间序列都是绝对数时间序列派生出来的，而且相对数时间序列和平均数时间序列中各时间上的指标值直接相加没有实际意义。

10.1.3　时间序列的编制原则

动态对比分析是时间序列分析的目的之一，所以编制时间序列一定要保证序列的可比性。为了保证序列的可比性，我们一定要保证获取数据的时间间隔一致，保证获取数据的总体范围一致，保证指标的经济内容一致，保证指标值的计算方法、计算价格、计量单位一致。

10.2　时间序列分析指标

10.2.1　时间序列水平分析指标

时间序列中各时间上对应的指标数值反映了现象在相应时间上达到的规模或水平，称为发展水平。在绝对数时间序列中，发展水平表现为绝对数；在相对数时间序列和平均数时间序列中，发展水平分别表现为相对数和平均数。

在对各个时间的发展水平进行比较时，把作为比较基础的时期称为基期，对应的发展水平称为基期水平，记为 x_0；把所研究考察的时期 t 称为报告期，对应的发展水平称为报告期水平，记为 x_t，则时间序列可表示为 $x_0, x_1, x_2, \cdots, x_n$。

10.2.2 时间序列速度分析指标

（一）发展速度和增长速度

1. 发展速度

发展速度是时间序列中报告期水平与基期水平之比，即

$$\text{发展速度}=\frac{\text{报告期水平}}{\text{基期水平}}=\frac{x_t}{x_0} \tag{10.1}$$

说明现象报告期水平较基期水平的相对发展程度，常用百分数表示。由于基期选取的不同，发展速度有不同的类型。

当基期选取一个固定时期时，发展速度为报告期水平 x_i 与固定基期水平 x_0 之比，称为定基发展速度，即 $x_t/x_0, t=1,2,\cdots,n$ 。当基期选取前一时期时，发展速度为报告期水平 x_t 与前一期水平 x_{t-1} 之比，称为环比发展速度，即 $x_t/x_{t-1}, t=1,2,\cdots,n$ 。显然，各环比发展速度的连乘积等于相应时期的定基发展速度，即

$$\frac{x_1}{x_0}\cdot\frac{x_2}{x_1}\cdots\frac{x_n}{x_{n-1}}=\frac{x_n}{x_0} \tag{10.2}$$

相邻的两个定基发展速度之商等于相应时期的环比发展速度，即

$$\frac{x_t}{x_0}\div\frac{x_{t-1}}{x_0}=\frac{x_t}{x_{t-1}} \tag{10.3}$$

表 10.2　2000～2009 年中国人均国内生产总值发展数据

年份	人均 GDP（元/人）	定基发展速度（%）	定基增长速度（%）	环比发展速度（%）	环比增长速度（%）
2000	7858	—	—	—	—
2001	8622	109.72	9.72	109.72	9.72
2002	9398	119.60	19.60	109.00	9.00
2003	10542	134.16	34.16	112.17	12.17
2004	12336	156.99	56.99	117.02	17.02
2005	14185	180.52	80.52	114.99	14.99
2006	16500	209.98	109.98	116.32	16.32
2007	20169	256.67	156.67	122.24	22.24
2008	23708	301.71	201.71	117.55	17.55
2009	25575	325.46	225.46	107.87	7.87

资料来源：中国统计年鉴 2010. 北京：中国统计出版社，2010.

表 10.2 中以 2000 年为基期，不难验算，2001 年至 2009 年的环比发展速度的连乘积等于 325.46%，这恰好等于 2009 年的定基发展速度；2009 年的定基发展速度

325.46%与2008年的定基发展速度301.71%的商为107.87%，恰好等于2009年的环比发展速度。

当基期选取上年同一时期时，发展速度为本期发展水平与上年同期发展水平之比，称为同比发展速度（或年距发展速度），即

$$\text{同比发展速度}=\frac{\text{本期发展水平}}{\text{上年同期发展水平}} \tag{10.4}$$

【例10.2】 表10.2是2000～2009年中国人均国内生产总值（GDP）及其发展速度、增长速度的有关数据。

（二）增长速度

增长速度是指增长量与基期水平之比，即

$$\begin{aligned}\text{增长速度}&=\frac{\text{增长量}}{\text{基期水平}}\\&=\frac{\text{报告水平}-\text{基期水平}}{\text{基期水平}}\\&=\text{发展速度}-1\end{aligned} \tag{10.5}$$

反映了报告期水平在扣除了基期水平以后，较基期水平的相对增长程度。当增长速度为正值时，表示报告期水平在基期水平基础上增长的程度；当增长速度为负值时，表示报告期水平在基期水平基础上下降的程度。

由于选取的基期不同，与发展速度一样，增长速度也可以分为定基增长速度、环比增长速度和同比增长速度。它们与相应发展速度的关系如下：

$$\text{定基增长速度}=\text{定基发展速度}-1$$
$$\text{环比增长速度}=\text{环比发展速度}-1$$
$$\text{同比增长速度}=\text{同比发展速度}-1$$

注意，环比增长速度的连乘积并不等于相应时期的定基增长速度，相邻两时期的定基增长速度的商也不等于相应时期的环比增长速度。

（三）平均发展速度和平均增长速度

对时间序列 $x_0,x_1,x_2,\cdots,x_n$ ，可以用环比发展速度 x_t/x_{t-1} 来描述现象在时期 t 内相对于前一时期 $t-1$ 的发展变化情况，$t=1,2,\cdots,n$ 。即在初始水平 x_0 的基础上，该现象经过 n 个时期环比发展速度分别为

$$\frac{x_1}{x_0},\frac{x_2}{x_1},\cdots,\frac{x_n}{x_{n-1}}$$

的发展，而最终达到期末水平 x_n 。在一段相当长的时期内，各时期的环比发展速度往往各不相同，我们希望用一个简单的方式（或数字）来反映现象在该时期内的整体发展情况，这就是平均发展速度。平均发展速度是现象逐期发展的平均程度，记为 $\bar{v}$ 。即在初始水平 x_0 的基础上，该现象经过 n 个时期内环比发展速度始终为

$\bar{v}$ 的发展，最终也在第 n 个时期达到期末水平 x_n 。综上，我们有

$$\bar{v}^n = \frac{x_1}{x_0} \cdot \frac{x_2}{x_1} \cdots \frac{x_n}{x_{n-1}} = \frac{x_n}{x_0}$$

所以平均发展速度是各个时期环比发展速度的序时平均数，即

$$\bar{v} = \sqrt[n]{\frac{x_1}{x_0} \cdot \frac{x_2}{x_1} \cdots \frac{x_n}{x_{n-1}}} = \sqrt[n]{\frac{x_n}{x_0}} \tag{10.6}$$

实际上，平均发展速度只与期初水平和期末水平有关，与中间的发展过程无关。

平均增长速度是现象逐期增长的平均程度，即

$$平均增长速度=平均发展速度-1 \tag{10.7}$$

注意，平均增长速度不能由各期的环比增长速度直接求得。

【例 10.3】 由表 10.2 中 2000～2009 年中国人均国内生产总值的数据，计算从 2000 年到 2009 年 9 年间中国人均国内生产总值的平均增长速度。

解：由式(10.7)，计算平均增长速度需要先计算平均发展速度。根据式(10.6)，平均发展速度可以由环比发展速度的连乘积来求，也可以直接由期末水平和期初水平来求，即

$$\begin{aligned}\bar{v} &= \sqrt[9]{\frac{x_1}{x_0} \cdot \frac{x_2}{x_1} \cdots \frac{x_9}{x_8}} \\ &= \sqrt[9]{1.0972 \times 1.0900 \times 1.1217 \times 1.1702 \times 1.1499 \times 1.1632 \times 1.2224 \times 1.1755 \times 1.0787} \\ &= \sqrt[9]{3.2546} = 114.01\%\end{aligned}$$

或

$$\bar{v} = \sqrt[9]{\frac{x_9}{x_0}} = \sqrt[9]{\frac{25575}{7858}} = \sqrt[9]{3.2546} = 114.01\%$$

显然，两种方法得到的平均发展速度都相同，所以

平均增长速度$=\bar{v}-1=114.01\%-1=14.01\%$

平均发展速度描述的是以基期水平为基础，在一段相当长的时期内的发展变化情况，应注意将它与基期水平联系起来分析。一般来说，如果基期水平很低，哪怕平均发展速度较高，实际的发展水平也可能很低；反之亦然。也就是说，高速度可能掩盖低水平，低速度也可能隐含高水平。另外，平均发展速度也可能会掩盖各期特殊发展的情况，所以应当把平均发展速度与各环比发展速度结合起来分析。

由[例 10.3]的计算，我们也不难发现中国人均国内生产总值从 2000 年起经过 9 年每年 14.01%的增长，于 2009 年达到了 2000 年的 3.2546 倍。如果保持这个增长速度 20 年，中国人均国内生产总值于 2020 年将达到 2000 年的 13.7676 倍；如果保持这个增长速度 30 年，中国人均国内生产总值于 2030 年将达到 2000 年的 51.0844 倍；如果保持这个增长速度 40 年，中国人均国内生产总值于 2040 年将达

到 2000 年的 189.5474 倍……。注意,随着时间的推移,国内生产总值的增长越来越快,所以我们在考虑平均发展速度的时候也要与时间的长短结合起来考虑。注意,这实际上就是“复利”的计算方法。

【例 10.4】 设国家 A 的 GDP 为 x_0 万亿元,国家 B 的 GDP 为 $y_0=10x_0$ 万亿元。如果在接下来的时间里,国家 A 的 GDP 每年的平均发增长速度为 10%,国家 B 的 GDP 每年的平均增长速度 4%,请问国家 A 的 GDP 多长时间能赶上国家 B?

解:设国家 A 的 GDP 经过 m 年能赶上国家 B,则依题意有

$$x_0 \cdot (1+10\%)^m = y_0 \cdot (1+4\%)^m$$

$$1.1^m = 10 \times 1.04^m$$

$$m\ln 1.1 = \ln 10 + m\ln 1.04$$

$$m = \frac{\ln 10}{\ln 1.1 - \ln 1.04} = 41.052$$

所以,国家 A 的 GDP 经过 41.052 年能赶上国家 B。

由[例 10.4],显然,“高速度可能掩盖低水平,低速度也可能隐含高水平”,这句话也应该与时间的长短结合起来考虑。

10.3　时间序列的构成因素

10.3.1　影响时间序列的主要因素

影响客观事物随时间推移的因素有很多,为了分析的方便,我们根据其特点将它们分为四类。

(一)长期趋势

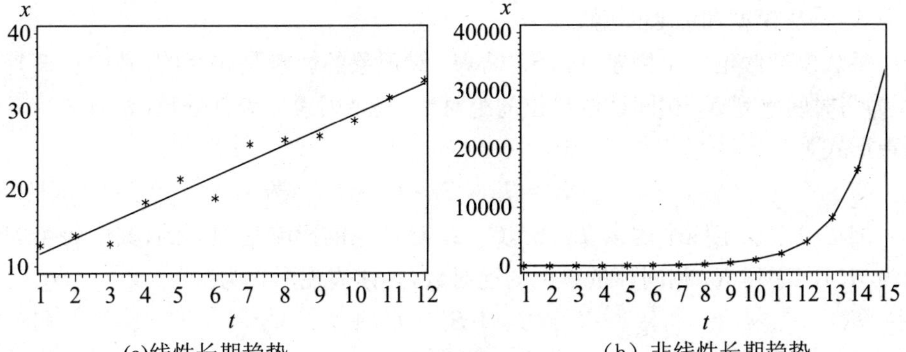

(a)线性长期趋势　　(b)非线性长期趋势

图 10.1　长期趋势

长期趋势是指客观现象在一段相当长的时期内，由某种根本性的支配因素导致的上升、下降或水平的趋势，通常记为 T_t。长期趋势可能是线性的，也可能是非线性的，见图 10.1。

(二)季节变动

季节变动是指时间序列受季节性因素引起的，在一年内有规律的，以一定时间为周期(年、季、月、周、日)的周期性变动，通常记为 S_t。有些现象的季节性是由自然气候等因素造成的，如蔬菜的价格、羽绒服的月销量等。有些是由宗教、文化、习俗、政治、经济等因素造成的，如商场的周末生意比平日好、月饼的月销量等。

(三)循环变动

循环变动是指周期长短不固定且长度超过一年的周期性变动，通常记为 C_t。由于波动的周期不固定，所以循环变动一般比较难把握，譬如经济周期、股价周期等。

(四)不规则变动

不规则变动是指时间序列除去长期趋势、季节变动、循环变动以后的变动，通常记为 I_t。不规则变动是由那些影响时间较短的、不可预测的和不重复出现的众多偶然因素引起的，呈现为无规律的随机变动。

时间序列的变动一般是由上面四种(或一部分)构成因素组成的。时间序列分析的任务就是将长期趋势、季节变动、循环变动分别提取出来，并进行统计测定和分析，以找到它们各自的规律和特征，及它们之间的相互关系，从而认识原序列的规律和特征，以进行预测。

10.3.2 时间序列构成因素的组合模型

以随机变量序列 $X_t, t=0,1,2,\cdots$，表示时间序列，则 X_t 是以上四类因素 T_t，S_t, C_t, I_t 共同作用的结果。它们的组合方式很多，这里主要介绍两种最基本的组合方式：乘法模型和加法模型。

乘法模型假定四个因素 T_t, S_t, C_t, I_t 对现象的影响是相互的，其中长期趋势 T_t 为与时间序列 X_t 相同计量单位的绝对数，其余因素均为百分数(相对数)，具体表现形式为

$$X_t = T_t \cdot S_t \cdot C_t \cdot I_t \tag{10.8}$$

加法模型假定四个因素 T_t, S_t, C_t, I_t 对现象的影响是独立的，其中每个因素均为与时间序列 X_t 相同计量单位的绝对数，具体表现形式为

$$X_t = T_t + S_t + C_t + I_t \tag{10.9}$$

一般来说，在时间序列 X_t 中，长期趋势 T_t 和不规则变动 I_t 是存在的，而季节变动 S_t 和循环变动 C_t 则不一定存在。注意，“存在”是指对时间序列 X_t 有影响，

"不存在"是指对时间序列 X_t 没有影响。显然，当季节变动 S_t 和循环变动 C_t 不存在时，在乘法模型中取 1，在加法模型中取 0。

时间序列分析就是将这几种因素从时间序列中分别提取出来，并分别对它们进行统计测定和分析，从而认识原序列发展变化的规律。

10.4 长期趋势的测定与预测

一般而言，时间序列长期趋势的测定所选的时间越长越好。时间序列长期趋势测定的目的主要有：认识现象随时间发展变化的趋势和规律性；对现象未来的发展趋势做出预测；从时间序列中剔除长期趋势因素，以便进一步分析其他类型的影响因素。时间序列长期趋势测定常用的方法有移动平均法、指数平滑法和趋势模型法等。

10.4.1 移动平均法

移动平均法是用一定时间间隔内的平均值作为某一期的修匀值，从而消除时间序列中的不规则变动以及其他变动，从而揭示出时间序列的长期趋势。移动平均法有 k 期移动平均法和 k 期中心移动平均法两种形式，其中 k 为步长。

（一）k 期移动平均法

k 期移动平均法是用序列前 k 项观测值 $x_t, x_{t-1}, \cdots, x_{t-k+1}$ 的平均数作为时间序列第 $t+1$ 个时期的预测值，计算公式为

$$\hat{x}_{t+1}=\frac{f_t x_t+f_{t-1}x_{t-1}+\cdots+f_{t-k+1}x_{t-k+1}}{\sum_{i=t-k+1}^{t} f_t} \tag{10.10}$$

式中：$f_t, f_{t-1}, \cdots, f_{t-k+1}$ 分别为 $x_t, x_{t-1}, \cdots, x_{t-k+1}$ 的权重。一般认为，离时期 $t+1$ 越近的序列值对 $\hat{x}_{t+1}$ 的影响越大，即 $f_t \geqslant f_{t-1} \geqslant \cdots \geqslant f_{t-k+1}$。权重的确定是关键，一般也比较困难。本书只介绍 $f_t=f_{t-1}=\cdots=f_{t-k+1}=1$ 的特殊情形，即 k 期简单移动平均法。该情形下，时间序列第 $t+1$ 个时期的预测值为

$$\hat{x}_{t+1}=\frac{x_t+x_{t-1}+\cdots+x_{t-k+1}}{k} \tag{10.11}$$

【例 10.5】 计算 2007～2009 年中国全国农村居民家庭平均每人现金收入 x_t 的简单移动平均。

解：由式(10.11)，计算简单移动平均，见表 10.3。

表 10.3 简单移动平均计算表

单位:元

年份	季度	t	x_t	$k=3$		$k=4$	
				$\hat{x}_t$	$x_t-\hat{x}_t$	$\hat{x}_t$	$x_t-\hat{x}_t$
2007	一	1	1072.20	—	—	—	—
	二	2	991.80	—	—	—	—
	三	3	1012.40	—	—	—	—
	四	4	1063.96	1025.47	38.49	—	—
2008	一	5	1254.30	1022.72	231.58	1035.09	219.21
	二	6	1210.20	1110.22	99.98	1080.62	129.58
	三	7	1176.00	1176.15	−0.15	1135.22	40.78
	四	8	1120.12	1213.50	−93.38	1176.12	−56.00
2009	一	9	1381.10	1168.77	212.33	1190.16	190.94
	二	10	1249.90	1225.74	24.16	1221.86	28.04
	三	11	1277.20	1250.37	26.83	1231.78	45.42
	四	12	1244.97	1302.73	−57.76	1257.08	−12.11
2010	一	13	—	1257.36	—	1288.29	—

资料来源:中国统计年鉴 2010. 北京:中国统计出版社,2010.

$$当\ k=3\ 时,平均绝对误差=\frac{\sum_{t=4}^{12}|x_t-\hat{x}_t|}{12-3}=53.56$$

$$当\ k=4\ 时,平均绝对误差=\frac{\sum_{t=5}^{12}|x_t-\hat{x}_t|}{12-4}=73.23$$

显然,当 $k=3$ 时,平均绝对误差更小,所以我们选取 $k=3$ 作为预测步长。当然,我们可以做更多的尝试,譬如 $k=5$,$k=6$ 等等,然后选出误差最小的步长,作为最佳预测步长。由此,我们可以预测 2010 年第一季度中国全国农村居民家庭平均每人现金收入为 1257.36 元。

(二) k 期中心移动平均法

k 期中心移动平均法并不直接将计算结果作为预测值,而是仅仅作为对时间序列的一种修匀,形成一个新的不含随机波动的新序列,再利用新序列对原序列的长期趋势进行判断。k 期中心移动平均法用以 x_t 为中心的 k 个序列值的平均数作为时间序列第 t 个时期的修匀值,计算公式为

$$\tilde{x}_t=\begin{cases}\frac{1}{k}\left(x_{t-\frac{k-1}{2}}+x_{t-\frac{k-1}{2}+1}+\cdots+x_t+\cdots+x_{t+\frac{k-1}{2}-1}+x_{t+\frac{k-1}{2}}\right), k\ \text{为奇数}\\ \frac{1}{k}\left(\frac{1}{2}x_{t-\frac{k}{2}}+x_{t-\frac{k}{2}+1}+\cdots+x_t+\cdots+x_{t+\frac{k}{2}-1}+\frac{1}{2}x_{t+\frac{k}{2}}\right), k\ \text{为偶数}\end{cases}\tag{10.12}$$

【例 10.6】 计算 2007～2009 年中国全国农村居民家庭平均每人现金收入 x_t 中心移动平均。

解：由式(10.12)，计算中心移动平均，见表 10.4

表 10.4　中心移动平均计算表　　单位：元

年份	季度	t	x_t	$k=3$		$k=4$		$k=5$	
				$\tilde{x}_t$	$\tilde{x}_t-\tilde{x}_{t-1}$	$\tilde{x}_t$	$\tilde{x}_t-\tilde{x}_{t-1}$	$\tilde{x}_t$	$\tilde{x}_t-\tilde{x}_{t-1}$
2007	一	1	1072.20	—	—	—	—	—	—
	二	2	991.80	1025.47	—	—	—	—	—
	三	3	1012.40	1022.72	−2.75	1057.85	—	1078.93	—
	四	4	1063.96	1110.22	87.5	1107.92	50.07	1106.53	27.6
2008	一	5	1254.30	1176.15	65.93	1155.67	47.75	1143.37	36.84
	二	6	1210.20	1213.50	37.35	1183.14	27.47	1164.92	21.55
	三	7	1176.00	1168.77	−44.73	1206.01	22.87	1228.34	63.42
	四	8	1120.12	1225.74	56.97	1226.82	20.81	1227.46	−0.88
2009	一	9	1381.10	1250.37	24.63	1244.43	17.61	1240.86	13.4
	二	10	1249.90	1302.73	52.36	1272.69	28.26	1254.66	13.8
	三	11	1277.20	1257.36	−45.37	—	—	—	—
	四	12	1244.97	—	—	—	—	—	—

资料来源：中国统计年鉴 2010. 北京：中国统计出版社，2010.

由[例 10.6]，不难发现，步长越长，对原序列的修匀作用一般也越强。但上例中，步长为 4 时的逐期增长量却比步长为 5 时的逐期增长量更加平稳，所以当时间序列包含季节变动或循环变动时，应取季节变动或循环变动的周期作为步长。

10.4.2　指数平滑法

移动平均法只是反映了最近 k 期观测值 $x_{t-1}, x_{t-2}, \cdots, x_{t-k}$ 对 x_t 的影响，并没有包含所有的历史数据，而且我们也没有考虑各个历史数据权重的选取问题。在实际生活中，大多数事件近期的结果对现在的影响更大，远期的结果对现在的影响相对较小。为了更好地反映这种影响作用，我们将考虑时间间隔对事件发展的影响，假定各期的权重随时间间隔的增大而呈指数衰减，即

$$\tilde{x}_t = \alpha x_t + \alpha(1-\alpha)x_{t-1} + \alpha(1-\alpha)^2 x_{t-2} + \cdots \tag{10.13}$$

式中：x_t 为第 t 个时期的观察值；$\tilde{x}_t$ 为第 t 个时期的指数平滑值；α（$0<\alpha<1$）为平滑系数。显然，式(10.13)有如下等价公式

$$\tilde{x}_t = \alpha x_t + (1-\alpha)\tilde{x}_{t-1} = \tilde{x}_{t-1} + \alpha(x_t - \tilde{x}_{t-1}) \tag{10.14}$$

指数平滑法是通过计算一系列指数平滑值消除不规则变动，揭示（预测）现象的基本趋势。如果第 t 期的指数平滑值与实际观测值完全一致，二者之间没有误差，则用第 t 期的指数平滑值直接作为第 $t+1$ 期的趋势估计值；如果二者之间有误差，则由不规则随机误差和现象从第 $t-1$ 期到第 t 期的实质性变化两部分组成。为了合理估计趋势值，就要剔除不规则随机误差，反映出现象的实质性变化。由式(10.14)，第 t 期的指数平滑值 $\tilde{x}_t$ 是在第 $t-1$ 期指数平滑值 $\tilde{x}_{t-1}$ 的基础上加上第 t 期实际观测值 x_t 与第 $t-1$ 期指数平滑值 $\tilde{x}_{t-1}$（即第 t 期趋势估计值）的误差的一部分组合而成。误差中属于实质变化的比率由平滑系数 α 决定。α 的值越大，即认为误差中现象实质性变化的比率越大，在下一期的趋势估计值中本期的误差就保留得越多；反之，α 的值越小，即认为误差中不规则随机误差所占比率越大，在下一期的趋势估计值中本期的误差就保留得越多。

在指数平滑法中，平滑系数 α 的选择对最终计算结果的影响比较大。一般来说，平滑系数 α 的选择主要考虑以下因素：

(1)一般对于变化缓慢的序列，α 常取较小的值；对于变化迅速的序列，α 常取较大的值。

(2)如果对趋势的估计主要依靠近期信息，则 α 宜选择得大一些；如果希望充分重视历史信息，则 α 宜选择得小一些。

(3)如果希望减小初始值的影响，则 α 宜选择得大一些；如果希望突出初始值的影响，α 宜选择得小一些。

(4)可选取几种不同的 α 数值进行比较，最后选择使实际值和估计值均方误差最小的 α 。

【例 10.7】 表 10.5 是 2007～2009 年中国全国农村居民家庭平均每人现金收入 x_t 的指数平滑法计算表。

由表 10.5 知，当 $\alpha=0.7$ 时，预测误差最小，可以以此作为正式的预测模型。

表 10.5 指数平滑法计算表

单位:元

年份	季度	t	x_t	$\alpha=0.1$		$\alpha=0.3$		$\alpha=0.7$	
				$\tilde{x}_t$	$\lvert\tilde{x}_t-x_t\rvert$	$\tilde{x}_t$	$\lvert\tilde{x}_t-x_t\rvert$	$\tilde{x}_t$	$\lvert\tilde{x}_t-x_t\rvert$
2007	一	1	1072.20	—	—	—	—	—	—
	二	2	991.80	1072.20	80.40	1072.20	80.40	1072.20	80.40
	三	3	1012.40	1064.16	51.76	1048.08	35.68	1015.92	3.52
	四	4	1063.96	1058.98	4.98	1037.38	26.58	1013.46	50.50
2008	一	5	1254.30	1059.48	194.82	1045.35	208.95	1048.81	205.49
	二	6	1210.20	1078.96	131.24	1108.04	102.16	1192.65	17.55
	三	7	1176.00	1092.09	83.91	1138.69	37.31	1204.94	28.94
	四	8	1120.12	1100.48	19.64	1149.88	29.76	1184.68	64.56
2009	一	9	1381.10	1102.44	278.66	1140.95	240.15	1139.49	241.61
	二	10	1249.90	1130.31	119.59	1213.00	36.90	1308.62	58.72
	三	11	1277.20	1142.27	134.93	1224.07	53.13	1267.52	9.68
	四	12	1244.97	1155.76	89.21	1240.01	4.96	1274.29	29.32
合计			—	—	1189.14	—	855.98	—	790.29

资料来源:中国统计年鉴 2010. 北京:中国统计出版社,2010.

10.4.3 趋势模型法

趋势模型法是根据时间序列的指标值的发展变化趋势,在平面直角坐标系中找到距离所有观测点 (t, x_t), $t=1,2,\cdots,n$ 的平均距离最小的一条理想趋势线。首先,我们要确定合适的趋势方程,并估计其中的未知参数;其次,我们要根据计算出来的趋势方程预测将来的指标值。

(一)线性趋势模型法

当时间序列的逐期增长量大致相当时,可选用直线趋势方程。线性趋势模型法是以时间指标 t 作为自变量的线性回归的方法对时间序列拟合线性方程,消除其他成分变动,从而揭示出序列长期线性趋势的方法。线性趋势方程的一般形式为

$$\hat{y}_t = a + bt \tag{10.15}$$

式中:$\hat{y}_t$ 为时间序列 y_t 的趋势值;a 为截矩项,即当 $t=0$ 时,$\hat{y}_t$ 的初始值;b 为趋势线的斜率,表示当时间 t 变动一个单位时,趋势值 $\hat{y}_t$ 的平均变动数量。

由第 9 章最小二乘法公式,可得参数 a 和 b 的估计值如下:

$$\hat{b} = \frac{n\sum_{t=1}^{n} t y_t - \sum_{t=1}^{n} t \sum_{t=1}^{n} y_t}{n\sum_{t=1}^{n} t^2 - \left(\sum_{t=1}^{n} t\right)^2}$$

$$\hat{a}=\bar{y}-\hat{b}\bar{t}=\frac{\sum_{t=1}^{n}y_t}{n}-\hat{b}\frac{\sum_{t=1}^{n}t}{n} \tag{10.16}$$

式中：n 为时间序列观测值的个数；y 为时间序列各时期的实际观测值。

【例 10.8】 求表 10.3 中 2007～2009 年中国全国农村居民家庭平均每人现金收入 y_t 的线性趋势方程，并预测 2010 年第一季度中国全国农村居民家庭平均每人现金收入。

解：

表 10.6 最小二乘法计算表 单位：元

年份	季度	t	y_t	t^2	$t \cdot y_t$
2007	一	1	1072.20	1	1072.20
	二	2	991.80	4	1983.60
	三	3	1012.40	9	3037.20
	四	4	1063.96	16	4255.84
2008	一	5	1254.30	25	6271.50
	二	6	1210.20	36	7261.20
	三	7	1176.00	49	8232.00
	四	8	1120.12	64	8960.96
2009	一	9	1381.10	81	12429.90
	二	10	1249.90	100	12499.00
	三	11	1277.20	121	14049.20
	四	12	1244.97	144	14939.64
合计		78	14054.15	650	94992.24

资料来源：中国统计年鉴 2010. 北京：中国统计出版社，2010.

由公式(10.16)，可得

$$\hat{b}=\frac{n\sum_{t=1}^{n}ty_t-\sum_{t=1}^{n}t\sum_{t=1}^{n}y_t}{n\sum_{t=1}^{n}t^2-(\sum_{t=1}^{n}t)^2}=\frac{12\times 94992.24-78\times 14054.15}{12\times 650-78^2}=25.4564$$

$$\hat{a}=\bar{y}-b\bar{t}=\frac{14054.15}{12}-25.4564\times\frac{78}{12}=1005.713$$

所以线性趋势方程为

$\hat{y}_t = 1005.713 + 25.4564t$

2010年第一季度中国全国农村居民家庭平均每人现金收入为

$\hat{y}_{13} = 1005.713 + 25.4564 \times 13 = 1336.646$(元)

(二)抛物线趋势模型法

当时间序列的逐期增长量的增长量大致相当时,可选用二次曲线(抛物线)方程,即

$$\hat{y}_t = a + bt + ct^2 \tag{10.17}$$

式中:a,b,c 为待估参数。

一般,我们将 t 和 t^2 视为两个自变量,然后利用多元线性回归的最小二乘法来估计参数 a,b,c ,详情请参考第9章。

(三)指数曲线趋势模型法

当时间序列的环比发展速度大致相当时,可选用指数曲线方程,即

$$\hat{y}_t = ab^t \tag{10.18}$$

式中:a,b 为待估参数。

对式(10.18)两边同时取对数,可得

$$\lg\hat{y}_t = \lg a + t \cdot \lg b$$

令 $\hat{y}_t' = \lg\hat{y}_t$, $a' = \lg a$, $b' = \lg b$,则

$$\hat{y}_t' = a' + b't$$

显然,由式(10.16)容易求得 a',b' 的估计值 $\hat{a}'$,$\hat{b}'$,求反对数得 a,b 的估计值分别为

$$\hat{a} = 10^{\hat{a}'}, \quad \hat{b} = 10^{\hat{b}'}$$

10.5　季节性变动的测定

季节变动是指时间序列受自然因素或社会因素的影响,而形成的在一年内有规律的周期性变动,譬如四季的气温,冷饮、羽绒服等时令商品的销售量,农产品的产量和销售量等。测定季节变动的主要目的是把握季节变动的规律,以便合理的安排生产、销售等经济活动;同时还可以将季节变动从时间序列中剔除,以便更好的研究长期趋势和循环变动。测定季节变动的方法很多,下面介绍较常用的按月平均法和趋势剔除法。本章后面假定时间序列 Y_t 的各要素服从乘法模型,即 $Y_t = T_t \cdot S_t \cdot C_t \cdot I_t$ 。

10.5.1　按月平均法

当时间序列的长期趋势接近平均水平时,测定季节变动可以不考虑长期趋势的影响,直接采用按月平均法。按月平均法测定季节变动的步骤一般如下:

第一步，计算各年同期(月或季)的平均数 $\bar{y}_i$ ，其中 $i=1,2,\cdots,12$ 表示月份或者 $i=1,2,3,4$ 表示季度，其目的是消除各年同期(月或季度)数据上的不规则变动。

第二步，计算全部数据的总平均数 $\bar{y}$ 。

第三步，计算季节比率

$$S_i=\frac{\bar{y}_i}{\bar{y}} \tag{10.19}$$

季节比率实际上是各年同期平均数相对于整个序列平均水平变动的程度，也称为季节指数，一般用相对数和百分数表示。显然，季节指数的和等于季节周期的长度 L ，即 $\sum S_i=L$ 。

【例 10.9】 用按月平均法求 2007～2009 年某城市旅游人数的季节指数。

解：

表 10.7 季节指数按月平均法计算表

年份	旅游人数(万人)			
	第一季度	第二季度	第三季度	第四季度
2007	32	40	61	28
2008	41	51	74	36
2009	57	65	93	57
同季平均	43.33	52.00	76.00	40.33
季节指数(%)	81.88	98.26	143.61	76.21

注：季度总平均数为 52.92。

10.5.2 长期趋势剔除法

当时间序列包含明显的长期趋势时，需要提取长期趋势的影响，再计算季节比率，其步骤为：

第一步，对时间序列 Y_t 计算步长为季节周期的中心移动平均数，作为时间序列的长期趋势值 T_t 。

第二步，用时间序列 Y_t 除以相应的长期趋势值，得到剔除长期趋势的新序列

$$Y_t'=\frac{Y_t}{T_t}$$

第三步，对新序列 Y_t' 实施按月平均法的各个步骤，得出季节比率 S_i 。

【例 10.10】 用长期趋势剔除法求 2007～2009 年某城市旅游人数的季节指数。

解：

表 10.8　季节指数长期趋势剔除法计算表(1)

年份	季度	Y_t（万人）	4期移动平均 T_t（万人）	$\frac{Y_t}{T_t}$
2007	一	32	—	—
	二	40	—	—
	三	61	41.4	1.4734
	四	28	43.9	0.6378
2008	一	41	46.9	0.8742
	二	51	49.5	1.0303
	三	74	52.2	1.4176
	四	36	56.2	0.6406
2009	一	57	60.4	0.9437
	二	65	57.8	1.1246
	三	93	—	—
	四	57	—	—

表 10.9　季节指数长期趋势剔除法计算表(2)

年份	农村居民家庭平均每人现金收入(万人)			
	第一季度	第二季度	第三季度	第四季度
2007	—	—	1.4734	0.6378
2008	0.8742	1.0303	1.4176	0.6406
2009	0.9437	1.1246	—	—
同季平均	0.9090	1.0775	1.4455	0.6392
季节指数(%)	89.31	105.86	142.02	62.80

注：季度总平均数为1.0178。

10.6　循环变动和不规则变动的测定

10.6.1　循环变动的测定

循环变动往往存在于一个较长的时期中，是从低到高，又从高到低的周而复始的近乎规律性的变动。循环变动不同于季节变动，季节变动一般以一年、一季或一月等为周期，而循环变动没有固定的周期。例如，某种产品的经济周期，宏观经济的走势等。测定时间序列循环变动的目的是为了掌握序列循环变动的规律，并将循环变动从原序列中剔除，以更好的研究和认识长期趋势和季节变动。测定长期趋势的方法很多，本书主要介绍常用的剩余法。剩余法测定长期趋势的步骤如下：

第一步，分别计算出时间序列 Y_t 的趋势值 T_t 和季节比率 S_i 。

第二步，从原序列中剔除季节变动 S_i 和长期趋势 T_t ，得到新序列

$$Y_t'=\frac{Y_t}{T_t \cdot S_t}=C_t \cdot I_t$$

第三步，对新序列 Y_t' 用移动平均法消除不规则变动 I_t ，即得循环波动值，通常用百分数表示。

10.6.2 不规则变动的测定

不规则变动是指时间序列受各种随机因素或偶然性因素，如自然灾害、战争等的影响，在短期内呈现出的一种突然变动或随机变动。分析不规则变动可以了解随机因素、偶然因素对时间序列发展变化的影响。

分析不规则变动一般也采用剩余法，具体步骤如下：

第一步，分别计算出时间序列 Y_t 的趋势值 T_t 、季节比率 S_i 和循环变动 C_t 。

第二步，从原序列中剔除长期趋势 T_t 、季节比率 S_i 和循环变动 C_t ，得到新序列

$$Y_t'=\frac{Y_t}{T_t \cdot S_t \cdot C_t}=I_t$$

10.7 SPSS 在时间序列分析中的应用

10.7.1 时间变量的定义

时间序列和普通数据不同，它有严格的时间顺序，需要定义时间变量让软件读懂其时间顺序。

SPSS 的时间定义功能用来将数据编辑窗口中的一个或多个变量指定为时间序列变量，并给它们赋予相应的时间标志，具体操作步骤是：

- 选择菜单："Date"→"Define Dates"；
- "Cases Are"框提供了多种时间形式，可根据实际的情况选择与其匹配的时间格式和参数。例如，如果数据为 2000 年到 2010 年的季度数据，则选择"Years"，"quarters"格式，并在"First Case Is"选项框中输入年份 2000 和季度 1，如图 10.1 所示。
- 点击[OK]，生成时间变量。

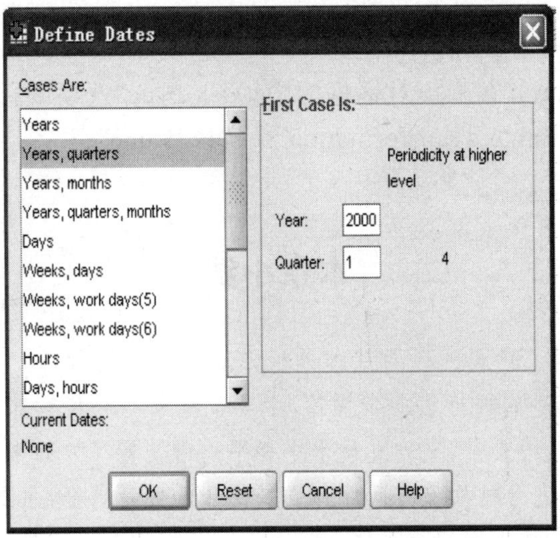

图 10.1　时间变量定义窗口

10.7.2　指数平滑法

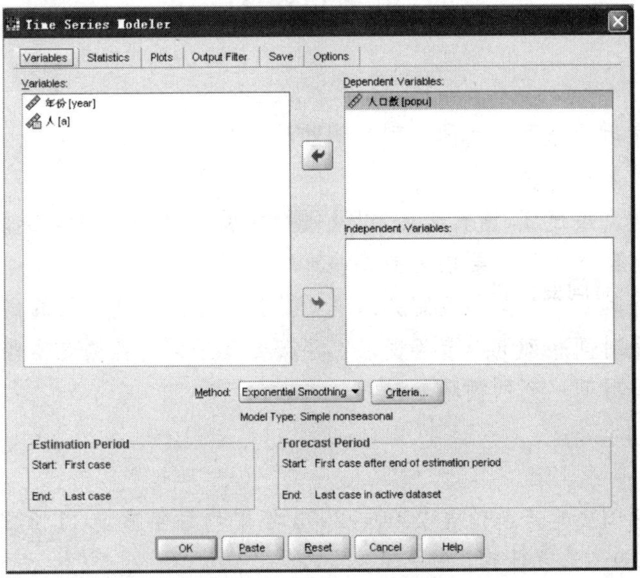

图 10.2　指数平滑法窗口

SPSS 指数平滑法的基本操作如下：

- 选择菜单："Analyze"→"Forecasting"→"Create Models"；
- 在左边对话框中选定需要分析的变量，单击 将其选入"Dependent Varia-

bles"对话框中,如图 10.2 所示;

- 单击[Method]选项框,在下拉菜单中选定"Exponential Smoothing";
- 单击[Criteria],在弹出对话框的"Model Type"选项中选择"Simple","Dependent Variable Transformation"中选择"None";
- 单击[OK]。

本章小结

本章主要介绍了时间序列的基本分析方法。

1. 本章对时间序列进行了初步描述,主要包括水平分析和速度分析。水平分析主要是从发展水平、增长量、平均发展水平和平均增长量等方面来描述时间序列的发展变化的水平。速度分析反映时间序列发展变化的数量特征,主要有发展速度、增长速度、平均发展速度和平均增长速度。

2. 本章还通过平滑法和趋势模型法,深入地研究了时间序列发展变化的内在规律,并以此来预测时间序列未来的发展趋势。

思考与练习

思考题

1. 什么是时间序列?时间序列有哪些种类?
2. 什么是基期和报告期?
3. 请简述发展速度、增长速度,以及平均发展速度、平均增长速度的概念。
4. 影响时间序列的主要因素有哪些?
5. 时间序列长期趋势的测定方法有哪些?并分别简述它们的概念。
6. 什么是时间序列的季节性变动?季节变动序列的预测有哪些方法?
7. 什么是时间序列的循环变动?

练习题

1. 某地区国民生产总值在 2000～2003 年平均每年递增 11%,2004～2007 年平均每年递增 9%。试计算:

(1) 2007 年与 2000 年相比,该地区国民生产总值共增长多少?

(2) 该地区国民生产总值在这 8 年间发展的平均增长速度是多少?

(3) 若 2000 年国民生产总值为 70 亿元,按(2)的平均增长速度,2007 年的国民生产总值应为多少?

2. 某地区彩电制造厂2005年产量为100万台。

(1) 若规定2006～2007年年递增速度为9%，2008～2009年年增长速度为8%，那么2010年该厂彩电产量是多少？

(2) 若2007年的彩电总产量为130万台，以后每年的平均增长速度为8.5%，那么2011年可达到多少？

(3) 如果2010年的彩电制造量为180万台，求5年的年平均增长速度。

3. 某地区2001～2006年居民消费水平资料如下：

年份	每人平均消费水平(千元)
2001	123
2002	134
2003	156
2004	159
2005	149
2006	205

要求：计算2002～2006年居民每人平均消费水平的平均增长量。

4. 某股票公司近15年股票的每股收益如下(单位：元)：

0.42　0.48　0.53　0.62　0.70　0.85　0.91　1.05

1.10　1.29　1.47　1.85　2.02　2.49　2.53

试用移动平均法预测该股票公司下一年的收益。

5. 下表是某百货公司过去一年的营业额数据(单位：千万元)：

月份	营业额	月份	营业额
1	9.21	7	8.34
2	9.04	8	8.29
3	8.56	9	8.1
4	8.6	10	7.89
5	7.93	11	8.6
6	7.89	12	9.09

(1) 绘制时间序列图描述其形态。

(2) 用3期移动平均法预测第二年1月份的营业额。

(3) 采用指数平滑法，分别用平滑系数$\alpha=0.3$，$\alpha=0.5$预测第二年1月份的营业额，分析预测误差，说明用哪一个平滑系数预测更合适？

6. 下表是某地区7月份前30天的气温数据(单位：摄氏度)：

日期	气温	日期	气温	日期	气温	日期	气温	日期	气温
1	28	7	30	13	38	19	36	25	32
2	31	8	32	14	38	20	33	26	38
3	32	9	34	15	37	21	34	27	35
4	29	10	29	16	39	22	30	28	30
5	31	11	32	17	34	23	37	29	34
6	33	12	30	18	36	24	36	30	35

(1) 绘制时间序列图描述其形态。

(2) 用 5 期移动平均法预测 7 月份最后一天的气温。

(3) 采用指数平滑法，分别用平滑系数 $\alpha=0.3$，$\alpha=0.5$，$\alpha=0.6$ 预测 7 月份最后一天的气温，分析预测误差，说明用哪一个平滑系数预测更合适？

7. 下表是某地区 20 年间的原煤产量数据(单位：千万吨)：

年份	原煤产量	年份	原煤产量	年份	原煤产量	年份	原煤产量
1986	2.63	1991	3.20	1996	4.11	2001	2.91
1987	2.73	1992	3.28	1997	4.04	2002	3.01
1988	2.88	1993	3.38	1998	3.68	2003	2.99
1989	3.10	1994	3.65	1999	3.07	2004	2.96
1990	3.18	1995	4.00	2000	2.94	2005	2.93

(1) 绘制时间序列图并描述其趋势；

(2) 选择一条适合的趋势线拟合数据，并根据趋势线预测 2006 年的原煤产量。

参考文献

[1] 戴维．M. 莱文,等．商务统计学(第 5 版)[M]. 黄耀锋,王小勇,等译,胡大源(审),北京：中国人民大学出版社,2010.

[2] 范秀荣,苏继伟．统计学原理 [M]. 北京:高等教育出版社,2010.

[3] 肯．布莱克．商务统计学(第四版)[M]. 李静平,等译,北京:中国人民大学出版社,2005.

[4] 李贤平．概率论基础(第二版)[M]. 北京:高等教育出版社,1997.

[5] 吴传生．概率论与数理统计[M]. 北京:高等教育出版社,2004.

[6] 吴启富,贾俊平．统计学基础 [M]. 北京:高等教育出版社,2010.

[7] 袁卫等．统计学(第三版)[M]. 北京:高等教育出版社,2009.

[8] 国家统计局．2010 年中国统计年鉴[M]. 北京:中国统计出版社,2010.

[9] Brian S. (2006). A Handbook of Statistical Analyses Using R. First Edition. Chapman and Hall/CRC.

[10] Samprit Chatterjee, Ali S. (2006). Regression Analysis by Example. Fourth Edition. Wiley.

[11] Sanford Weisberg (2005). Applied Linear Regression. Third Edition. Wiley.

[12] 吴明隆．SPSS 统计应用实务[M]. 北京:科学出版社,2003.

[13] R Development Core Team (2010). R: A language and environment for statistical computing. R Foundation for Statistical Computing, Vienna, Austria. ISBN 3－900051－07－0, URL http://www. R-project. org/.

[14] Brian S. (2006). A Handbook of Statistical Analyses Using R. First Edition. Chapman and Hall/CRC.

[15] John M. (2003). Data Analysis and Graphics Using R - an Example-Based Approach. Cambridge University Press.

[16] Larry J. (2009). Schaum's Outline of Beginning Statistics. Second Edition. McGraw-Hill.

[17] Leonard J. (2009). Schaum's Outline of Business Statistics. Fourth Edition. McGraw-Hill.

[18] Prem S. (2009). Introductory Statistics, Seventh Edition. Wiley.

[19] 戴维 R. 安德森等．商务与经济统计[M]. 张廉华,等译．北京:机械工业出版社,2000.

[20] 戴维 R. 安德森等．商务与经济统计[M]. 李淳,等译．北京:机械工业出版社,2004.

[21] 唐庆银,沈学桢,徐静．新编统计学原理[M]. 上海:立信会计出版社,2007.

[22] 吴启富．统计学基础[M]. 北京:高等教育出版社,2010.

[23] 袁卫,庞皓,曾五一,贾俊平．统计学[M]. 北京:高等教育出版社,2005.

[24] 孙炎,陈平,孙长国．应用统计学[M]. 北京:机械工业出版社,2010.

[25] 曾五一,朱平辉．统计学在经济管理领域的应用[M]. 北京:机械工业出版社,2010.

[26] 李金昌,苏为华．统计学[M]. 北京:机械工业出版社,2007.

[27] 黄良文,朱建平．统计学[M]. 北京:中国统计出版社,2010.

[28] 胡健颖,冯泰．实用统计学[M]. 北京:北京大学出版社,2002.

[29] 陈在余,陶应虎. 统计学原理与实务[M]. 北京:清华大学出版社,2009.
[30] 凌明雁,柳秀春. 统计学[M]. 北京:高等教育出版社,2004.
[31] 周概容. 统计学原理[M]. 天津:南开大学出版社,2004.
[32] 徐国祥. 统计学[M]. 北京:高等教育出版社,2004.
[33] 刘汉良. 统计学教程[M]. 上海:上海财经大学出版社,2005.
[34] 曹刚,李文新. 统计学原理[M]. 上海:上海财经大学出版社,2006.
[35] 张小斐. 统计学[M]. 北京:中国统计出版社,2007.
[36] 杨孝海. 统计学原理[M]. 成都:西南财经大学出版社,2008.
[37] 张少杰. 统计学教程[M]. 北京:科学出版社,2009.
[38] 吴启福. 统计学基础[M]. 北京:高等教育出版社,2010 .
[39] 陈珍珍. 统计学[M]. 厦门: 厦门大学出版社,2006 .
[40] 凯勒,沃拉克. 统计学:在经济和管理中的应用(第六版)[M]. 王琪廷,等译. 北京:中国人民大学出版社,2006.
[41] 刘馨. 统计学[M]. 成都:四川大学出版社,2006.

附录　常用统计表

附表 1　标准正态分布表

$$\Phi(Z)=\frac{1}{\sqrt{2\pi}}\int_{-\infty}^{Z} e^{-\frac{z^2}{2}}dz$$

z	0.00	0.01	0.02	0.03	0.04	0.05	0.06	0.07	0.08	0.09
0.0	0.500 0	0.504 0	0.508 0	0.512 0	0.516 0	0.519 9	0.523 9	0.527 9	0.531 9	0.535 9
0.1	0.539 8	0.543 8	0.547 3	0.551 7	0.555 7	0.559 6	0.563 6	0.567 5	0.571 4	0.575 3
0.2	0.579 3	0.583 2	0.587 1	0.591 0	0.594 8	0.598 7	0.602 6	0.606 4	0.610 3	0.614 1
0.3	0.617 9	0.621 7	0.625 5	0.629 3	0.633 1	0.636 8	0.640 6	0.644 3	0.648 0	0.651 7
0.4	0.655 4	0.659 1	0.662 8	0.666 4	0.670 0	0.673 6	0.677 2	0.680 8	0.684 4	0.687 9
0.5	0.691 5	0.695 0	0.698 5	0.701 9	0.705 4	0.708 8	0.712 3	0.715 7	0.719 0	0.722 4
0.6	0.725 7	0.729 1	0.732 4	0.735 7	0.738 9	0.742 2	0.745 4	0.748 6	0.751 7	0.754 9
0.7	0.758 0	0.761 1	0.764 2	0.767 3	0.770 3	0.773 4	0.776 4	0.779 4	0.782 3	0.785 2
0.8	0.788 1	0.791 0	0.793 9	0.796 7	0.799 5	0.802 3	0.805 1	0.807 8	0.810 6	0.813 3
0.9	0.815 9	0.818 6	0.821 2	0.823 8	0.826 4	0.828 9	0.831 5	0.834 0	0.836 5	0.838 9
1.0	0.841 3	0.843 7	0.846 1	0.848 5	0.850 8	0.858 1	0.855 4	0.857 7	0.859 9	0.862 1
1.1	0.864 3	0.866 5	0.868 6	0.870 8	0.872 9	0.874 9	0.877 0	0.879 0	0.881 0	0.883 0
1.2	0.884 9	0.886 9	0.888 8	0.890 7	0.892 5	0.894 4	0.896 2	0.898 0	0.899 7	0.901 5
1.3	0.903 2	0.904 9	0.906 6	0.908 2	0.909 9	0.911 5	0.913 1	0.914 7	0.916 2	0.917 7
1.4	0.919 2	0.920 7	0.922 2	0.923 6	0.925 1	0.926 5	0.927 9	0.929 2	0.930 6	0.931 9
1.5	0.933 2	0.934 5	0.935 7	0.937 0	0.938 2	0.939 4	0.940 6	0.941 8	0.942 9	0.944 1
1.6	0.945 2	0.946 3	0.947 4	0.948 4	0.949 5	0.950 5	0.951 5	0.952 5	0.953 5	0.954 5
1.7	0.955 4	0.956 4	0.957 3	0.958 2	0.959 1	0.959 9	0.960 8	0.961 6	0.962 5	0.963 3
1.8	0.964 1	0.964 9	0.965 6	0.966 4	0.967 1	0.967 8	0.968 6	0.969 3	0.969 9	0.970 6
1.9	0.971 3	0.971 9	0.972 6	0.973 2	0.973 8	0.974 4	0.975 0	0.975 6	0.976 1	0.976 7
2.0	0.977 2	0.977 8	0.978 3	0.978 8	0.979 3	0.979 8	0.980 3	0.980 8	0.981 2	0.981 7
2.1	0.982 1	0.982 6	0.983 0	0.983 4	0.983 8	0.984 2	0.984 6	0.985 0	0.985 4	0.985 7
2.2	0.986 1	0.986 5	0.986 8	0.987 1	0.987 5	0.987 8	0.988 1	0.988 4	0.988 7	0.989 0
2.3	0.989 3	0.989 6	0.989 8	0.990 1	0.990 4	0.990 6	0.990 9	0.991 1	0.991 3	0.991 6
2.4	0.991 8	0.992 0	0.692 2	0.992 5	0.992 7	0.992 9	0.993 1	0.993 2	0.993 4	0.993 6
2.5	0.993 8	0.994 0	0.994 1	0.994 3	0.994 5	0.994 6	0.994 8	0.994 9	0.995 1	0.995 2
2.6	0.995 3	0.995 5	0.995 6	0.995 7	0.995 9	0.996 0	0.996 1	0.996 2	0.996 3	0.996 4
2.7	0.996 5	0.996 6	0.996 7	0.996 8	0.996 9	0.997 0	0.997 1	0.997 2	0.997 3	0.997 4
2.8	0.997 4	0.997 5	0.997 6	0.997 7	0.997 7	0.997 8	0.997 9	0.997 9	0.998 0	0.998 1
2.9	0.998 1	0.968 2	0.998 2	0.998 3	0.998 4	0.998 4	0.998 5	0.998 5	0.998 6	0.998 6
z	0.0	0.1	0.2	0.3	0.4	0.5	0.6	0.7	0.8	0.9
3	0.998 7	0.999 0	0.999 3	0.999 5	0.999 7	0.999 8	0.999 8	0.999 9	0.999 9	1.000 0

附表 2 t 分布表

$P(t>t_{\alpha})=\alpha$

单侧 双侧	$\alpha=0.1$ $\alpha=0.2$	0.05 0.1	0.025 0.05	0.01 0.02	0.005 0.01
$v=1$	3.078	6.314	12.706	31.821	63.657
2	1.886	2.920	4.303	6.965	9.925
3	1.638	2.353	3.182	4.541	5.841
4	1.533	2.132	2.776	3.747	4.604
5	1.476	2.015	2.571	3.365	4.032
6	1.440	1.943	2.447	3.143	3.707
7	1.415	1.895	2.365	2.998	3.499
8	1.397	1.860	2.306	2.896	3.355
9	1.383	1.833	2.262	2.821	3.250
10	1.372	1.812	2.228	2.764	3.169
11	1.363	1.796	2.201	2.718	3.106
12	1.356	1.782	2.179	2.681	3.055
13	1.350	1.771	2.160	2.650	3.012
14	1.345	1.761	2.145	2.624	2.977
15	1.341	1.753	2.131	2.602	2.947
16	1.337	1.746	2.120	2.583	2.921
17	1.333	1.740	2.110	2.567	2.898
18	1.330	1.734	2.101	2.552	2.878
19	1.328	1.729	2.093	2.539	2.861
20	1.325	1.725	2.086	2.528	2.845
21	1.323	1.721	2.080	2.518	2.831
22	1.321	1.717	2.074	2.508	2.819
23	1.319	1.714	2.069	2.500	2.807
24	1.318	1.711	2.064	2.492	2.797
25	1.316	1.708	2.060	2.485	2.787
26	1.315	1.706	2.056	2.479	2.779
27	1.314	1.703	2.052	2.473	2.771
28	1.313	1.701	2.048	2.467	2.763
29	1.311	1.699	2.045	2.462	2.756
30	1.310	1.697	2.042	2.457	2.750
40	1.303	1.684	2.021	2.423	2.704
50	1.299	1.676	2.009	2.403	2.678
60	1.296	1.671	2.000	2.390	2.660
120	1.289	1.658	1.980	2.358	2.617
∞	1.282	1.645	1.960	2.326	2.576

注：v为自由度。

附表 3 F 分布表

$$P(F > F_{\alpha}) = \alpha$$

$\alpha = 0.05$

v_2 \ v_1	1	2	3	4	5	6	7	8	9	10	12	15	20	24	30	40	60	120	∞
1	161	200	216	225	230	234	237	239	241	242	244	245	248	249	250	251	252	253	254
2	18.5	19.0	19.2	19.2	19.3	19.3	19.4	19.4	19.4	19.4	19.4	19.4	19.4	19.5	19.5	19.5	19.5	19.5	19.5
3	10.1	9.55	9.28	9.12	9.01	8.94	8.89	8.85	8.81	8.79	8.74	8.70	8.66	8.64	8.62	8.59	8.57	8.55	8.53
4	7.11	6.94	6.59	6.39	6.26	6.16	6.09	6.04	6.00	5.96	5.91	5.86	5.80	5.77	5.75	5.12	5.69	5.66	5.63
5	6.61	5.79	5.41	5.19	5.05	4.95	4.88	4.82	4.77	4.74	4.72	4.62	4.56	4.53	4.50	4.46	4.43	4.40	4.36
6	5.99	5.14	4.76	4.53	4.39	4.28	4.21	4.15	4.10	4.06	4.00	3.94	3.87	3.84	3.81	3.77	3.74	3.70	3.67
7	5.59	4.74	4.35	4.12	3.97	3.87	3.79	3.73	3.68	3.64	3.57	3.51	3.44	3.41	3.38	3.34	3.30	3.27	3.23
8	5.32	4.46	4.07	3.84	3.69	3.58	3.50	3.44	3.39	3.35	3.28	3.22	3.15	3.12	3.08	3.04	3.01	2.97	2.93
9	5.12	4.26	3.86	3.63	3.48	3.37	3.29	3.23	3.18	3.14	3.07	3.01	2.94	2.90	2.86	2.83	2.79	2.75	2.71
10	4.96	4.10	3.71	3.48	3.33	3.22	3.14	3.07	3.02	2.98	2.91	2.85	2.77	2.74	2.70	2.66	2.62	2.58	2.54
11	4.84	3.98	3.59	3.36	3.20	3.09	3.01	2.95	2.90	2.85	2.79	2.72	2.65	2.61	2.57	2.53	2.49	2.45	2.40
12	4.75	3.89	3.49	3.25	3.11	3.00	2.91	2.85	2.80	2.75	2.69	2.62	2.54	2.51	2.47	2.43	2.38	2.34	2.30
13	4.67	3.81	3.41	3.18	3.03	2.92	2.83	2.77	2.71	2.67	2.60	2.53	2.46	2.42	2.38	2.34	2.30	2.25	2.21
14	4.60	3.74	3.34	3.11	2.96	2.85	2.76	2.70	2.65	2.60	2.53	2.46	2.49	2.35	2.31	2.27	2.22	2.18	2.13
15	4.54	3.68	3.29	3.06	2.90	2.79	2.71	2.64	2.59	2.54	2.48	2.40	2.33	2.29	2.25	2.20	2.16	2.11	2.07

注：v_1，v_2 为自由度。

附表 3 续

v_2 \ v_1	1	2	3	4	5	6	7	8	9	10	12	15	20	24	30	40	60	120	∞
16	4.49	3.63	3.24	3.01	2.85	2.74	2.66	2.59	2.54	2.49	2.42	2.35	2.28	2.24	2.19	2.15	2.11	2.06	2.01
17	4.45	3.59	3.20	2.96	2.81	2.70	2.61	2.55	2.49	2.45	2.38	2.31	2.23	2.19	2.15	2.10	2.06	2.01	1.96
18	4.41	3.55	3.16	2.93	2.77	2.66	2.58	2.51	2.46	2.41	2.34	2.27	2.19	2.15	2.11	2.06	2.02	1.97	1.92
19	4.38	3.52	3.13	2.90	2.74	2.63	2.54	2.48	2.42	2.38	2.31	2.23	2.16	2.11	2.07	2.03	1.98	1.93	1.88
20	4.35	3.49	3.10	2.87	2.71	2.60	2.51	2.45	2.39	2.35	2.28	2.20	2.12	2.08	2.04	1.99	1.95	1.90	1.84
21	4.32	3.47	3.07	2.84	2.68	2.57	2.49	2.42	2.37	2.32	2.25	2.18	2.10	2.05	2.01	1.96	1.92	1.87	1.81
22	4.30	3.44	3.05	2.82	2.66	2.55	2.46	2.40	2.34	2.30	2.23	2.15	2.07	2.03	1.98	1.94	1.89	1.84	1.78
23	4.28	3.42	3.03	2.80	2.64	2.53	2.44	2.37	2.32	2.27	2.20	2.13	2.05	2.01	1.96	1.91	1.86	1.81	1.76
24	4.26	3.40	3.01	2.78	2.62	2.51	2.42	2.36	2.30	2.25	2.18	2.11	2.03	1.98	1.94	1.89	1.84	1.79	1.73
25	4.24	3.39	2.99	2.76	2.60	2.49	2.40	2.34	2.28	2.24	2.16	2.09	2.01	1.96	1.92	1.87	1.82	1.77	1.71
30	4.17	3.32	2.92	2.69	2.53	2.42	2.33	2.27	2.21	2.16	2.09	2.01	1.93	1.89	1.84	1.79	1.74	1.68	1.62
40	4.08	3.23	2.84	2.61	2.45	2.34	2.25	2.18	2.12	2.08	2.00	1.92	1.84	1.79	1.74	1.69	1.64	1.58	1.51
60	4.00	3.15	2.76	2.53	2.37	2.25	2.17	2.10	2.04	1.99	1.92	1.84	1.75	1.70	1.65	1.59	1.53	1.47	1.39
120	3.92	3.07	2.68	2.45	2.29	2.17	2.09	2.02	1.96	1.91	1.83	1.75	1.66	1.61	1.55	1.50	1.43	1.35	1.25
∞	3.84	3.00	2.60	2.37	2.21	2.10	2.01	1.94	1.88	1.83	1.75	1.67	1.57	1.52	1.46	1.39	1.32	1.22	1.00

附表4　χ^2 分布表

$$P(\chi^2 > \chi_\alpha^2) = \alpha$$

v	显著性水平 α							
	0.99	0.975	0.95	0.90	0.10	0.05	0.025	0.01
1	0.0002	0.001	0.004	0.016	2.706	3.841	5.024	6.635
2	0.0201	0.051	0.103	0.211	4.605	5.991	7.378	9.210
3	0.115	0.216	0.352	0.584	6.251	7.815	9.348	11.341
4	0.297	0.484	0.711	1.064	7.779	9.488	11.143	13.277
5	0.554	0.831	1.145	1.610	9.236	11.070	12.833	15.068
6	0.872	1.237	1.635	2.204	10.645	12.592	14.449	16.812
7	1.239	1.690	2.167	2.833	12.017	14.067	16.013	18.475
8	1.646	2.180	2.733	3.490	13.362	15.507	17.535	20.090
9	2.088	2.700	3.325	4.168	14.684	16.919	19.023	21.666
10	2.558	3.247	3.940	4.865	15.987	18.307	20.483	23.209
11	3.053	3.816	4.575	5.578	17.275	19.675	21.920	24.725
12	3.571	4.404	5.226	6.304	18.549	21.026	23.337	26.217
13	4.107	5.009	5.892	7.042	19.812	22.362	24.736	27.688
14	4.660	5.629	6.571	7.790	21.064	23.685	26.119	29.141
15	5.229	6.262	7.261	8.547	22.307	24.996	27.488	30.578
16	5.812	6.908	7.962	9.312	23.542	26.296	28.845	32.000
17	6.408	7.564	8.672	10.035	24.769	27.587	30.191	33.409
18	7.015	8.231	9.390	10.865	25.989	28.869	31.526	34.805
19	7.633	8.907	10.117	11.651	27.204	30.144	32.852	36.191
20	8.260	9.591	10.851	12.443	28.412	31.410	34.170	37.566
21	8.897	10.283	11.591	13.240	29.615	32.671	35.479	38.932
22	9.542	10.982	12.338	14.041	30.813	33.924	36.781	40.289
23	10.196	11.689	13.091	14.848	32.007	35.172	38.076	41.638
24	10.856	12.401	13.848	15.659	33.196	36.415	39.364	42.980
25	11.524	13.120	14.611	16.473	34.382	37.652	40.646	44.314
26	12.198	13.844	15.379	17.292	35.563	38.885	41.923	45.642
27	12.897	14.573	16.151	18.114	36.741	40.113	43.194	46.963
28	13.565	15.308	16.928	18.930	37.916	41.337	44.461	48.278
29	14.256	16.047	17.708	19.768	39.087	42.557	45.722	49.588
30	14.593	16.791	18.493	20.599	40.256	43.773	46.979	50.892

注：v 为自由度。